Jürgen Lenssen

DER TRADITION UND DER ERNEUERUNG DER MESSFEIER VERPFLICHTET

Inaugural-Dissertation
zur Erlangung des Doktorgrades
der Katholisch-theologischen Fakultät
der Bayerischen Julius-Maximilians-Universität
Würzburg

Vorgelegt am 16. November 1987.

1. Gutachter: Prof. Dr. Hans-Joachim Schulz.
2. Gutachter: Prof. Dr. Dr. Klaus Wittstadt.
Tag der mündlichen Prüfung: 23. Februar 1988.

JÜRGEN LENSSEN

DER TRADITION UND DER ERNEUERUNG DER MESSFEIER VERPFLICHTET

Die bedingte Wiederzulassung
des vorkonziliaren Meßritus vom 3. Oktober 1984
als pastorales Entgegenkommen
im Zuge des Ausgleichs zwischen Traditionswahrung
und Reformgesetzgebung bei der Erneuerung der Meßliturgie

echter

Meinem Bischof

Prof. Dr. Paul-Werner Scheele

CIP-Titelaufnahme der Deutschen Bibliothek

Lenssen, Jürgen:
Der Tradition und der Erneuerung der Meßfeier verpflichtet :
d. bedingte Wiederzulassung d. vorkonziliaren Meßritus vom
3. Oktober 1984 als pastorales Entgegenkommen im Zuge d.
Ausgleichs zwischen Traditionswahrung u. Reformgesetzgebung
bei d. Erneuerung d. Meßliturgie / Jürgen Lenssen. –
Würzburg : Echter, 1988
Zugl.: Würzburg, Univ., Diss., 1987/88
ISBN 3-429-01144-2

Umschlag: Ernst Loew
Druck und Bindung: Echter Würzburg,
Fränkische Gesellschaftsdruckerei und Verlag GmbH
ISBN 3-429-01144-2

VORWORT

Die nachfolgende Untersuchung wurde im Wintersemester 1987/88 von der Katholisch-Theologischen Fakultät der Universität Würzburg als Dissertation angenommen.

Mein Dank an dieser Stelle gilt zuerst meinem verehrten Lehrer, Herrn Prof. Dr. Hans-Joachim Schulz, der kritisch und ermutigend die Erstellung dieser Arbeit, die neben meiner beruflichen Tätigkeit als Pfarrer der Pfarrei St. Mariä Himmelfahrt zu Glattbach erfolgte, ermöglicht hat. Das Korreferat erstellte freundlicherweise Herr Prof. Dr. Dr. Klaus Wittstadt. Ihm sei hierfür herzlich gedankt. Nicht vergessen möchte ich Herrn Prälat Prof. Dr. Theodor Maas-Ewerd, Ordinarius für Liturgiewissenschaft an der Katholischen Universität Eichstätt, denn auch seine Hinweise haben zu dieser Arbeit entscheidend beigetragen.

Mein besonderer Dank gilt auch meinem Bischof Prof. Dr. Paul-Werner Scheele für sein ermutigendes Wohlwollen und seine großzügige Hilfeleistung. Hierdurch wurde die zügige Fertigstellung dieser Studie maßgeblich ermöglicht.

Danken möchte ich auch Frau Dagmar Tynek-Müller für die geleistete Schreibarbeit und Herrn Engelbert Paulus für manchen wertvollen Rat. Die Veröffentlichung der Arbeit wurde mir durch einen Druckkostenzuschuß des Bischöflichen Ordinariates Würzburg wesentlich erleichtert. Auch das soll bei meinem Dank nicht vergessen sein. Für noch mehr danke ich meinen Eltern.

Glattbach, im März 1988

Jürgen Lenssen

INHALT

EINLEITUNG

Bewahrung der Tradition und ihre zeitgerechte Verlebendigung als Fortschritt gehören zu den Wesenseigenschaften und bezeichnen zugleich eine Spannung der Liturgie, der sich die gottesdienstliche Gemeinde vor allem seit der Liturgiereform des Zweiten Vatikanischen Konzils ausgesetzt weiß. Diese vom Wesen der Liturgie nie gänzlich auflösbare Spannung wird besonders in den Artikeln 21 und 23 der Liturgiekonstitution SACROSANCTUM CONCILIUM des II. Vaticanums deutlich angesprochen. Die Konstitution stellt fest: "Die Liturgie enthält einen kraft göttlicher Einsetzung unveränderlichen Teil und Teile, die dem Wandel unterworfen sind. Diese Teile können sich im Laufe der Zeit ändern, oder sie müssen es sogar, wenn sich etwas in sie eingeschlichen haben sollte, was der inneren Wesensart der Liturgie weniger entspricht oder wenn sie sich als weniger geeignet herausgestellt haben."[1] Nach dem Spannungsverhältnis von unveränderlichen Teilen kraft göttlicher Einsetzung einerseits und wandelbaren Teilen andererseits wird in der Konstitution die Wahrung der gesunden Überlieferung innerhalb allgemeiner Gestalt- und Sinngesetze der Öffnung zu einem berechtigten Fortschritt gegenübergestellt: "Damit die gesunde Überlieferung gewahrt bleibe und dennoch einem berechtigten Fortschritt die Tür aufgetan werde, sollen jeweils gründliche theologische, historische und pastorale Untersuchungen vorausgehen, wenn die einzelnen Teile der Liturgie revidiert werden. Darüber hinaus sind sowohl die allgemeinen Gestalt- und Sinngesetze der Liturgie zu beachten als auch die Erfahrungen, die aus der jüngsten Liturgiereform und den weithin schon gewährten Indulten gewonnen wurden. Schließlich sollen keine Neuerungen eingeführt werden, es sei denn, ein wirklicher und sicher zu erhoffender Nutzen der Kirche verlange es. Dabei ist Sorge zu tragen, daß die neuen Formen aus den schon bestehenden gewissermaßen organisch herauswachsen."[2]

1 SC 21.

Gerade in der letzten Aussage des Konstitutionsartikels, daß neue Formen aus den bestehenden gewissermaßen organisch herauswachsen sollen, verfolgt die Liturgiekonstitution eine rechte Ausbalancierung der genannten Spannung. Das Konzil ist sich der ausgewogenen Berücksichtigung des Prinzips der Traditionsgebundenheit wie auch der Erneuerungsnotwendigkeit bewußt und weiß sich ihm in seinem Reformwerk verpflichtet.

Fand die liturgische Erneuerung auch mehrheitlich eine positive Resonanz, so war und ist die Rezeption des konziliaren Reformwerkes nicht problemlos. Die Durchführung der Reform ließ nämlich auf örtlicher Ebene die Überlieferungstreue der offiziellen Reform nicht immer genügend deutlich werden. Mancherorts wurden und werden durch lokale Willkür in der liturgischen Gestaltung der Meßfeier bisweilen Gegenreaktionen eines starren Festhaltens am unverändert Überlieferten provoziert, so daß nicht wenige Gläubige dem vorkonziliaren Ritus verbunden bleiben.

Die Rezeptionsschwierigkeiten führten zur Notwendigkeit, die Überlieferungsgemäßheit der offiziellen Reform zu verdeutlichen und dadurch örtliche Überziehungen und Mißdeutungen wie auch Mißbräuche der Reform einzudämmen. Außerdem bedingten diese Probleme der Rezeption die Gewährung von Indulten, um im Sonderfall den positiven Reformgesetzen einen Teil des rigor legis zu nehmen.

Das Indult der Kongregation für den Gottesdienst vom 3. Oktober 1984, durch das eine bedingte Wiederzulassung des vorkonziliaren Ritus nach dem Meßbuch von 1962 ermöglicht wurde, ist vor diesem Hintergrund und in dieser Zielsetzung zu betrachten. Inwieweit diese Wiederzulassung durch das römische Dokument vom 3. Oktober 1984 eine pastorale Hilfe ist und dem Verlangen der traditionalistischen Gläubigen nach einem sogenannten Tridentinischen Ritus genügen kann, andererseits die treue Befolgung der Liturgiereform nicht be-

2 SC 23.

einträchtigt, untersucht die vorliegende Studie. Zugleich will sie ein Beitrag zur Aufarbeitung des überlieferungsgeschichtlichen Stellenwerts des derzeitigen Standes der Liturgiereform sein.

Wird durch das Schreiben der Gottesdienstkongregation vom 3. Oktober 1984 auch die Möglichkeit gegeben, die heilige Messe im vorkonziliaren Ritus zu feiern, wenn bestimmte Bedingungen erfüllt sind, so ergeben sich aus dieser Maßnahme eine Reihe von Fragen, denen wir in dieser Untersuchung nachgehen. Das zeigt ihr Titel an.

Um diesen Fragen gerecht zu werden, folgen wir nach einer anfänglichen Erörterung der Rechtmäßigkeit und partieller Rezeptionsschwierigkeiten der Liturgiereform als Voraussetzungen des Indultes im ersten Kapitel dann im zweiten Kapitel dem Aufbau des Indults und interpretieren seine Aussagen. Damit ist das Fundament für das dritte Kapitel gegeben, das die recht unterschiedlichen "Reaktionen auf das Indult" darstellt und sich mit ihnen auseinandersetzt. Es sind Interpretationen des Dokumentes vom 3. Oktober 1984, das hier behandelt wird, greifbar geworden, die - abhängig vom jeweiligen theologischen Standort und bestimmt von der Einstellung zur Liturgiereform - von völliger Ablehnung bis zu dankbarem Applaus reichen. Da das Indult ganz offenbar auf die Bemühungen traditionalistischer Gruppen reagiert, spielen deren Ansichten und Argumente im Rahmen des dritten Kapitels eine besondere Rolle.

Welche Konsequenzen ergeben sich aus dem Indult? Dieser Frage ist das vierte Kapitel gewidmet, das den "Versuch einer Wertung" unternimmt. Schon an dieser Stelle soll angemerkt werden, daß das Indult vom 3. Oktober 1984 den Versuch darstellt, zur Einheit des gottesdienstlichen Lebens, die von traditionalistischen Gruppen in Frage gestellt wird, zurückzufinden, ohne das liturgische Reformwerk des Konzils zu beeinträchtigen. Ohne Zweifel ist damit ein sehr schwieriges Unterfangen genannt.

Wenn es um die Liturgie der Kirche geht, geht es auch immer um die Kirche und ihre Einheit, die in der liturgischen Feier in Erscheinung tritt und in ihr den deutlichsten Ausdruck findet. Weil es darüber hinaus in der Auseinandersetzung mit dem Indult vom 3. Oktober 1984 um die Meßfeier geht, in der alles liturgische Leben kulminiert und die konstitutiv ist für das Leben der Kirche, ist mit der Einheit der eucharistischen Liturgie auch die Einheit der Kirche selbst berührt. Darum hat Rom reagiert. Unter diesem Aspekt kommt dem Indult der Kongregation für den Gottesdienst vom 3. Oktober 1984 - im Rahmen der nachkonziliaren Entwicklungen - gewiß eine besondere Bedeutung zu.

I. RECHTMÄSSIGKEIT UND PARTIELLE REZEPTIONSSCHWIERIGKEITEN DER LITURGIEREFORM ALS VORAUSSETZUNGEN DES INDULTES

Das Indult vom 3. Oktober 1984, das eine bedingte Wiederzulassung der Messe im "Tridentinischen Ritus" gewährt, hat eine Vorgeschichte, die in die Zeit des Zweiten Vatikanischen Konzils und der Liturgiereform, vor allem in die Zeit der Erstellung des neuen MISSALE ROMANUM von 1970 zurückreicht. Aus der Auseinandersetzung um eine Bewahrung der Tradition und eine zeitgerechte Erneuerung formierte sich ein anwachsender traditionalistischer Widerstand, der sich teils in unterschiedlichsten Gruppen organisierte, um so das gemeinsame Grundanliegen der Aufhebung der Liturgiereform besser zu Gehör zu bringen, oder teils auf Aktionen einzelner beschränkte.

Nach Erscheinen des neuen Meßbuchs wurde sehr schnell der Vorwurf erhoben, es verstoße gegen die Tradition.[3] Es seien zwar nicht unbedingt völlige Abweichungen vom vorkonziliaren Eucharistieverständnis feststellbar, dafür aber vor allem Akzentverschiebungen zugunsten des Mahlcharakters.

In der historischen Situation der reformatorischen Auseinandersetzungen mußte diese zweite Komponente neben dem Opfercharakter tatsächlich im Tridentiner Missale unberücksichtigt bleiben, um die Gläubigen in jenen Zeiten der Verunsicherung nicht noch mehr zu entheimaten.[4] Neben einer tridentinischen Engführung auf das Meß-

3 Vgl. G. MAY, Die Krise der nachkonziliaren Kirche und wir, Wien 1979; DERS., Echte und unechte Reform, Wien 1978; K. GAMBER, Bewahre das Erbe (Liturgie heute, 5), Regensburg 1983; W. HOERES, Aufstand gegen die Ewigkeit. Kirche zwischen Tradition und Selbstzerstörung, Steinach a. Rh. 1984; Selbstdarstellung traditionalistischer Gruppen, in: E. GERSTNER, Die katholische Traditionalistenbewegung. Eine Selbstdarstellung (Kritische Texte 5), Zürich-Einsiedeln-Köln 1970; Sauerteig oder Sekten? Zu neueren Konzentrationsbewegungen in der katholischen Kirche, in: LS 25 (1974) 65 - 156.

opfer verzichtet das neue Meßbuch auf allzu zeitbedingte Überlieferungen, die sich durch mittlerweile mögliche umfassendere und umfangreichere liturgiewissenschaftliche Forschungen eben als zeitbedingt und somit nicht als zu wahrende Tradition - als Sekundartraditionen - erwiesen haben. Dafür greift das Meßbuch auf ältere, in die Väterzeit zurückreichende und genuin katholische Traditionen zurück, die bislang unbekannt waren und deshalb vielen als Neuschöpfungen und somit fremd erschienen. Die liturgische Erstarrung seit Trient verhinderte - von wenigen Ausnahmen abgesehen -, den Blick über die Grenze von Trient in eine Zeit ursprünglicher Liturgieentfaltung hinaus zu richten.

So erklären sich auch die Auseinandersetzungen um jene in der Liturgiekonstitution genannten Pole und wesentlichen Komponenten der Liturgie - Tradition und Fortschritt -. Diese Auseinandersetzungen wurden dadurch noch verschärft, daß Tradition oftmals mit den mannigfachen Traditionen und Fortschritt mit geschichtsloser Neuerungssucht verwechselt wurden - sowohl von Traditionalisten als auch von Progressisten, die sich in diesem Mißverständnis sehr nahe zu sein scheinen. Um diesen Hintergrund des Indultes zu erhellen, sei die fruchtbare und deshalb notwendige, wenn auch spannungsreiche Beziehung von Tradition und Fortschritt in der Liturgie beleuchtet.

4 Vgl. AEM Vorwort Art. 7; J. A. JUNGMANN, Um die Grundgestalt der Meßfeier, in: DERS., Liturgisches Erbe und pastorale Gegenwart, Innsbruck-Wien-München 1960, 373 - 378.

1. TRADITION UND FORTSCHRITT ALS POLE UND WESENTLICHE KOMPONENTEN BEI DER ERNEUERUNG DER MESSLITURGIE

Die Liturgie bewegt sich nach Aussage der Liturgiekonstitution[5] zwischen gesunder Überlieferung und berechtigtem Fortschritt. "Liturgie ist ihrem Wesen nach dynamische Tradition, und als solche ist sie unter den lebendigen Traditionen die älteste und breiteste."[6] Zu ihrer Aufgabe gehört von daher auch, zwischen dem, was nicht verändert werden darf, und dem, was verändert werden kann, darf und muß, auszugleichen und jedes Trennende, Polarisierende aufzuheben. Wie wichtig diese Aufgabe ist, zeigen die Mängel bei der Durchführung der Liturgiereform und die um sie entbrannten Diskussionen und Anfechtungen um die Rechtmäßigkeit der Erneuerung der Meßliturgie.

Statt sich auf den Ausgleichscharakter der Liturgie zu besinnen, wird die Liturgie zum Trennungs- und Scheidefaktor, zum gewählten Objekt unversöhnlicher Gegensätze. In diesen Frontpositionen wird übersehen, daß auch die erneuerte Liturgie Ort des Bewahrens geblieben ist, einmal aus sich selbst, zum anderen um des Menschen willen, der seinem Wesen nach auf Liturgie hin angelegt ist und aus heilsgeschichtlicher Verheißung und Tat lebt. Denn der Mensch, für den die Feier der Liturgie zu seinen existentiellen Vollzügen gehört, kann nicht ohne deren Tradition und seiner Einbindung in sie leben.

Des weiteren ist die reformierte Liturgie Stätte der Tradition, weil das in ihr gefeierte Glaubensgut geschichtlich ist, das dynamische Weiterwirken des einen und selben Wortes Gottes im Fortgang

5 Vgl. SC 23.

6 J. HENNIG, Alt und neu in der Liturgie, in: HlD 30 (1976) 7. Vgl. Y. CONGAR, Überlieferung. Begriff und Anspruch, München 1970; DERS., Die Tradition und die Traditionen, Mainz 1965.

der Geschichte.[7] Da Liturgie nach ihrem Grundgesetz "lex orandi, lex credendi" der Ort der Tradition, des wirkmächtig vergegenwärtigenden Tradierens ist, fordert der liturgische Vollzug einen vernünftigen und verantwortungsvollen Umgang mit der Tradition. Indessen wird der naturgegebene Konflikt zwischen Tradition und Fortschritt so ausgetragen, daß er beides entsprechend einbindet. Je sachgerechter die Einlassung auf Bewahrung und Innovation geschieht, um so mehr wird jedem Traditionalismus und Progressismus in deren Einäugigkeiten, Irrtümern, Frontstellungen sowie in deren Ungeschichtlichkeit gewehrt.

In der Bewahrung geht es also nicht darum, "daß vergangene Zeugnisgestalten und Sprachfiguren ('Texte') einfach bewahrt und unverändert zitiert und repetiert werden. Das wäre ein am Äußerlichen haftendes Zerrbild der Tradition, das darauf hinausliefe, nur menschliche Traditionen zu bewahren."[8] Deshalb hat das Festhalten an der Tradition nicht die Absicht, bestimmte einzelne Gewohnheiten, Überlieferungen, Brauchtumsformen und Bräuche festzuschreiben, zu konstituieren. Ebensowenig bewirkt eine angeblich emanzipierte Ablösung von Überliefertem im Wahn zeitgebundener schöpferischer Wirksamkeit eine Erneuerung. Die Kirche, insbesondere ihre Liturgie, lebt nicht aus unnachgiebigem Festhalten an vertrauten Gewohnheiten um ihrer selbst willen, denn das wäre Erstarrung, die dann eine völlige Ablehnung jeglicher Tradition nach sich ziehen würde. Vielmehr besagt Treue zur Überlieferung "lebendiges Festhalten an dem, was diese Formen bezeugen, im Sinn hatten und was heute oder in Zukunft vielleicht durch andere Formen besser repräsentiert werden kann."[9]

7 Vgl. M. SECKLER, Tradition und Fortschritt (Christlicher Glaube in moderner Gesellschaft, Teilbd. 23), Freiburg 1982, 18.

8 Ebd. 19.

Gerade die Treue zur Tradition macht erfinderisch, weckt schöpferische Kräfte hinsichtlich der Bewahrung und des Erhalts des überlieferten Glaubensgutes in der und für die jeweilige Zeit, die ein Recht auf das Überkommene und auf dessen Umsetzung in die veränderte Zeitsituation hat. Damit wird sicherlich nicht der Buchstabe penibel festgehalten, aber Sachtreue gewahrt, die dem gerecht wird, der zu überliefern ist, gemäß dem Wort TERTULLIANS, daß sich Christus die Wahrheit, nicht aber die Gewohnheit genannt habe.[10] Denn es ist Aufgabe der Kirche, in die jeweils neue Gegenwart zu vermitteln, was ihr anvertraut wurde, damit die Menschen aller Zeiten, Kulturen und Lebensumstände daraus in einer heilsamen Erinnerung leben können, die zukunftsgerichtet ist und in der Liturgie mitfeiernde, Wirklichkeit schaffende Gestalt annimmt. Allein im Letztgenannten wird der enge, unlösbare Zusammenhang von Tradition und Fortschritt, Bewahrung und Innovation deutlich. In beiden geht es darum, die geschenkte göttliche Offenbarung zu realisieren, wie es in der Kirche auch durch die Zeiten in Liturgie und Frömmigkeit geschah, wobei die Formen nach Ort und Zeit variierten.

Gewiß bestand und besteht die Gefahr, daß sich diese Ausdrucksweisen zu etablieren versuchen und dabei Geist und Zeit vergessen, aus denen heraus sie entstanden sind und sich entwickelt haben.

9 Ebd. 19. Vgl. "Dei verbum". Dogmatische Konstitution des Zweiten Vatikanischen Konzils über die göttliche Offenbarung, 7f; W. KASPER, Tradition als Erkenntnisprinzip. Systematische Überlegungen zur theologischen Relevanz der Geschichte, in: ThQ 155 (1975) 198 - 215; R. KAMPLING, Tradition, in: Neues Handbuch theologischer Grundbegriffe. Bd. 4 hrsg. von P. EICHER, München 1985, 221 - 235; W. KASPER, Schrift, Tradition, Verkündigung, in: T. FILTHAUT (Hrsg.) Umkehr und Erneuerung, Mainz 1966, 13 - 41; J. RATZINGER, Tradition. Systematisch, in: LThK ^{2}10, 293 - 299; L. REINISCH (Hrsg.), Vom Sinn der Tradition, München 1970; J. RATZINGER, Einleitung und Kommentar zu "Dei verbum", in: LThK.E II, 497 - 528. 571 - 581. Y. CONGAR, Der Fall Lefebvre. Schisma in der Kirche? Mit einer Einführung von K. LEHMANN, Freiburg 1977, 51 - 65.

10 Vgl. TERTULLIAN, De vir. I, 2.

Derartig sich verabsolutierende Formen, Rituale und Institutionen aufzugeben, wäre kein Traditionsbruch. So "schält" sich die Kirche, "häutet" sich bei Verlust des Peripharen und im Erhalt ihrer ganzen Substanz, ohne mit der Tradition zu brechen. Denn das könnte sie aufgrund ihres Wesens, ihrer geschichtlichen Gründung und ihrer Geschichtlichkeit gar nicht, ohne sich selbst aufzugeben und ihrem Stifter untreu zu werden. Wer dennoch der Kirche gegenüber den Vorwurf des Traditionsbruchs erhebt, stellt damit die Kirche als Ganzes in Frage, spricht ihr ab, Kirche Jesu Christi zu sein - wie es seitens der SEDISVAKANTISTEN geschieht,[11] worauf an späterer Stelle noch eingegangen wird.

Die Kirche kennt keine Revolution, sondern zu allen Zeiten eine notwendige, ihr um ihres Auftrags willen permanente Reform, sowohl insgesamt, als auch in ihren einzelnen Gliedern. Angesichts dessen, daß das Zweite Vatikanische Konzil gegen das Trienter Konzil in den traditionalistischen Argumentationen auszuspielen versucht wird, kann für beide Konzilien gesagt werden: "Damals sprach man von 'Reform', heute von 'Aggiornamento' - in der Sache selbst besteht kein großer Unterschied."[12] Nach Hubert JEDIN kann man den Sachverhalt wie folgt darstellen: "Re-formatio heißt Rückkehr zur ursprünglichen Form, Abstoßen überholter, nicht mehr entsprechender Formen um des Inhaltes willen, Umbau, nicht Neubau; Aggiornamento heißt Nachholen von Versäumtem im Tage- oder Kontobuch, nicht Anlage eines neuen Buches. Die Dynamik der Reformer hatte sich stets mit der Konstanz der Traditionen auseinanderzusetzen. Die Tridenti-

11 Vgl. E. GERSTNER, Tagebuchnotizen, in: KyrEl 15 (1986) Nr. 1, 10 - 40, bes. 28 - 33; W. SIEBEL, Der Mensch ist der Weg! Karol Wojtylas Botschaft, in: SAKA 9 (1984) Nr. 5, 5 - 8; "Seligsprechung" Montinis angeregt, in: SAKA 10 (1985) Nr. 10, 8. - Hierauf wird speziell unter III.5.E und III.6.C eingegangen.

12 H. JEDIN, Vaticanum II und Tridentinum. Tradition und Fortschritt in der Kirchengeschichte (Arbeitsgemeinschaft für Forschung des Landes Nordrhein-Westfalen. Geisteswissenschaften; H. 146), Köln-Opladen 1968, 23.

nische Reform war ein Kompromiß zwischen Neuem und Bestehendem, sie befriedigte, wie die Vatikanische, weder die 'Progressisten' noch die 'Traditionalisten'."[13]

Entgegen aller Polarisierung lehrt die Kirchengeschichte, daß Tradition und Fortschritt nicht unvereinbare, vielmehr einander unentbehrliche Komponenten in der kirchlichen Verkündigung und Weitergabe des Glaubensgutes sind. Daß die Kirche bzw. das Zweite Vatikanische Konzil gar nicht - wie unterstellt - mit der Tradition zu brechen beabsichtigte und um ihres Erbes willen auch nicht brechen kann, weist ein weiterer Vergleich zwischen dem Trienter und dem Zweiten Vatikanischen Konzil auf, den Hubert JEDIN so formuliert, daß sich die Dekrete beider Konzilien zwar unterscheiden, neues und anderes aussagen, aber nicht entgegengesetzt sind.[14] Die Andersartigkeit der Aussagen ist notwendigerweise gegeben, ist der Glaubensprozeß der Kirche doch über einen Zeitraum von etwa 400 Jahren seit Trient fortgeschritten; nicht aber entgegengesetzt, weil es ein und derselbe Glaube ist, das eine Fundament, auf dem die Kirche zu allen Zeiten steht und sich immer neu auferbaut. Daß sich aber andere oder neu klingende oder auch seiende Konzilsaussagen auf dem Vaticanum II ergeben haben, bedingt der Heilsauftrag der Kirche, für alle Zeiten im Fortschritt der Völker und des sich darin verwirklichenden Gottesreiches zu stehen. Von diesem Auftrag her nimmt die Kirche rechtens für sich in Anspruch, sich wandeln zu dürfen, ohne aber ihren Auftrag, ihre Geschichte, ihren Inhalt und ihr Ziel aus dem Auge zu verlieren. So ist für die Liturgie, für die die Tradition geradezu konstitutiv ist,[15] die Konzilsaussage zu verstehen: "Damit die gesunde Überlieferung gewahrt bleibe und dennoch einem berechtigten Fortschritt die Tür aufgetan werde, sollen jeweils gründliche theologische, historische und pastorale Untersuchungen vorausgehen, wenn die einzelnen Teile der Liturgie revi-

13 Ebd. 30.

14 Vgl. ebd. 13.

diert werden. Darüber hinaus sind sowohl die allgemeinen Gestalt- und Sinngesetze der Liturgie zu beachten als auch die Erfahrungen, die aus der jüngsten Liturgiereform und den weithin schon gewährten Indulten gewonnen werden. Schließlich sollen keine Neuerungen eingeführt werden, es sei denn, ein wirklicher und sicher zu erhoffender Nutzen der Kirche verlange es. Dabei ist Sorge zu tragen, daß die neuen Formen aus den schon bestehenden gewissermaßen organisch herauswachsen."[16] Entsprechend häufig nennt die Liturgiekonstitution den Begriff "Überlieferung",[17] meint damit Rückkehr zu den Quellen und Ursprüngen und nimmt die gesamte liturgische Entwicklung der Kirche in ihr Blickfeld, um nach Prüfung aller zur Verfügung stehenden Quellen, die heute umfangreicher als zur Zeit von Trient faßbar und benutzbar sind,[18] unter "Wahrung der Einheit des Römischen Ritus im wesentlichen"[19] an der Erneuerung der Liturgie zu arbeiten. Das ist das eigentliche und letzte Ziel der Konzilsväter: Erneuerung - in doppeltem Sinne als Innovation der Liturgie und der daraus erwachsenden Erneuerung der Gläubigen in Christus.

Durch den Sprachgebrauch "Liturgiereform" wurde bei einigen vorschnell der Eindruck einer Revolution, einer völligen Neuschöpfung geweckt, welcher dem Konzilsanliegen schadete, Barrieren errichten ließ und blind und taub machte für das konziliare pastorale Bemühen. Denn mit diesem Willen der Erneuerung steht das Zweite Vatikanische Konzil ganz in der Tradition von Trient, welches selbst um eine liturgische Reform durch die Rückkehr zu den damals zur Verfü-

15 Vgl. E. J. LENGELING, Tradition und Fortschritt in der Liturgie, in: LJ 25 (1975) 201.

16 SC 23.

17 Eine Wortstatistik führt an: E. J. LENGELING, Tradition und Fortschritt (s. Anm. 15) 211.

18 Vgl. AEM Vorwort Art. 7.

19 SC 38.

gung stehenden Quellen und deren Aufgreifen bemüht war, was gerade in der Bulle "Quo primum" von Papst PIUS V. vom 14. Juli 1570 zum Ausdruck gebracht wird. Von dem ersten einheitlichen römischen Meßbuch, dem auf Geheiß des Trienter Konzils 1570 revidierten MISSALE ROMANUM, sagt die Bulle, daß es "nach der ursprünglichen Norm und der Satzung der heiligen Väter wiederhergestellt" worden sei.[20]

Allerdings unterscheidet SACROSANCTUM CONCILIUM eindeutig zwischen der Überlieferung und den Überlieferungen, wobei damit unterschieden wird zwischen der unaufgebbaren Tradition göttlichen Rechts und untergeordneten menschlichen Überlieferungen, zumeist abhängig vom Kultur- und Sprachraum. "Damit das christliche Volk in der heiligen Liturgie die Fülle der Gnaden mit größerer Sicher- heit erlange, ist es der Wunsch der heiligen Mutter Kirche, eine allgemeine Erneuerung der Liturgie sorgfältig in die Wege zu leiten. Denn die Liturgie enthält einen kraft göttlicher Einsetzung unveränderlichen Teil und Teile, die dem Wandel unterworfen sind. Diese Teile können sich im Laufe der Zeit ändern oder müssen es sogar, wenn sich etwas in sie eingeschlichen haben sollte, was der innersten Wesensart der Liturgie weniger entspricht oder wenn sie sich als weniger geeignet herausgestellt haben. Bei dieser Erneuerung sollen Texte und Riten so geordnet werden, daß sie das Heilige, dem sie als Zeichen dienen, deutlicher zum Ausdruck bringen, und so, daß das christliche Volk sie möglichst leicht erfassen und in voller, tätiger und gemeinschaftlicher Teilnahme mitfeiern kann."[21] Tritt durch Bewahrung der Tradition das Heilige besser in Erscheinung, findet es dadurch und darin seinen besseren Ausdruck, steht die "participatio actuosa" in der Tradition der Kirche, so haben die Überlieferungen (= Sekundarüberlieferungen) beides oftmals überdeckt und verdrängt. Die ursprünglichen Gewichte

20 Bulle "Quo primum" von PIUS V., die in jedem MISSALE ROMANUM von 1570 - 1962 vorangestellt gedruckt ist.

21 SC 21.

wurden durch diese Traditionen zugunsten irgendeiner momentanen Frömmigkeit, um einer religiösen Zeitströmung willen verschoben. Die so geschaffene Akzentverschiebung verfestigte sich, wurde oftmals beibehalten, obwohl die provozierenden Begleitmomente und Umfelder längst vergangen waren. Dieser dann unerklärlichen und nicht mehr zu verstehenden Gewohnheit - schon daher rührt in oftmaligem Verständnis ihr altehrwürdiger Wert - wurde der Rang einer Überlieferung verliehen, wodurch sie unantastbar wurde.

Die Differenzierung zwischen Tradition und Traditionen, jenen provozierenden Überwucherungen oder menschlichen Interpretamenten, wird in der Auseinandersetzung um die Erneuerung der Liturgie oft vermieden, wie ein Blick in traditionalistische Veröffentlichungen belegt.[22] Bei letzteren - wie bei vielen Menschen - gilt nur das als überliefert, was seit jeher im eigenen überschaubaren Zeitraum getan und erfahren wurde. Dann ist es alt, konservierungswürdig und "Tradition", weil es vermeintlich immer schon so gewesen ist. Dieses menschliche Beharrungsvermögen und -verlangen hat sich zuweilen in Gleichwertigkeit, wenn nicht sogar in einem Übergewicht gegenüber der Glaubenstradition, die von Jesus Christus stammt und seit den Aposteln unverfälscht weitergegeben wurde, zu behaupten versucht und auch behaupten können.[23] Der Wille zur Konservierung des zuletzt Vorhandenen erschwert den allgemeinen Zugang zur eigentlichen und tieferen Tradition und so auch vielerseits die Aner-

22 Vgl. A. GROSS, Beginnt in Rom die "Wende"?, in: KyrEl 14 (1985) Nr. 1, 3 - 41; E. GOLLA, Die friedliche Koexistenz ist unzulässig, in: Einsicht 15 (1985) 18f; diese Aufsätze sind nur stellvertretend aufgeführt, bringen aber den Mangel an Differenzierung besonders deutlich zum Ausdruck.

23 Vgl. W. HEIM, Was heißt "Tradition"?, in: HID 30 (1976) 60 - 62; Der Kampf für die "Tridentinische Messe", in: BiLi 49 (1976) 124 - 126; R. KRÄMER-BADONI, Revolution in der Kirche. Lefébvre und Rom, Frankfurt a. M.-Berlin-Wien 1982, bes. 93 - 114; letztlich findet sich dieser Vorwurf in allen traditionalistischen Auseinandersetzungen mit der Liturgiereform, s. Quellenverzeichnis C.

kennung und Erkenntnis einer Erneuerung der Liturgie auf dem Fundament der Tradition, woraus sie sich entwickelt.

Was Josef Andreas JUNGMANN 1939 in der Zeitschrift "Stimmen der Zeit" hinsichtlich liturgischer Entwicklung unter dem Thema "Neues Werden und altes Gesetz in unserem Gottesdienst"[24] schrieb, verdeutlicht noch das angesprochene Problemfeld. Denn zum einen wird die Geschichtlichkeit der Liturgie für die Zeit vor der Liturgiereform aufgewiesen, zum anderen wird dargelegt, was in unseren Tagen von den Traditionalisten geradezu bestritten wird, die aber, zumindest soweit sie Theologen sind, zu jener Zeit von JUNGMANN und anderen gleichdenkenden Vertretern der Liturgischen Bewegung nicht unbeeinflußt bleiben konnten. In den Ausführungen JUNGMANNS wird offenbar, daß der Fortschritt der Liturgie, im Sinne eines geschichtlichen Fortschreitens unter ständiger Reflexion von Ursprung, Form und jeweils gegenwärtigem Inhalt um der in der Liturgie aufleuchtenden Heilszukunft willen, als Erkenntnis und Anforderung der Kirche nicht einzig dem Zweiten Vatikanischen Konzil und seiner Liturgiereform zuzurechnen ist, daß in SACROSANCTUM CONCILIUM nur letztgültigen Ausdruck findet, was zuvor in der Liturgischen Bewegung erkannt und teilweise verwirklicht worden ist:

"Innerhalb des allgemeinen Wechsels menschlicher Kulturformen gibt es kaum etwas, das mehr den Eindruck des Beständigen, ja des Unveränderlichen hervorruft als die Einrichtung des katholischen Gottesdienstes. Das Kommen und Gehen der Jahrhunderte, ja sogar der Gestaltwandel, wie er die großen kulturellen Übergänge, etwa von der Gotik zum Barock, kennzeichnet, scheint sie kaum zu berühren. Freilich ist das so nur für den oberflächlichen Beurteiler und nur für den, der lediglich den innersten Bezirk der Liturgie, Sakrament und Opfer und den entsprechenden Textbestand der priesterlichen Funk-

24 In: StdZ 136 (1939) 259 - 262; zgl. in: J. A. JUNGMANN, Gewordene Liturgie. Studien und Durchblicke, Innsbruck-Leipzig 1941, 28f.

tionen, in Betracht zieht. Aber selbst in diesem innersten Bezirk zeigt die Liturgiegeschichte des ersten Jahrtausends genau wie für alle anderen Gebiete ein lange andauerndes, ununterbrochenes organisches Wachsen aus schlichten Anfangsformen, an dem alle lebendigen Kräfte der Kirche beteiligt sind. Aber auch in der Folgezeit ist kein Jahrhundert, ja keine Generation spurlos an unserer Liturgie vorübergegangen. Selbst die Liturgie der heiligen Messe macht wenigstens in ihren Randzonen noch heute beständige Wandlungen durch. Man denke an die musikalische Ausgestaltung eines Festgottesdienstes, an den Schnitt der Paramente, vollends an die Formen, in denen die gläubige Gemeinde am heiligen Geschehen Anteil nimmt. Hier berühren wir die Stelle, an der wir geradezu von einem lebhaften, um nicht zu sagen stürmischen Wachsen und Werden im Gottesdienst der Gegenwart sprechen können. Das gilt vor allem von den Formen der Mitfeier des heiligen Opfers. In wenigen Jahrzehnten ist der Raum zwischen der stillen Messe bzw. der deutschen Singmesse älterer Fassung und dem Hochamt, insbesondere dem Choralamt monastischer Prägung, mit einem Reichtum von Zwischenformen ausgefüllt worden, die zwar heute noch keine scharfen Umrisse aufweisen, auch das Siegel einer besonderen Autorisierung und Festlegung durch die höchste kirchliche Stelle im einzelnen noch nicht erhalten haben, in denen aber doch das priesterliche Mittun der plebs sancta auf neue und kraftvolle Weise zum Ausdruck kommt."[25]

Wo aber Fortschritt ist - wie JUNGMANN ihn beschreibt und definiert -, gibt es Geschichte sowie die verpflichtende und durchtragende Kraft der Tradition, in der der gelebte Glaube der Kirche weitergeführt wird in Leben, Lehre und Kult.[26] Die Tradition und ihre Bewahrung besteht also nicht in ängstlich-enger Behütung überlieferter Sätze und Praktiken mit stets sich gleichbleibendem Inhalt, "weil nicht alles - und sei es noch so altehrwürdig - schon unbedingt das vom Geist Gottes Eingegebene und Gewollte sein muß,

25 In: StdZ 136 (1939) 259.

26 Vgl. LG 8.

und vor allem braucht das einmal für eine bestimmte Zeit der Kirche Richtige im Wandel der Gesellschaft und Kulturen nicht das für alle Zeiten gleich Gültige zu sein."[27] Gewiß ist nicht alles Tradierte allein seines Alters wegen schon notwendigerweise zu überprüfen oder gar zu revidieren, wie auch eine Überzeugung töricht wäre, daß die jeweilige Zeit des Beurteilenden das rechte, womöglich sogar endgültige Glaubens- und Frömmigkeitsbewußtsein gewonnen hätte. Die Spannung zwischen Vergangenheit und Gegenwart bleibt in ihrer fruchtbaren Beziehung bestehen, relativiert den womöglich erhobenen Absolutheitsanspruch des Neuen, des Gegenwartsbezogenen. Das Heutige bedarf des Traditionsgutes, welches sich in jeweils neuer Gegenwart als Fundament, Anfrage, Triebkraft und Bindeelement erweist. Hierin ist Tradition eine dynamische Kraft, die schöpferisches Tun weckt. Wie die jeweilige Zeit den Menschen in Frage stellt, so lebt der heutige Mensch in seiner Fragestellung an seine Zeit, in seiner Mitwirkung an der heilsamen Umgestaltung seiner Gesellschaft nach dem Erlöserwillen, in seinen gesuchten Christusbegegnungen, in seiner Kirchlichkeit und in seinen Frömmigkeitsformen aus der Tradition, die darin und damit eine lebendige Kraft des Heiles ist.

"Wenn eine Tradition routiniert, sinnentleert oder zur bloßen Hülse reduziert werden kann, dann ist gerade dieser Verfallszustand einer Tradition der Boden für die Haltung des 'Traditionalismus', das heißt für ein Verhalten, in dem die Tradition passiv und unkritisch, wenn auch bewußt übernommen wird, aus dem einzigen Grund, weil man glaubt, sie habe einen heiligen Ursprung."[28] Mit dieser traditionalistischen Haltung, die der Lebendigkeit, verstanden als bleibende Gegenwart Jesu Christi, in der Tradition widerspricht,

27 K.-H. WEGER, Tradition, in: SM (D) IV 955 - 965, hier: 964.

28 S. ICHII, Kein Fortschritt ohne Tradition, in: L. REINISCH (Hrsg.), Vom Sinn der Tradition, München 1970, 107 - 131, hier: 117.

wird sowohl der Blick für die Gegenwart verstellt, als auch die Möglichkeit genommen, das Neue der Zukunft zu erwarten,[29] denn die Kontinuität des Lebens - bis in die Zukunft hinein - bedarf einer lebendigen, nicht einer musealen, schon gar nicht einer zum Angriff auf die Gegenwart dienenden Tradition.

Aufgrund der begrenzten Sicht, der Einengung von Tradition auf das einmal Erlebte und Liebgewonnene, auf das, was angeblich immer schon so war im Gegenüberstand zu dem, was noch nie da war, nur weil es dem Betrachtenden unbekannt ist, muß auch die konziliare Erneuerung der Liturgie innerhalb der Tradition der Kirche als etwas Neues, als eine gewollt geschichtslose Neuschöpfung erscheinen. Alles, was durch die Liturgiereform berechtigterweise zugunsten einer "heilsamen und konsequenten Klarheit" aufgegeben wurde, muß in dieser Eng- und Kurzsichtigkeit zum unveräußerlichen Traditionsgut werden, dessen Verlust die gesamte Glaubenssubstanz gefährde.[30] Damit wird das Traditionsproblem zum Glaubensproblem, das, in und mit der Liturgie ausgetragen, in ideologischer Weise verfochten wird. Statt Erneuerung werden hierdurch aber Verdächtigung, Unterstellung, Abspaltung, Absprache der Bewahrung der Glaubenswahrheit sowie der Vorwurf einer Loslösung von Jesus Christus erzielt. Die psychologischen Hintergründe dieser massiven Vorwürfe und Sperren, die Ängste und Flüchte zu erkunden, ist nicht Aufgabe dieser Arbeit. Sicherlich würde aber eine solche Untersuchung, an das Problem heranzugehen, den Schlüssel zu mancher innerkirchlicher traditionalistischer Auseinandersetzung bieten, als deren "Vehikel" die Liturgie(-reform) herhalten muß.

29 Vgl. H. REIFENBERG, Brauchen wir eine zweite Liturgiereform, in: BiLi 47 (1974) 218 - 221, hier: 219.

30 Besonders deutlich wird dies in der Serienveröffentlichung "Katholisch-Denken. Lehrbehelf von P. Dr. Adalbert Majtény (Wien, Kaiserstr. 7)" ab November 1983 in: MystF. Beispielhaft sei daraus zitiert: "Waren die Reformideen wirklich von Gescheiten ausgedacht? a) In der Kulturge-

2. DIE RECHTMÄSSIGKEIT DER LITURGIEREFORM

Die Rechtmäßigkeit der liturgischen Reform ist allein dadurch nachzuweisen, daß sie bzw. das durch sie erneuerte Meßbuch in der liturgischen Tradition der Kirche stehen und daß die Einführung des erneuerten Meßbuches der liturgischen Rechtssetzung entspricht. Beiden Fragestellungen soll hier nachgegangen werden.

A DAS TRIDENTINISCHE MISSALE UND DAS MISSALE ROMANUM VON 1970 ALS AUSDRUCK DES WILLENS ZUR BEWAHRUNG UND ERNEUERUNG

Nach diesen allgemeineren Ausführungen soll der Blick auf die Frage gerichtet werden, inwieweit in den Meßbüchern von 1570 und 1970 Fortleben oder Bruch in Lehre und Tradition gegeben sind.

schichte der Kirche haben wir schon viele geniale Gedanken gefunden, die die größten Künstler und Gelehrten inspiriert haben. Was könnten aber MICHELANGELO, DA VINCI, DANTE oder CLAUDEL mit der Steh- und Handkommunion anfangen? Wo liegt die Genialität im Volksaltar? In 180 Grad? Ist das eine Erneuerung des Tisches oder des Geistes? Des schwach gebildeten Klerikalgeistes? b) Kann die moderne Kirche wirklich nichts mehr bieten als Abfälle aus dem Papierkorb des Protestantismus oder Freidenkertums? Kann die Anpassungskirche als Heilanstalt wirken oder nur als Kopieranstalt für abgetragene Ideen der Pamphletliteratur? ... Braucht ein gläubiger Katholik produktives Denken? a) Unbedingt! Die Anpassungskirche diktiert nämlich im Sinne des Konzils fortwährende Änderungen bis zum Verfall der Katholizität. Die bisherige kirchenrechtliche Verwaltung ist gegen solches Attentat machtlos. Die Bischöfe sind der Kollegialität und sonstigen klerikalmodernistischen Manipulationen ausgeliefert", in: DERS., Katholisch-Denken (13), in: MystF 10 (1984) Nr. 12, 6. Die anderen Publikationen (s. Anm. 440) enthalten ähnliche Formulierungen und Argumentationen.

Das Vollmissale der römischen Kurie, das sich seit dem 13. Jahrhundert fast in der gesamten Kirche durchsetzte, entwickelte sich aufgrund der liturgischen Dezentralisierung weiter, denn das liturgische Gesetzgebungsrecht hatten die Bischöfe und exempten Orden inne.[31] So flossen subjektivistische Frömmigkeit, Zeugnisse spätmittelalterlichen Volksglaubens in Gestalt neuer Feste und Meßformulare, Sequenzen, Gradualien und anderweitiger Übungen in die alte römische Liturgie ein. Die Meßliturgie, sowohl in den Meßformularen als auch im Meßritus wie im Festkalender, erlebte mannigfaltige, fast unübersehbare Auswucherungen, die ihrerseits die zentrale Stellung der Messe im religiösen Volksleben bezeugen. Zahlreiche Meßformulare rein privaten Ursprungs taten das ihre noch dazu. Schon bald erhoben sich auf diese Mißbräuche Reaktionen, die schließlich in den Angriffen der Reformatoren ihren schärfsten Ausdruck und Gipfelpunkt fanden.

Vor Einflüssen des Aberglaubens, des Erwerbsgeistes und der Veräußerlichung wurde gewarnt. Dagegen wurden Vertiefung, Verinnerlichung und lebendige Teilnahme an der Meßfeier empfohlen. Doch

31 Sowohl das Meßbuch von 1570 wie auch - in modifizierter Form - das Meßbuch von 1970 sind der Typ des Vollmissales. Das erneuerte Meßbuch weicht auch darin nicht von seinen Vorgängern ab.
Die folgenden Ausführungen nach: J. A. JUNGMANN, Missarum Sollemnia. Eine genetische Erklärung der römischen Messe Bd. I, Wien [5]1962, 168 - 221; HLW(M) 319 - 328; L. BRINKHOFF, Werdegang des Missale (1), in: Gd 3 (1969) 91 - 93; DERS., Werdegang des Missale (2), in: ebd. 117 - 119; DERS., Einheit gewonnen - Anschluß an das Leben verloren. Das Missale von 1570, in: Gd 4 (1970) 91 - 93; B. FISCHER, Vom Missale Pius' V. zum Missale Pauls VI. Ein Vortrag, in: LJ 26 (1976) 2 - 18; DERS., Geprägte Form, die lebend sich entwickelt. Vom Missale Pius' V. zum Missale Pauls VI., in: Gd 10 (1976) 25 - 28; A. HÄUSSLING, Das Missale Romanum Pauls VI. Ein Zeugnis sucht Bezeugende, in: LJ 23 (1973) 145 - 158; DERS., Das neue Meßbuch in der Reihe der Meßbücher der Kirche, in: LS 26 (1975) 248 - 256; H. JEDIN, Das Konzil von Trient und die Reform des Römischen Meßbuches, in: LiLe 6 (1939) 30 - 66.

fruchteten diese pastoralen Bemühungen wenig. Die einzige Möglichkeit, durch Revision der Meßbücher alles rein Legendäre und Abergläubische auszumerzen, wurde weder bei den handgeschriebenen noch bei den ab dem letzten Drittel des 15. Jahrhunderts gedruckten Missalien vollends und konsequent genutzt. Aus diesen Mißständen erwuchs die Notwendigkeit einer grundlegenden Meßreform nach einer allgemeinen Regelung zur Abstellung der Mißbräuche.

Das Konzil von Trient nahm sich gleich zu Beginn dieser pastoralliturgischen Aufgabe an. Angestrebt wurde ein der ganzen Kirche gemeinsames Einheitsmissale, ein gereinigtes reformiertes Römisches Meßbuch. In den Sitzungen des Konzils stand in diesem Bemühen die Abwägung und der Ausgleich zwischen altem und neuem im Raum, die der Liturgie eigenen wesentlichen Komponenten. Nach Unterbrechung dieser Aufgabe nahm PIUS IV. sie ab 1561 wieder in Angriff. Die Forderung nach dem Einheitsmissale wird erneut erhoben. Ihm soll ein Anhang mit den besonderen Heiligenfesten jeder Diözese beigefügt werden, wobei auch eine Revision des Festkalenders gefordert wurde. Zudem sollte das Ordinarium missae auf seine dogmatische Korrektheit hin überprüft, die Meßfeier als Opfergottesdienst der Kirche wiederhergestellt und künftig verhindert werden, die Meßfeier zu weit in die Sphäre privater Anliegen und Nöte hineinzuziehen zugunsten von Gemeindebezug und deren Teilnahme. Auch hier erscheint im Ansatz ein Grundanliegen, welches in der Liturgiereform des Zweiten Vatikanischen Konzils weiterverfolgt wurde.

Der Papst wurde in der Schlußsitzung am 4./5. Dezember 1563 u. a. mit der Aufgabe betraut, die Reform des Meßbuches durchzuführen. Sieben Jahre später legte er das "Missale Romanum ex decreto Sacrosancti Consilii Tridentini restitutum Pii V. Pont. Max. iussu editum" vor. Sowohl dieser Titel wie auch die Einführungsbulle "Quo primum" von Papst PIUS V. vom 14. Juli 1570 lassen von einem "Trienter Missale" sprechen, obwohl das Konzil die Reform dieses liturgischen Regelbuches nicht selbst durchgeführt hat. Unstatthaft ist es aber, von einer "Tridentinischen Messe" zu sprechen. Während das Missale aus den Reformideen des Konzils erwachsen ist, ist die

Messe vom Trienter Konzil hingegen erneuert worden gemäß der Tradition und ihren Zeugnissen, soweit sie damals - begrenzt - zur Verfügung standen, unter jenem Verlangen, das seit Trient bis zum Zweiten Vatikanischen Konzil immer neu mit zunehmender Quellenkenntnis der liturgischen Tradition der Kirche Gestalt annahm, die alte römische Liturgie wiederherzustellen.

Damit stehen beide Konzilien in einer Kontinuität, die ein wesentliches Element einer gesunden liturgischen Entwicklung ist.[32] Diese Kontinuität ist selbst in der bewußten und lebendigen Teilnahme des Volkes an der Liturgie der Kirche gegeben, wie die geäußerten Reformabsichten auf dem Trienter Konzil bezeugen, die selbst die Verwendung der Landessprache im Gottesdienst nicht ausschlossen. Mag auch in einzelnen Teilen des Missale Papst PAULS VI. eine Diskontinuität zum Trienter Meßbuch bestehen, so verweist dieser Umstand darauf, daß zum einen das Tridentiner Missale nur eine Stufe liturgischer Entwicklung unter vielen ist und zum anderen das neue Meßbuch von 1970 auch im weit früheren Erbe der römisch-fränkischen Kirche des Abendlandes steht.

Die Bulle "Quo primum" von 1570 legte für alle künftigen Zeiten fest, daß niemand mehr am Meßbuch etwas ändern darf, woran man sich auch fast 400 Jahre, abgesehen von geringen Ausnahmen, gehalten hat. Damit war ein festes Fundament für die Liturgie der Kirche gelegt.[33] Die Kirche besaß nunmehr eine einheitliche Liturgie, ver-

32 Vgl. A. HEINZ, Die Sonntagsformulare der Osterzeit im Missale Romanum Pius'V. und Pauls VI., in: LJ 28 (1978) 86 - 111.

33 Vgl. L. A. VEIT - L. LENHART, Kirche und Volksfrömmigkeit im Zeitalter des Barocks, Freiburg 1956; J. A. JUNGMANN, Liturgisches Leben im Barock, in: DERS., Liturgisches Erbe (s. Anm. 4) 108 - 119 ; DERS., Missarum Sollemnia, Bd. 1, Wien ^{5}1962, 168 - 211; J. HERMANS, Die Feier der Eucharistie. Erklärung und spirituelle Erschließung, Regensburg 1984, 19.

bindlich für die Zukunft. So war auch die durch das Konzil neu definierte kirchliche Lehre vom Opfercharakter der Messe, vom priesterlichen Dienst und von der permanenten Realpräsenz Christi unter den eucharistischen Gestalten abgesichert.[34] Doch ist damit weder ein Text noch ein Ritus dieses Missale in sich schon definierte Glaubenswahrheit. Eine Änderung an diesem Meßbuch ist keine Abweichung von der definierten Glaubenslehre des Trienter Konzils. "Die Festsetzung der Geltungsdauer in perpetuum ist überdies eine Klausel der kirchlichen Disziplinar- und Ritualgesetzgebung, in der Bedeutung 'bis zu einer neuen höchstrichterlichen Entscheidung'."[35] Daß spätere Päpste Änderungen vornahmen, zeigt die relative Bedeutung der zeitlosen Gültigkeit des Missale. Gewehrt wird damit aber jedem ungemäßen Beiwerk, jeder privaten Verfälschung, jeder Privatisierung des Gottesdienstes. Diese Abwehrreaktion wird angesichts der liturgischen Mißbräuche vor Erscheinen des Einheitsmissale verständlich und gerechtfertigt. So wird auch jede Sonderform und Eigenliturgie nur jenen Kirchen und Orden zugestanden, die diese über 200 Jahre nachweisbar feiern (z. B. Mailand, Toledo, Lyon und einige ältere Orden). So sehr der Papst auch den Mißständen wehren wollte, seine Bulle "Quo primum", mit der er ordnend eingriff, sein Ordnungsrecht jedoch nicht absolut setzte, sondern seine Ehrfurcht vor langer Tradition bekundet hat, verhinderte jegliches lebendige Wachstum der Liturgie, trug zur Erstarrung bei, so daß mit Recht jene 400 nachtridentinischen Jahre eine "Periode der ehernen Einheitsliturgie und der Rubrizistik" genannt wurden.[36]

34 Vgl. O. NUSSBAUM, Zur Theologie und Spiritualität des neuen Meßbuches, in: LJ 26 (1976) 193 - 223.

35 Ebd. 195; vgl. Joseph Kardinal HÖFFNER, Wort an die Priester und Diakone zum neuen Missale Romanum, in: Kirchlicher Anzeiger für die Erzdiözese Köln 115 (1975) 406 f. Trotz des vermeintlichen Verbots jeglicher Änderung in der Bulle "Quo primum", auf das sich die Traditionalisten stützen, erfuhr das Missale schon ab 1604 unter CLEMENS VIII. Änderungen: vgl. E. J. LENGELING, Tradition und Fortschritt (s. Anm. 15) 210.

36 Vgl. Th. KLAUSNER, Kleine Abendländische Liturgiegeschichte, Bonn [5]1965, 117f.

In seiner Apostolischen Konstitution zur Einführung des gemäß des Beschlusses des Zweiten Vatikanischen Konzils erneuerten Römischen Meßbuches beruft sich Papst PAUL VI. auf jenes Tridentinische Meßbuch von PIUS V., ebenso nennt die Allgemeine Einführung zum Römischen Meßbuch diesen Entwicklungsstrang.[37] Beide Dokumente des erneuerten Meßbuches bezeugen dem Vorgängermissale von 1570 größte Hochachtung. Sie weisen aber darauf hin, daß manche Mängel dadurch zu erklären sind, daß das gefaßte Ziel, "das Meßbuch nach der ursprünglichen Norm und Satzung der heiligen Väter"[38] wiederherzustellen, aufgrund der wenigen und nur bis ins Mittelalter zurückreichenden Quellen der Vatikanischen Bibliothek nicht erreicht werden konnte. Zum anderen schlug sich im Missale von 1570 die Auseinandersetzung mit der Reformation nieder, so daß an eine vollständige Erneuerung der Liturgie nicht zu denken war, lag der Hauptakzent doch darauf, das katholische Glaubensgut gegen alle Angriffe zu bewahren und abzusichern. Vielleicht erklärt sich das strikte Verbot jeglicher Änderung in der Bulle "Quo primum" auch von der Befürchtung des möglichen Einflusses reformatorischer Theologie auf Liturgie und Meßverständnis her und ist auch von daher in seiner Zeitbedingtheit zu verstehen, zumindest sollte jedem liturgischen Wildwuchs, wie er zuvor bestand, gewehrt werden.

Jene zu bewahrenden und zu schützenden katholischen Lehren vom Opfercharakter der Messe, vom priesterlichen Dienst und von der wirklichen und dauernden Gegenwart Christi unter den eucharistischen Gestalten prägen entscheidend und entsprechend das Missale PIUS' V. Nicht allein, daß es das "Konfessionsmerkmal des nachtridentinischen Katholizismus"[39] wurde, die Messe wird die ureigentlichste Handlung des Priesters, seine "private" Handlung unter Aus-

37 Vgl. AEM Vorwort Art. 6ff.

38 In: Bulle "Quo primum" (s. Anm. 20).

39 A. HÄUSSLING, Bezeugende (s. Anm. 31) 148.

schluß der wohl in Trient und Bologna angezielten lebendigen Teilnahme der Gemeinde. Die Kommunion der Gemeinde wird nicht als fester Bestandteil jeder Meßfeier genannt und kann demgemäß auch entfallen. Dieses Ergebnis erwuchs aus der gegenreformatorischen Haltung,[40] entspricht aber nicht Aussagen und Absichten aller Konzilsväter. Von daher war die Zeit der Erstellung jenes Meßbuches nicht günstig. Äußere Zeiteinflüsse beeinflußten zu sehr das ursprüngliche Anliegen, veränderten es und trugen dazu bei, daß Verwandtschaft und Gleichung zwischen den Missalien von 1570 und 1970 unnötig verdeckt wurden, die aber - wie in Kürze aufgezeigt - unter jener gegenreformatorischer Kruste entdeckt und festgehalten werden können.

Bezüglich der Intention der Liturgiereform des Zweiten Vatikanischen Konzils wie der Erneuerung des Meßbuches gilt, was VINZENZ VON LERIN vom Glauben der Kirche sagt: "Wer will den Menschen so mißgünstig und Gott gegenüber so widrig sein, daß er den Fortschritt zu hindern versucht? Aber es soll so sein, daß es ein wahrer Fortschritt ist, nicht eine Veränderung. Denn zum Fortschritt gehört, daß etwas in sich selbst wächst, zur Veränderung aber, daß aus einem etwas anderes wird. Die Religion soll der leiblichen, besser menschlichen Entwicklung gleichen. Der Mensch entwickelt und entfaltet sich im Verlauf der Jahre und bleibt dennoch, was er war."[41] Dieses Wort hat auch seine Berechtigung für alle, die das neue Meßbuch anfeinden und seine Rechtmäßigkeit hinsichtlich der Tradition der Kirche abstreiten. Daß es aber eine Phase in einem kontinuierlichen Wachstum ist,[42] bekräftigt die allgemeine

40 Vgl. J. HERMANS, Feier (s. Anm. 33) 19.

41 Commonitorium 23: ML 50, 667.

42 Vgl. J. RATZINGER, Das Fest des Glaubens. Versuche zur Theologie des Gottesdienstes, Einsiedeln [2]1981, 76 - 78; DERS., Zur Lage des Glaubens. Ein Gespräch mit Vittorio Messori, München-Zürich-Wien 1985, 136.

Einführung des Römischen Meßbuches.[43] Die Überlieferung wird nicht abgebrochen. Im Meßbuch wird zum einen bewahrt, was "die uns zeitlich am nächsten stehenden Vorfahren überlieferten."[44] Zugleich werden alle vergangenen Zeiten der Kirche und alle Formen erfaßt und tiefer erwogen, "in denen die Kirche den einen Glauben in so verschiedenen Kulturen wie der semitischen, griechischen und lateinischen ausgedrückt hat."[45] So bezeugt das neue Meßbuch "die Gebetsweisen der Römischen Kirche und schützt das von den letzten Konzilien überlieferte Glaubensgut; gleichzeitig ist es aber auch ein großer Fortschritt in der liturgischen Überlieferung."[46]

Die veränderte Situation der Welt und die dadurch bedingte pastorale Anpassung wie die bessere Erkenntnis und Hinzuziehung liturgischer Dokumente, die aus der Zeit vom ersten Jahrtausend der Kirche an verfügbar sind, bedingten diesen wahren Fortschritt, in dem "beide römischen Meßbücher trotz eines Zeitabstandes von vier Jahrhunderten die gleiche Überlieferung wahren wollen".[47]
Aus genannten Gründen wird das neue Meßbuch der Überlieferung besser gerecht. Immer wieder, nicht allein durch die Angleichung der Titel beider Meßbücher, wird auf diese Traditionstreue hingewiesen.[48] Wenn dennoch von einem "neuen Meßbuch" zu sprechen ist, dann deshalb, weil das MISSALE ROMANUM von 1970 ein Buch der Weltkirche

43 Vgl. AEM Vorwort Art. 6 ff.

44 AEM Vorwort Art. 9.

45 Ebd. Art. 9.

46 Ebd. Art. 10.

47 Ebd. Art. 6.

48 Die beiden Titel lauten: für 1570: Missale romanum ex Decreto sacrosancti Concilii Tridentini restitutum, Pii V. Pont. Max. iussu editum; für 1970: Missale Romanum ex decreto Ss. Oecumenici Concilii Vaticani II instauratum auctoritate Pauli pp. VI promulgatum.

ist. "Viele Nationen hatten im voraus die Quellen gesucht, bearbeitet und ediert, die nun beigezogen werden konnten, hatten die kritische Sichtung betrieben, die Probleme benannt, und noch niemals hat ein ähnlich großer, fachlich ausgewiesener Arbeitsstab an einer derartigen Aufgabe angesetzt."[49] Das neue Meßbuch ist aber im Gegensatz zum MISSALE ROMANUM von 1570 kein Welteinheitsmeßbuch, da es die weltweite Bandbreite unterschiedlichster und voneinander abweichender Erwartungen und Notwendigkeiten im Gegensatz zu 1570 zu berücksichtigen hatte. Dennoch ist das Missale Papst PAULS VI. erst durch das von PIUS V. ermöglicht worden. Denn 1570 wurde der Weg beschritten, das Meßbuch und die Feier des Gottesdienstes wieder auf die echte apostolische und katholische Tradition zurückzuführen, der dann im Zweiten Vatikanischen Konzil fortgesetzt wurde. Der Rückgriff auf die "Ursprünglichkeit", 1570 bedingt durch die reformatorischen Vorwürfe und die innerkirchlichen Eingeständnisse vieler Mißstände,[50] richtet sich im neuen Meßbuch in Kontinuität mit dem Glauben und der Liturgie in ihrer gesamten geschichtlichen Entwicklung auf die liturgische Feier in der gegenwärtigen und zukünftigen Zeit in voller und tätiger Teilnahme der Gemeinde, "zu der das christliche Volk kraft der Taufe Recht und Amt besitzt."[51]

Nicht das starre Festhalten, wie in der Bulle "Quo primum" von 1570 gefordert, steht nunmehr im Vordergrund. Das neue Meßbuch bezeugt vielmehr den wahren Fortschritt "der einen Bruderschaft des Herrn durch die Zeiten der Kirche vom ersten Pfingstfest ab bis zu seiner

49 A. HÄUSSLING, Das neue Meßbuch (s. Anm. 31) 249. Zur liturgischen Vielfalt: TH. MAAS-EWERD, Liturgische Einheit in Vielfalt. Die Einheit des Gottesdienstes der Kirche und der ausgeträumte Traum von einer 'Welt-Einheitsliturgie' (Eichstätter Hochschulreden; 30), München 1981.

50 Vgl. Concilium Tridentinum. Ed. Societas Goerresiana. T. 8, Freiburg 1919, 916 - 924, Nr. 42ofj; A. HÄUSSLING, Das neue Meßbuch (s. Anm. 31) 249; H. JEDIN, Das Konzil von Trient (s. Anm. 31) 31 - 33.

51 SC 14.

Wiederkunft."[52] Liegt auch hierin eine differenzierte Sichtweise, so erhebt das Meßbuch von 1970 doch den gleichen einigenden und autoritativen Anspruch wie sein 400 Jahre alter Vorgänger.

Obwohl das neue Missale, wie in seiner nach ihm benannten Apostolischen Konstitution aufgeführt, drei "neue" Hochgebete, die Bereicherung durch eine größere Anzahl von Präfationen, überarbeiteten Orationen, die Homilie, das "Allgemeine Gebet", den "Ritus der Versöhnung mit Gott und den Brüdern" und die Fülle biblischer Lesungen nennt, bleibt es im Kontext des Meßbuches von 1570 und in der Tradition der am Ende des ersten Jahrtausends Gestalt und Form angenommenen lateinischen, römisch-fränkischen Liturgie. Das wird auch in den drei Hochgebeten deutlich, um die das Meßbuch bereichert wurde. Sie halten sich nämlich in ihren Strukturmerkmalen an den Aufbau des Römischen Kanons, um einer gewachsenen abendländischen Frömmigkeit und dem Wandlungsverständnis einer abendländischen Kirche gerecht zu werden. Was im erneuerten Meßbuch als "Neuheit" eingebracht wurde, sind vorwiegend alte Texte der Tradition.[53] Auch in ihnen - wie in den konziliaren und nachkonziliaren Dokumenten überhaupt - wird die definierte Lehre des Konzils von Trient über den Opfercharakter der Messe, über das Wesen des priesterlichen Dienstes und über das Geheimnis der wirklichen und dauernden Gegenwart des Herrn unter den eucharistischen Gestalten bestätigt. Darin "bleibt die Kirche ihrer Aufgabe als Lehrerin der Wahrheit treu, sie bewahrt das Alte, das heißt das anvertraute Glaubensgut."[54]

52 A. HÄUSSLING, Das neue Meßbuch (s. Anm. 31) 249.

53 Vgl. J. WAGNER, Konturen des neuen Meßbuches, in: Gd 10 (1976) 67; J. A. JUNGMANN, Messe im Gottesvolk. Ein nachkonziliarer Durchblick durch Missarum Sollemnia, Freiburg-Basel-Wien 1970, 25 - 93; H.-J. SCHULZ, Die Grundstrukturen des frühchristlich-altkirchlichen Eucharistiegebets. Überlieferungskontinuität und Glaubenszeugnis, in: IKZ 70 (1980) 139 - 153.

Der Satz von Angelus A. HÄUSSLING faßt diese Kontinuität in provozierender Weise zusammen: "Es mag hart sein, so zu reden, aber man darf doch urteilen, das Missale von 1970 ist so, wie es nun vorliegt, das Missale, das die seinerzeitige Kommission PIUS' V. als Ziel anstrebte, aber aus wissenschaftstechnischen Gründen damals nicht erreichen konnte."[55] Es stellt also keinen Bruch in der Lehre und Tradition der Kirche dar, wobei das neue Meßbuch intendierte, das Beten der Kirche an die Bedürfnisse der Gegenwart anzupassen.[56] Also ist "anders als seinerzeit im Trienter Missale solche Kontinuität seelsorglich, anthropologisch, motiviert, nicht abstrakt-theologisch",[57] was sich auch von daher erklärt, daß sich das Zweite Vatikanische Konzil - auch in seiner Liturgiekonstitution - als Pastoralkonzil verstand und wohl auch deshalb keine tiefen, abrupten Eingriffe wie die Liturgiereform des 16. Jahrhunderts, indem diese gegen die liturgischen Auswucherungen ein Einheitsmissale schuf, vornahm, sondern sich auf eine behutsame Überarbeitung beschränkte.[58] So blieb die Struktur des alten Meßbuches in den neuen Formen unverändert unter dem tridentinischen Grundsatz einer einheitlichen Liturgie für die ganze Kirche bei Berücksichtigung weltweit jeweils anderer Gegebenheit und berechtigter Vielfalt mit entsprechenden Variationsmöglichkeiten und Freiräumen, die das Meßbuch zum Normal- und Musterbuch werden lassen.[59]

54 SC 50.
Auf den Vorwurf, das erneuerte Meßbuch leugne in seinen Texten den Opfercharakter der Messe, wird näher unter IV. 2. eingegangen.

55 A. HÄUSSLING, Bezeugende (s. Anm. 31) 152.

56 Vgl. O. NUSSBAUM, Theologie und Spiritualität (s. Anm. 34) 204.

57 A. HÄUSSLING, Das neue Meßbuch (s. Anm. 31) 251.

58 Vgl. W. SEIBEL, Die "tridentinische Messe", in: StdZ 109 (1984) 793f.

59 Vgl. R. KACZYNSKI, Zwanzig Jahre Liturgie-Konstitution. Eine Bestandsaufnahme, in: Notitiae 19 (1983) 774ff; SC n.4., 37, 38.

Diese neuen Formen zu finden, war aber die pastorale Notwendigkeit des Zweiten Vatikanischen Konzils im Gegensatz zum Trienter, das angefochtene Dogmen klarzustellen und zu sichern hatte.[60] Das Zweite Vatikanische Konzil fand sie u. a. und v. a. in der "participatio actuosa", der Mitfeier in Teilhabe der Gemeinde, in jener Funktionsteilung, von der die Liturgiekonstitution spricht: "Bei den liturgischen Feiern soll jeder, sei er Liturge oder Gläubiger, in der Ausübung seiner Aufgabe nur das und all das tun, was ihm aus der Natur der Sache und gemäß den liturgischen Regeln zukommt."[61] Darin berücksichtigt das Konzil neben dem liturgischen Dienst des Priesters auch das liturgische Handeln des Volkes Gottes. Der Priester bleibt nicht alleiniger Ausführender - wie im Tridentinischen Missale. Er steht als Darstellung der ganzen Kirche der versammelten Gemeinde als Leiter des Gebetes vor, worin Liturgie als Handeln der Kirche und des hierarchisch strukturierten Gottesvolkes sichtbar wird.[62] Der ekklesiologische Ansatz des Konzils findet hier ebenfalls seinen Niederschlag.

Weist das Meßbuch von 1970 auch durch Zeit und Pastoralsituation bedingte Neubetonungen[63] und Akzentverschiebungen auf, so ist es dennoch material konservativ,[64] insgesamt "römisch",[65] so daß sich nichts an der Kontinuität zum Missale von 1570 ändert, aus dem

60 Vgl. N. HÖSLINGER, Die Liturgieerneuerung von 1969, in: BiLi 42 (1969) 223 - 229, hier: 224.

61 SC 28.

62 Vgl. Apostolische Konstitution "Missale Romanum", in: Meßbuch I, 19* - 22* bzw. AAS 61 (1969) 217 - 222.

63 Vgl. B. FISCHER, Vom Missale (s. Anm. 31) 5; er nennt als Neubetonungen: Wiederkunft des Herrn, Hl. Geist und Schöpfung.

64 Vgl. A. HÄUSSLING, Bezeugende (s. Anm. 31) 152.

65 B. NEUNHEUSER, Zur Kritik an der Liturgiereform, in: Notitiae 16 (1980) 57 - 74, hier: 63.

es im Zusammenklang mit der gesamten liturgischen Tradition der Kirche weiterentwickelt wurde, auch wenn für manche der Eindruck entstand, es wäre ein von Professoren neu erarbeitetes Buch.[66] Daß beide Meßbücher vom Buchtyp her Vollmissalien sind - wenn auch das Meßbuch von 1970 in modifizierter Form als "Rollenbuch" des Priesters -, mag zudem die genannte Kontinuität bezeugen.[67]

Im neuen Römischen Meßbuch liegt ein vorerst letztes Zeugnis der lebendigen Liturgie- und Glaubenstradition der Kirche vor, die fortwährend und fortwirkend auf eine Erneuerung des Volkes Gottes abzielt, aus der heraus die Gemeinde Christi lebt und ihrem Auftrag in dieser und für diese Welt gerecht werden kann.[68] Für diese Erneuerung durch den unmittelbaren Zugang zu den Schätzen des Wortes Gottes und der Gebete der Kirche stellt die Verwendung der Landessprache in der Liturgie eine weitere Hilfe dar.

Doch hat damit keineswegs die Beseitigung der lateinischen Sprache im Gottesdienst, wie oftmals von traditionalistischer Seite als Vorwurf und Unterstellung erhoben, eingesetzt. Vielmehr hat die Liturgiekonstitution an der lateinischen Liturgiesprache festgehalten,[69] zugleich aber auch die Landessprache für die liturgische Feier aus pastoralem Anlaß zugelassen. An dieser Frage der liturgi-

66 Vgl. J. RATZINGER, Das Fest (s. Anm. 42) 77; (RED.) Der Münchener Kardinal Joseph Ratzinger hat sich für eine eindeutige Position gegenüber den Traditionalisten ausgesprochen, in: HerKorr 32 (1978) 263: Demnach hält er es nicht für gut, daß mit der Einführung des neuen Meßbuches gleichzeitig das alte verboten wurde; er plädierte für eine größere Toleranzbreite, um die Kontinuität mit der Vergangenheit zu verdeutlichen. DERS., Zur Lage (s. Anm. 42) 128f.

67 Vgl. A. HÄUSSLING, Bezeugende (s. Anm. 31) 151.

68 Vgl. Liturgiereform. Interview mit Prof. DDr. Joh. H. Emminghaus, in: BiLi 49 (1976) 450f.

schen Sprache entzündeten sich viele Auseinandersetzungen.[70] Vielfach unberücksichtigt bleibt, daß das Sprachproblem, welches unkundigerweise allein dem Zweiten Vatikanischen Konzil zugeschoben wird, schon auf dem Trienter Konzil von einzelnen Konzilsvätern angegangen, dann aber aufgrund gegenreformatorischer Abhebung von den Kirchen der Reformation disziplinär entschieden wurde.[71] Selbst hierin ist die Verwandtschaft beider Konzilien ablesbar.

Selbst einige der Tradition in besonderer und ihnen eigener Weise Verbundene gestehen ein,[72] daß die Liturgie, wie sie nach dem Trienter Missale gefeiert wurde, reformbedürftig war.[73] Mit SACROSANCTUM CONCILIUM und dem neuen Meßbuch hat sich die Kirche

69 Vgl. SC 36 § 1. Als mögliche Praxis der Pflege der lateinischen Liturgiesprache sei auf die diözesane Regelung im Bistum Augsburg hingewiesen, vgl. Anm. 333. Vgl. zudem Kapitel IV dieser Arbeit. Es sei weiterhin auf die Empfehlungen hingewiesen, die lateinische Sprache in der Liturgie zu pflegen, so in der Instruktion "INTER OECUMENICI" 57 - 59 (in: RENNINGS, Dokumente 122 - 124), in der Instruktion "MUSICAM SACRAM" 47 f und 51 (in: RENNINGS, Dokumente 417 f) und im Schreiben JOHANNES PAULS II. in Abschnitt 10, in: Sekretariat der Deutschen Bischofskonferenz (Hrsg.), Schreiben Seiner Heiligkeit Papst JOHANNES PAULS II. an alle Bischöfe der Kirche "Über das Geheimnis und die Verehrung der heiligsten Eucharistie". 24. Februar 1980 (Verlautbarungen des Apostolischen Stuhls 15), Bonn 1980, 20.

70 Vgl. J. DANIELOU, Die liturgische Bewegung seit dem Konzil, in: IKaZ 3 (1974) 1 - 7, hier: 3.

71 H. JEDIN, Das Konzil von Trient (s. Anm. 31) 39; die Zurückweisung der Verwendung der Volkssprache durch das Trienter Konzil (im Dekret über den Opfercharakter der Messe) hat "eindeutig disziplinären Charakter": H. JEDIN, Vaticanum II (s. Anm. 12) 12; vgl. H.-J. SCHULZ, Kirchensprachen, in: LThK [2]6, 258f.

72 So z. B. K. GAMBER in seiner Studie: Alter und neuer Meßritus (SPLi Beiheft 10), Regensburg 1983, 18.

73 Vgl. H. RENNINGS, Beharrung und Reform, in: F. HENRICH (Hrsg.), Liturgiereform im Streit der Meinungen (SBKAB 42), Würzburg 1968, 147 - 161, hier: 160.

dieser Notwendigkeit in aller Kontinuität liturgischer Entwicklung angenommen und damit eine neue Phase eingeleitet, in der das gesamte Volk Gottes in die Verantwortung für die liturgische Feier als ihr Träger[74] einbezogen ist,[75] damit "die Botschaft Jesu Christi auch die Menschen unserer Zeit trifft."[76] So kann "der gelegentlich erhobene Vorwurf, in dem erneuerten Meßbuch sei die ungebrochene Tradition der Meßfeier nicht gewahrt oder die katholische Lehre von der Messe beeinträchtigt, nach all dem nicht aufrechterhalten werden."[77] Die allgemeine Anerkennung dieses erneuerten Missale, die weltweite Annahme der erneuerten Liturgie bestätigen und lassen erkennen, "wie sehr der Heilige Geist bei aller Verschiedenheit der Gebete und Riten dem Gottesvolk eine wunderbare Treue in der Bewahrung des unveränderlichen Glaubensgutes erhalten hat."[78]

74 Vgl. SC 2, 5 - 14.

75 Vgl. H. AUF DER MAUR, Der neue Ordo Missae - Abschluß der Meßreform, in: MusAl 21 (1969) 147ff.

76 Gemeinsame Erklärung der Schweizer Bischöfe zur Liturgie vom 4.5.1977, in: BiLi 50 (1977) 129.

77 Erklärung des Sekretariats der Deutschen Bischofskonferenz zur verbindlichen Einführung des Deutschen Meßbuches vom 7.3.1976, in: Notitiae 12 (1976) 160.

78 AEM Vorwort Art. 9.

B DIE LITURGISCHE RECHTSSETZUNG DES NACHKONZILIAREN MESSBUCHES UND IHRE DURCHFÜHRUNG

Das MISSALE ROMANUM, welches im Jahre 1570 von Papst PIUS V. (1566 - 1572) promulgiert worden ist, wurde von seinen Nachfolgern zwar immer wieder ergänzt, blieb aber 400 Jahre hindurch im wesentlichen unverändert. Es war bis 1970 für alle Meßfeiern im römischen Ritus verbindlich vorgeschrieben. Die schon unter Papst PIUS X. (1903 - 1914) beabsichtigten und teils auch in Angriff genommenen Meßbuch-Reformen[79] sind vom Zweiten Vatikanischen Konzil aufgegriffen worden. In seiner Liturgiekonstitution nimmt der Plan der Reform der Meßliturgie und somit auch die des Meßbuches deutliche Konturen an. Er kommt nach dem Konzil schrittweise zur Durchführung. Dabei werden grundlegende Richtlinien für die Erneuerung der Liturgie der Meßfeier erlassen.[80] Analog zum Trienter Konzil, das einen Auftrag ausführte, der 1570 erfüllt war, begann mit dem Zweiten Vatikanischen Konzil die Reform des sogenannten Tridentinischen Meßbuches in seiner Ausgabe von 1962.[81] Gemäß den Beschlüssen des Zweiten Vatikanischen Konzils[82] hat der Ordo Missae, der das Meßbuch in seiner Struktur prägt, zwar Änderungen im Sinne der Klarheit und Durchschaubarkeit erfahren, die überlieferte Grundordnung für die

79 Vgl. E. J. LENGELING, Liturgie im Wandel der Gesellschaft und der Kirche, in: LebZeug 73 (1970) 5 - 28, hier: 12ff; O. NUSSBAUM, Zur Theologie und Spiritualität (s. Anm. 34) 195f; J. RATZINGER, Das Fest (s. Anm. 42) 76 f.

80 Vgl. SC 47 - 58 und Anm. 91. Hier ist aber anzufragen, ob die Beschlüsse des Zweiten Vatikanischen Konzils nicht allzusehr nur mehr auf der rechtlich-administrativen Ebene durchgeführt wurden: Vgl. G. ALBERIGO, Christentum und Geschichte im II. Vatikanum, in: E. KLINGER/K. WITTSTADT (Hrsg.), Glaube im Prozeß. Christsein nach dem II. Vatikanum. FS KARL RAHNER, Freiburg 1984, 143 - 158.

81 Vgl. Literaturangaben unter Anm. 31.

82 Vgl. SC 33 - 36. 49 - 55.

Feier der heiligen Messe ist jedoch erhalten geblieben. Die Reformen hatten das Ziel, einige Riten "nach der ehrwürdigen Norm der Väter" wiederherzustellen und - "unter treulicher Wahrung ihrer Substanz" - zu vereinfachen, was im Lauf der Geschichte "verdoppelt oder weniger glücklich eingefügt wurde."[83]

Trotz dieser Änderungen[84] hat das Zweite Vatikanische Konzil ebensowenig wie das Trienter Konzil einen völlig neuen Ordo Missae geschaffen. Vielmehr haben beide Konzilien ein und dieselbe Überlieferung bewahrt.[85] Dank dieser Bewahrung zugunsten einer einheitlichen Liturgie fand also kein Rechtsbruch statt. Wenn heute dennoch von einem vor- und einem nachkonziliaren Ritus gesprochen wird, so bezieht sich diese Unterscheidung auf die Reformen, die inzwischen durchgeführt worden sind, und vor allem auf die liturgische Sprache. Jeder weiß, daß die heilige Messe im römischen Ritus bis zur Liturgiereform, von Ausnahmen abgesehen, nur in lateinischer Sprache gefeiert worden ist. Die jetzt wirksamen Unterschiede zum früheren Missale rechtfertigen indessen nicht, von einem "neuen Meßbuch" und von einem Traditionsbruch zu sprechen. Denn die erfolgten Reformen stehen in der liturgischen Tradition[86], in der die Kirche sich auf einen verbindlichen Ritus festlegt und diesen Ritus, falls notwendig, auch reformieren kann.[87]

83 SC 50.

84 Vgl. dazu: J. HÖFFNER, Das neue Missale, in: Th. MAAS-EWERD/K. RICHTER, Gemeinde im Herrenmahl. Zur Praxis der Meßfeier (Pastoralliturgische Reihe in Verbindung mit der Zeitschrift "Gottesdienst"), Einsiedeln u. a. [2]1976, 15f.

85 Vgl. AEM Vorwort Art. 6 - 9.

86 Vgl. SC 23; E. J. LENGELING, Tradition und Fortschritt (s. Anm. 15) 201 - 223.

87 Vgl. AEM Vorwort Art. 10 - 15.

Im Jahre 1970 ist die Editio typica des erneuerten MISSALE ROMANUM von PAUL VI. (1963 - 1978) promulgiert worden. Im Jahre 1975 erschien bereits eine verbesserte zweite Ausgabe.[88] Nachdem 1970 das erneuerte lateinische Missale eingeführt worden war,[89] begann die Phase der Übersetzung und Anpassung des Meßbuches für die einzelnen Sprachräume.[90] Während dieses Zeitraums wurden verschiedene Übergangsregelungen getroffen.[91]

88 Missale Romanum ex decreto Sacrosancti Oecumenici Consilii Vaticani II instauratum auctoritate Pauli Pp. VI promulgatum. Editio typica. Typis Polyglottis Vaticanis 1970 (^{2}1971; Editio typica altera 1975).

89 "Missale Romanum". Apostolische Konstitution Papst Pauls VI. zur Veröffentlichung des gemäß den Beschlüssen des II. Vatikanischen Konzils erneuerten Römischen Meßbuchs vom 3.4.1969, in: AAS 61 (1969) 217 - 222; dt. in: RENNINGS, Dokumente 642 - 646; vgl. A. BUGNINI, Das neue Missale Romanum, in: Gd 4 (1970) 81 - 85.

90 Vgl. MEYER 435 - 437: Hier werden die vorläufigen Publikationen deutscher Meßtexte bis 1975 angeführt; A. HÄUSSLING, Das neue Meßbuch (s. Anm. 31) 248 - 256.

91 Der 1965 veröffentlichte neue Ritus der Konzelebration (Ritus servandus in concelebratione Missae et ritus Communionis sub utraque specie. Vatikanstadt 1965; hier benannte Regelung auf S. 46 f: Ritus Concelebrationis pro Sacerdotibus qui infirmitate laborant.) schuf für bereits kranke und fast oder ganz erblindete Priester die Möglichkeit einer Konzelebration mit gesunden Priestern durch eine besondere Regelung der praktikablen Verteilung der liturgischen Dienste, ohne aber an der Struktur dieses Ritus etwas zu ändern. Damit wird die Reihe der Ausnahmeregelungen begonnen, zugleich aber auch gezeigt, daß sie überhaupt möglich sind und von der allgemeinen Verbindlichkeit der neuen Ordnung nicht berührt werden, die ihrerseits damit nichts an Gültigkeit einbüßt. Das ist wichtig für das Indult von 1984, dem die gleiche Überlegung zugrunde liegt.
Eine weitere Sonderregelung gestand die "Instructio altera" vom 4. Mai 1967 kranken und sehbehinderten Priestern zu. Sie durften mit dem Indult für eine Votivmesse eine eigene Ordnung bei der Meßfeier einhalten, der das Römische Meßbuch von 1962 mit den schon vorgenommenen Erneuerungen zugrunde lag.
(Instruktion "Tres abhinc annos" vom 4.5.1967, Art. 18, in: AAS 59 (1967) 446.)

Die Veröffentlichung der deutschen Fassung des MISSALE ROMANUM erfolgte 1975.[92a] Das neue deutsche Meßbuch wurde am 1. Fastensonntag 1976 verpflichtend.[92b] Es löste "damit im deutschen Sprachgebiet die Editio typica von 1962 (Ergänzungen 1965 und 1967) des im Auftrag des Trienter Konzils vom heiligen Papst PIUS V. besorgten, von

In der Instruktion der Kongregation für den Gottesdienst "Über die schrittweise Einführung der Apostolischen Konstitution 'MISSALE ROMANUM'" vom 20.10.1969 räumen die Artikel 19 und 20 Priestern vorgerückten Alters wie auch kranken und leidenden angesichts der Veröffentlichung des gemäß den Beschlüssen des II. Vatikanischen Konzils erneuerten Römischen Meßbuchs eine Sonderregelung ein.
(Instruktion "De Constitutione Apostolica 'Missale Romanum'" vom 20.10.1969, in: ASS 61 (1969) 749 - 753.)

Die Mitteilung der Kongregation für den Gottesdienst "Über das Römische Meßbuch, das Stundenbuch und den Kalender" vom 14. Juni 1971 greift auf diese Regelung noch einmal in Artikel 3 zurück. Er schränkt abermals diese Erlaubnis auf eine gottesdienstliche Feier ohne Gemeinde ein, wobei eine Vermischung der Riten nach den Missalien von 1962 (einschließlich der Änderungen von 1965 und 1967) und 1970 zugestanden wird.
(Mitteilung "De Missali Romano, Liturgia Horarum et Calendario" vom 14.6.1971, in: AAS 63 (1971) 712 - 715.)
Neben diesen Gewährungen, die zu keinem späteren Zeitpunkt aufgehoben worden sind, so daß das Indult von 1984 diese Linie in teils erweiterter, teils veränderter Weise fortzusetzen scheint, ist noch ein weiterer "Vorläufer" zu nennen. Mit einem Indult vom 15. November 1971 erlaubt der Apostolische Stuhl den Bistümern in England und Wales, daß bestimmte Gruppen mit Genehmigung des jeweiligen Ortsbischofs bei besonderem Anlaß und bei Einhaltung gewisser Bedingungen nach dem Missale von 1962 mit seinen Änderungen von 1965 und 1967 die heilige Messe feiern dürfen.
Dieses Indult wurde nicht veröffentlicht;
vgl. (Kongregation für den Gottesdienst:) Investigatio de usu linguae Latinae in liturgia Romana et de missa quae "Tridentina" appellari solet, in: Notitiae 17 (1981) 607.

92a Die Feier der heiligen Messe. Meßbuch für die Bistümer des deutschen Sprachgebietes. Authentische Ausgabe für den liturgischen Gebrauch, hrsg. im Auftrag der Bischofskonferenzen Deutschlands, Österreichs und der Schweiz sowie der Bischöfe von Luxemburg, Bozen-Brixen und Lüttich (2 Bde.), Einsiedeln u. a. 1975.

seinen Nachfolgern wiederholt revidierten MISSALE ROMANUM, wie auch alle provisorischen deutschen Übersetzungen des von Papst PAUL VI. im Auftrag des Zweiten Vatikanischen Konzils überarbeiteten und neu herausgegebenen MISSALE ROMANUM von 1970 rechtsgültig ab."[93] Da "der Heilige Stuhl ... den obligatorischen Gebrauch des neuen Römischen Meßbuches für die Liturgie in lateinischer Sprache mit dem Datum der Verbindlichkeit der muttersprachlichen Ausgabe verknüpft"[94] hatte, durfte das vorkonziliare Meßbuch für den Gemeindegottesdienst vom 1. Fastensonntag 1976 an nicht mehr benutzt werden.[95] Die Verbindlichkeit des Meßbuches PAULS VI. in seiner Editio typica wie auch in seinen volkssprachigen Ausgaben war damit eindeutig und dem liturgischen Recht gemäß festgelegt. Das erneuerte Missale kann seitdem den gleichen einigenden und autoritativen Anspruch erheben, den das vorkonziliare Meßbuch seit 1570 erhoben hat.[96] Aufgrund der hier nachgewiesenen Rechtswahrung sind alle gegenläufigen Behauptungen hinfällig.

92b Gemäß dem Approbationsbeschluß, Punkt 7, vom 23.9.1974, abgedruckt in: Meßbuch I (s. Anm. 91) 15*f. 16*. In der DDR erst am 1.9.1978. Vgl.: MEYER 446.

93 Approbationsbeschluß (s. Anm. 91) 16*.

94 Erklärung der deutschen Bischöfe zur Einführung des neuen deutschen Meßbuches vom 24.09.1975, abgedruckt in: Th. MAAS-EWERD/ K. RICHTER (Hrsg.), Gemeinde im Herrenmahl (s. Anm. 84) 375.

95 Vgl. ebd. 376: Alten und kranken Priestern kann der Bischof gestatten, auch nach dem 1. Fastensonntag 1976 bei einer Meßfeier ohne Gemeinde das alte Meßbuch weiterzubenutzen; vgl. Anm. 8 und den Beitrag: Verpflichtet zum authentischen Gottesdienst. Kardinalstaatssekretär VILLOT zur Verbindlichkeit des neuen Meßbuches, in: Gd 10 (1976) 8.

96 Vgl. "Missale Romanum" (s. Anm. 91); Allocutio Pauli VI de Ordine Missae. Ansprache Papst PAULS VI. über die Meßordnung vom 19.11.1969, in: AAS 61 (1969) 777 - 780; dt. in: RENNINGS, Dokumente 866 - 869; AEM Vorwort.

Mit dem Recht, mit dem die Kirche die Liturgie autoritativ ordnet und verbindlich einführt, wie sie es auch bei der Durchführung der Liturgiereform wahrgenommen hat, kann sie auch durch ein Indult von dieser allgemeinen Verpflichtung entbinden. Das ist, was man mit Erstaunen zur Kenntnis genommen hat, durch das Indult der Kongregation für den Gottesdienst vom 3. Oktober 1984 geschehen. Gegenüber dem allgemeinen Recht räumt ein Indult eine zeitlich oder personell eingegrenzte Befreiung - als Gunsterweis - ein. Dies erfolgt in positiver Begünstigung, zumeist in einer Nachsicht von einer gesetzlichen Verpflichtung. Ein Indult besitzt Gesetzgebungsgewalt.[97] Diese Kennzeichen werden im genannten Indult vom 3. Oktober 1984 greifbar. Es gewährt eine bedingte Wiederzulassung der Meßfeier nach dem Meßbuch von 1962.

97 Vgl.: J. LEDERER, Indult: in: LThK $^{2}5$, 663f; K. MÖRSDORF, Lehrbuch des Kirchenrechts auf Grund des Codex Iuris Canonici, Bd. I., München-Paderborn-Wien 1964, 68 - 70; R. A. STRIGL, Verwaltungsakt und Verwaltungsverfahren, in: HdbKathKR 104f.; DERS., Verwaltungsakt und Verwaltungsverfahren, in: GrNKirchR 75f; H. SCHWENDENWEIN, Das neue Kirchenrecht. Gesamtdarstellung, Graz-Wien-Köln 1983, 84f.

3. ANNAHME UND ABLEHNUNG DER ERNEUERUNG DER LITURGIE

Die Erneuerung der Liturgie ist fast allgemein und wirklich angenommen worden. Diese Beobachtung soll durch die Betrachtung von Umfragen gestützt werden, welche von verschiedenen Zeitschriften, Institutionen und Gruppierungen durchgeführt oder in Auftrag gegeben worden sind. Hierdurch sollte auf örtlicher, regionaler oder Landesebene Annahme oder Ablehnung der Liturgiereform ermittelt werden, um dann aufgrund der Umfrageergebnisse den Aufgaben des vom Zweiten Vatikanischen Konzil in Gang gesetzten Reformprozesses zielgerechter und besser nachkommen zu können. Stehen dieser ermittelten fast allgemeinen Annahme des Reformwerkes des Zweiten Vatikanischen Konzils auch verhaltene oder offene Ablehnungen gegenüber, so ändern sie aufgrund ihrer Minderzahl doch nichts an der allgemein günstigen Rezeption der Liturgiereform.

A DIE IM ALLGEMEINEN GÜNSTIGE REZEPTION DER LITURGIEREFORM

In der Bundesrepublik Deutschland bzw. im deutschsprachigen Raum wurden wie in anderen Ländern[98] seit Beginn der Liturgiereform des Zweiten Vatikanischen Konzils in Umfragen und anderweitigen Untersuchungen ab 1965 die Auswirkungen der genannten Erneuerung,

98 Eine Umfrage in Kanada ergab ein positives Urteil von 93 %, in: Notitiae 4 (1968) 283; eine spanische Umfrage erzielte bei Ordensfrauen 98 %, bei Laien 90 % und bei Priestern 81 bis 91 % Zustimmung zur Liturgiereform, in: Notitiae 5 (1969) 34 - 43. Die Zustimmung im Kanton Zürich ergab etwa 70 %, in: H. B. MEYER - J. MOREL, Ergebnisse und Aufgaben der Liturgiereform, Innsbruck 1969, 48 Anm. 4; ebenso lag der Prozentsatz bei einer Umfrage in Innsbruck: ebd. 11 - 32. Umfragen zur pastoralen Auswirkung der Liturgiereform in Deutschland, in: LJ 19 (1969) 42 - 50.

die auf ein großes öffentliches Interesse in der Bandbreite zwischen Bejahung und Widerstand stieß, ermittelt.
Vom Vorsitzenden der Liturgischen Kommission der deutschen Bischofskonferenz wurden in einem Schreiben vom 20. November 1965 an alle Generalvikare der deutschen Diözesen sechs Fragen zum Echo gerichtet, das die Liturgiereform in den Gemeinden findet. Alle Bistümer der Bundesrepublik, das Bistum Meißen in der DDR sowie die in der DDR gelegenen Diözesanteile westdeutscher Bistümer und das Militärbischofsamt haben die Fragen beantwortet. In einem Bericht[99] über diese Befragung und die eingegangenen Antworten wird festgestellt: "In vielen Gemeinden ist die Neuordnung mit Freude und als endliche Erfüllung lang gehegter Wünsche aufgenommen worden. Man darf sagen, daß gerade in jungen Gemeinden die Neuordnungen sich wie eine große Hoffnung auswirken."[100] Die Summe der Antworten gibt einen insgesamt positiven und erfreulichen Eindruck wieder, wie er auch in den Antworten von Pfarrern deutscher, österreichischer und schweizerischer Gemeinden in Großstädten wie auf dem Lande auf eine Liturgie-Enquête der Zeitschrift 'Der Seelsorger' seinen Ausdruck findet.[101] Auch bejaht die überwiegende Mehrzahl der Antworten auf eine Leserumfrage der Mitgliederzeitschrift der katholischen Frauen- und Müttergemeinschaften "Frau und Mutter" im Jahre 1967 die Liturgiereform.[102]

99 E. TEWES, Situation und Aufgaben. Bericht auf dem Treffen der Deutschen Liturgischen Kommission mit den Beauftragten der Bistümer am 3. - 5.1.66 in Mainz, in: LJ 16 (1966) 38 - 46.

100 Ebd. 40.

101 Pfarrer aus Deutschland, Österreich, Schweiz. Rückblick auf ein Jahr "Kleine Liturgiereform". Eine Enquête. I. Teil: Großstadt-Pfarrer, in: Seels 36 (1966) 109 - 125; II. Teil: Landpfarrer und Mittelstadt-Pfarrer, in: ebd. 157 - 176.

102 Vgl. M. DIRKS, Frauen-Enquête zur kleinen Liturgiereform, in: Seels 37 (1967) 334 - 338.

Dem allgemeinen Überblick, den sich 1965 die Liturgische Kommission der deutschen Bischofskonferenz verschuf und der sich in Einzelumfragen verfestigte, folgte 1967 die Umfrage dieses Gremiums unter den Liturgischen Kommissionen der Diözesen hinsichtlich schon gemachter Erfahrungen mit der liturgischen Erneuerung.[103] Die Berichte der einzelnen Kommissionen der Bistümer bestätigte jene Repräsentativbefragung, die das 'Institut für Demoskopie Allensbach' im Vorjahr 1966 durchführte,[104] sich darin aber nicht allein auf die Liturgiereform beschränkte, sondern insgesamt die Einstellung der deutschen Katholiken zum Konzil erfaßte. Sie ergab für 42 % der deutschen Katholiken, daß sie "recht zufrieden seien mit den Reformen, die das Konzil eingeleitet hat - sie werden die Kirche zeitnah machen, ohne das Wesentliche ihrer Lehre zu gefährden."[105] Ihnen gegenüber sind 26 % "eigentlich vom Konzil enttäuscht, denn die Kirche habe den Kontakt mit unserer Zeit verloren und müßte gründlich reformiert werden. Das Konzil hat aber nur kleinere Neuerungen gebracht - im Grunde ist doch alles beim Alten geblieben." Den Zufriedenen und jenen mit dem Vorbehalt unzureichender konziliarer Reformen stellen sich von den befragten Katholiken 15 % mit ihrer Befürchtung entgegen: "Ich fürchte, daß man mit den vielen Veränderungen, die es geben soll, eigentlich schon zu weit geht. Man tut bald so, als habe die Kirche bisher alles falsch gemacht. Das scheint mir übertrieben und gefährlich für die Lehre und Einheit der Kirche." Die verbleibenden 17 % der Befragten konnten sich zu keiner Position durchringen und blieben "unentschieden". Insgesamt 68 % der deutschen Katholiken - entsprechend dieser Umfrage - bezeugen 1966 ihre Zufriedenheit mit dem Konzil oder geben ihrer

103 Bericht veröffentlicht: Umfragen zur pastoralen Auswirkung (s. Anm. 98).

104 Diese Befragung erfolgte im Auftrag der UNA VOCE-Föderation, vgl. E. M. de SAVENTHEM, Die deutschen Katholiken und das Konzil. Ergebnisse einer demoskopischen Untersuchung, in: WuW 22 (1967) 249 - 262.

105 Ebd. 250f, ebenso alle folgenden Zahlenergebnisse.

Hoffnung und Erwartung nach weiterreichenden Reformen Ausdruck. Dieses positive Ergebnis der Annahme der konziliaren Reformen schließt auch die liturgische Erneuerung ein und schlägt sich ebenfalls in der Umfrage zur gemeinsamen Synode der Bistümer in der Bundesrepublik Deutschland nieder, die 1971 durchgeführt wurde.[106] Auf die Frage: "Möchten Sie, abgesehen von den gewohnten Formen der Meßfeier mit der Gemeinde, auch die folgenden Formen: a) die Lateinische Meßfeier?" antworteteten 49 % der befragten Katholiken mit Nein, 35 % mit Ja und 16 % waren unentschieden bzw. hatten kein Urteil, wobei die Katholiken, die jeden Sonntag an der Meßfeier teilnehmen, mit 50 % für die zusätzliche Lateinische Meßfeier mit Ja stimmten gegenüber 40 % mit Nein und 10 % Unentschiedenen. Allein in dieser Gruppe überwiegen die Zustimmenden.[107] Im Urteil der Bildungsgruppen überwiegen unter den Katholiken mit Hochschul- und Universitätsabschluß die Befürworter mit 48 % gegenüber 46 % Ablehnenden und 6 % Untentschiedenen.[108] Nach Altersgruppen geordnet stimmen die für eine zusätzliche Lateinische Meßfeier, die 60 Jahre und älter sind. Jedoch schwankt der Anteil der Ablehnenden zwischen 36 % und 40 %, der Unentschiedenen zwischen 14 % und 19 %, so daß nie eine absolute Mehrheit bei den Befürwortern aufzufinden ist.[109] Die Gesamtschau ergibt dann 49 % gegen den lateinischen Ritus, 35 % dafür und 16 % unentschieden.[110] Dieses Ergebnis überrascht in der frühen Phase (1971) der Liturgiereform und weist zudem auf, wie "überfällig" sie im Urteil und Empfinden der Gläubigen war.

106 Vgl. G. SCHMIDTCHEN, Zwischen Kirche und Gesellschaft. Forschungsbericht über die Umfrage zur Gemeinsamen Synode der Bistümer in der Bundesrepublik Deutschland, Freiburg ^{2}1973.

107 Ebd. 248.

108 Ebd. 147.

109 Ebd. 146.

110 Ebd. 145.

So kann das Sekretariat der deutschen Bischofskonferenz in seiner Erklärung vom 24. September 1975 zur verbindlichen Einführung des deutschen Meßbuches feststellen, es werde zwar vereinzelt immer noch der Wunsch geäußert, für bestimmte Anlässe und Gruppen noch die alte Ausgabe des Römischen Meßbuches von 1962 verwenden zu dürfen, daß aber "fast alle Gemeinden die Eucharistie schon längere Zeit nach der neuen Ordnung feiern."[111] Die Liturgiereform scheint also angenommen zu sein. Selbst die "Umfrage über die Meßreform" der deutschen Tagespost in ihrer Weihnachtsausgabe 1976[112] unter zwölf prominenten deutschen Katholiken bestätigte trotz der drei in sich schon provokativen Fragen über Sinn und Berechtigung der Meßreform[113] die vom Zweiten Vatikanischen Konzil bewegte liturgische Erneuerung. Zwar sparten die Befragten auch nicht mit kritischen Äußerungen, jedoch beziehen sich diese auf Entwicklungen, welche nicht unbedingt oder gar nicht dem Konzil, sondern denjenigen anzulasten sind, die sich in Unkenntnis der Konzilskonstitutionen darauf berufen und in den konziliaren Reformen allein einen Freibrief für ihre eigene Willkür sehen. Dennoch wird der positive Grundtenor dieser Befragung zugunsten der Erneuerung nicht überdeckt.

111 Erklärung des Sekretariats (s. Anm. 77) 161.

112 In: Deutsche Tagespost Nr. 153 vom 24./25.12.1976, 11 - 15.

113 "Frage 1: Kardinal Michael Faulhaber, dem Erzbischof von München und Freising in den dreißiger Jahren, wird das geistige Urheberrecht für das geflügelte Wort "Vox temporis, vox dei - Stimme der Zeit, Stimme Gottes" zugeschrieben. Finden Sie diese Maxime im Zweiten Vatikanischen Konzil und in den von ihm ausgehenden liturgischen Reformen, vor allem in der Meßreform, bestätigt?
Frage 2: Die sogenannte neue Messe ist nach wie vor Gegenstand heftiger öffentlicher Dispute. Hat die Kirche, hat der Papst das Recht, Meßtexte zu ändern? Was von der heiligen Messe gehört zum Depositum fidei und muß als Erbe des Herrn unbedingt erhalten bleiben?
Frage 3: Heute wird häufig vom theologischen Pluralismus in der Kirche gesprochen. Läßt sich nach Ihrer Meinung das Verbot der tridentinischen Messe mit der Forderung nach mehr Pluralität in der Kirche vereinbaren? Halten Sie eine Revision dieses Verbots durch das kirchliche Lehramt für angebracht und möglich?", in: ebd. 11.

Außer in dieser personell eingeschränkten findet sich die Bejahung der Liturgiereform auch in auf Innsbruck[114] und Zürich[115] regional bzw. örtlich eingegrenzten Umfragen. Sie belegen mit allen anderen ihrer Art, "daß die Liturgiereform in ihrem bisherigen Umfang überraschend schnell und gut aufgenommen wurde."[116] Was für Innsbruck gilt: "Ziemlich allgemein werden von den Befragten die bestehenden, bereits verwirklichten Reformen akzeptiert und bejaht,"[117] hat durch ermittelte 83 % zustimmender Einstellung zu bisherigen liturgischen Änderungen auch in Zürich Gültigkeit.[118] So optimistisch diese Ergebnisse auch stimmen mögen, wie auch die Feststellung aus Frankreich, daß 64,8 % der Gläubigen aufgrund der Liturgiereform eine bessere Verbindung zwischen Liturgie und Leben erfahren,[119] stehen jenen, welche die liturgischen Erneuerungen positiv an sich erfahren und beurteilen, doch auch diejenigen gegenüber, die in ihrem Unbehagen oder gar in scharfer Ablehnung verharren.

114 Vgl. MEYER/MOREL, Ergebnisse (s. Anm. 98) 11 - 32.

115 Vgl. ebd. 48 Anm. 4.

116 Ebd. IX.

117 Ebd. 28.

118 Vgl. ebd. 32.

119 Veröffentlicht in: Notitiae 4 (1968) 18.

B REZEPTIONSSCHWIERIGKEITEN UND ABLEHNUNG BEI DER EINFÜHRUNG DES MISSALE ROMANUM VON 1970

In der Gesamtzahl der Katholiken machen die Gegner der Liturgiereform und des erneuerten Ordo missae nur ein kleine Gruppe aus. Dennoch sind sie nicht unbedeutend. Ungeachtet ihrer geringen Zahl organisierter Mitglieder repräsentieren sie doch in manchen Forderungen und Kritiken die Einstellung wie das Urteil vieler Katholiken, deren Zahl nicht faßbar ist. Aufgrund dessen, daß die traditionalistischen Gruppen oft lautstark und mit vielen Aktivitäten ihre Meinung in aller Öffentlichkeit verfechten, widerfährt ihnen damit eine Beachtung, die die relativ geringe Mitgliederzahl nicht rechtfertigt. Erklären läßt sich diese Einschätzung nur von jener in ihrem Umfang unbekannten Anhängerschaft in Teilbereichen traditionalistischer Forderungen. Es besteht die Gefahr, daß auch jene Unbekannten mit diesen Gruppen gefährdet sind, in immer größeren Abstand zur Kirchenleitung zu geraten, sich in ihrer Distanznahme gegenseitig zu bestärken, wenn nicht sogar zu übertreffen versuchen, so daß ihre Einheit in und mit der Kirche bedroht ist. Dem Anwachsen der irgendwie 'Enttäuschten' sowie ihrem Abgleiten in traditionalistische Gruppen ist zu wehren. Daß diese Gefahr eine Realität ist, weisen die großen Aktivitäten jener an sich kleinen Minderheiten auf,[120] die den sogenannten Tridentinischen Ritus fordern, sich aber nicht allein darauf beschränken. Die Ablehnung der erneuerten Liturgie ist nur ihr 'Vehikel' für die Ablehnung des gesamten Werkes des Zweiten Vatikanischen Konzils. Die einzelnen traditionalistischen Gruppen unterscheiden sich zudem darin, inwieweit die Meßfeier nach dem durch die Liturgiereform erneuerten Ritus für sie gültig oder nicht gültig ist, wobei hinsichtlich dieser Differenzierung die Grenzen innerhalb der einzelnen Gruppen

120 Vgl. D. MENOZZI, Das Antikonzil (1966 - 1984), in: H. J. POTTMEYER/G. ALBERIGO/J.-P. JOSSUA (Hrsg.), Die Rezeption des Zweiten Vatikanischen Konzils, Düsseldorf 1986, 403 - 431, bes. 403ff und 430f.

oft nicht klar zu ziehen sind. Sie verschieben sich auch zeitlich, so daß der Eindruck entsteht, daß manche Traditionalisten immer mehr in das Lager derjenigen abdriften, deren verabsolutierender Meinung nach die Messe nach dem erneuerten Ritus ungültig ist.

Seit 1966 sind von diesen Gruppierungen Petitionen bei den zuständigen Bischofskonferenzen eingereicht und Umfragen durchgeführt worden, welche auf die Wiederherstellung und Wiederzulassung des sogenannten Tridentinischen Ritus abzielen. Außerdem wandten sich die Traditionalisten mit Memoranden, Bittschriften und Protesten direkt an den Papst bzw. die Kongregation für den Gottesdienst, teilweise ließen sie den vatikanischen Stellen auch Kopien ihrer anderwärts adressierten Aktivitäten zukommen. Ebenfalls unterrichteten sie die Ritenkongregation über die Ergebnisse demoskopischer Befragungen.

Der Präsident der Internationalen Föderation UNA VOCE E. M. de SAVENTHEM stellte in seiner Stellungnahme zur Allensbach-Umfrage vom Oktober 1980 die bis dahin unternommenen Aktivitäten zugunsten des vorkonziliaren Meßritus zusammen:[121]

"Aus der Fülle des in Rom bereits vorliegenden Materials sei hier nur an folgendes erinnert:
Bittschriften:
- Der Brief der Kardinäle OTTAVIANI und BACCI an Papst PAUL VI. vom September 1969, mit dem sie dem Heiligen Vater die 'Kurze kritische Untersuchung des Novus Ordo Missae' unterbreiteten.
- Der offene Brief an den Heiligen Stuhl, veröffentlicht in 'The Times' vom 6. Juli 1971, mit dem 57 führende Persönlichkeiten

121 E. M. de SAVENTHEM, Rehabilitierung der "tridentinischen" Messe, in: Theol Nr. 130, Febr. 1981, 3975 - 3988. Da diese Aufstellung von traditionalistischer Seite stammt und keine Quellenangaben aufweist, ist eine gewisse Vorsicht geboten.

des Geistes- und Kulturlebens unter Führung von zwei anglikanischen Bischöfen um Weitergeltung des tridentinischen Meßordo baten.

- Die den deutschen Bischöfen im Januar 1976 zugestellte Bittschrift, mit der 16 102 Katholiken gegen die Ächtung der tridentinischen Messe protestierten.
- Die zur gleichen Zeit den österreichischen Bischöfen von 7 246 Gläubigen unterbreitete Petition ähnlichen Inhalts.
- Der am 8. September an Papst JOHANNES PAUL I. und an die Erzbischöfe von England und Wales von 90 führenden englischen Katholiken gerichtete Appell, die tridentinische Messe endlich auf der Basis voller Rechtsgleichheit wieder zuzulassen.
- Zwei Bittschriften aus den USA mit insgesamt über 20 000 Unterschriften, die dem jetzigen Papst im vergangenen Jahr (1979) zugestellt wurden.

Umfragen:

- Die im Juli 1966 vom 'Institut für Demoskopie Allensbach' durchgeführte Repräsentativ-Umfrage, in der 39 % aller deutschen Katholiken (und 45 % der regelmäßigen Kirchgänger) dafür plädieren, daß es neben den damals aufkommenden volkssprachlichen Messen "weiterhin Messen geben solle, die wie bisher auf Latein zelebriert werden".
- Die für 'Le Progrès' in Frankreich durchgeführte IFOP-Befragung vom August 1976, bei der 35 % der praktizierenden Katholiken erklärten, sie zögen die lateinisch zelebrierte Messe der volkssprachlichen vor.
- Die im September 1976 ebenfalls von IFOP für 'Paris- Match' vorgenommene Befragung, nach der 35 % aller französischen Katholiken einer 'tridentinischen' Messe den Vorzug gäben, wenn diese in einer nahegelegenen Kirche zelebriert würde.
- Die im Herbst 1977 von der Gallup Organisation in den USA durchgeführte Untersuchung, nach der 64 % aller Katholiken meinten, die Kirche sollte die lateinische Messe alten Stils erlauben."[122]

Hinzu müßten die besonders beachtenswerten Ergebnisse der Leser-Abstimmung der britischen Wochenzeitung 'The Universe' gezählt werden. Bei der Auszählung der insgesamt 14 614 als gültig anerkannten "Stimmzettel" ergab sich, daß über 72 % (10.622) der "lateinischen Messe nach dem alten "Ritus" den Vorzug gaben. Nur knapp 6 % (847) wünschten sich lateinische Messen nach dem neuen Ritus.[123] In diesen Zahlen wird deutlich, daß es beim "Streit um die Messe" weniger um die Sprache geht. Es geht um den Ritus und deshalb um den Ritus, weil die Liturgiekonstitution die Verwendung der lateinischen Sprache empfohlen hat, den Ritus aber erneuerte. Wenn darum der vorkonziliare Ritus gefordert wird, dann um das Konzil zu treffen und sein Werk außer Kraft zu setzen. Auch zusätzliche Aktivitäten legen hierfür Zeugnis ab:

In traditionalistischen Publikationen werden weiterhin die Gebetsunion Bonn mit ihren Bittgesuchen an Kardinal HÖFFNER um Ermöglichung einer "tridentinischen Messe"[124] und die in St. Nicolas/Paris, welche seit dem 27. Februar 1977 von traditionalistischen Katholiken "besetzt" ist, eingetragenen 55 000 Unterschriften für die vorkonziliare Liturgie genannt.[125] Ebenso wird eine Umfrage unter den oberösterreichischen Katholiken angeführt, bei der 37 % der Befragten ganz oder teilweise dem vorgelegten Satz zustimmten: "Erzbischof LEFEBVRE hat mit seiner Bewegung ganz recht; wenn er nicht wäre, würde die Kirche noch vielmehr Wesentliches aufgeben".[126] 33 % seien unentschieden und nur 21 % lehnten die aufge-

122 Ebd. 3981.

123 Vgl. 87 % für alten Meßritus, in: StdGl 8 (1981) H.1, 3.

124 Vgl. Gebetsunion Bonn bittet um alte Messe, in: StdGl 4 (1977) H. 21, 3.

125 Vgl. E. J. AUER, Pfingsten 1977 in Paris. Kirche nur bei Konservativen noch lebendig, in: StdGl 4 (1977) H. 21, 15 - 17.

126 37 % in Österreich für Lefebvre, in: StdGl 5 (1978) H. 7, 3.

stellte Behauptung ab. Den Unentschiedenen seien wahrscheinlich nach Aussage des Pastoraltheologen Paul ZULEHNER noch viele Anhänger LEFEBVRES zuzurechnen.[127] Stellvertretend für die Leserbriefe und anderweitigen Lesermeinungen, veröffentlicht in einigen traditionalistischen Publikationen, seien hier aus einem Heft der zweimal monatlich erscheinenden Zeitschrift 'Stimme des Glaubens' die Schlagworte genannt, mit denen der erneuerte Ritus bedacht und charakterisiert wird: "Zwang", "Narrenmesse", "Trümmerstätte", "Gefahr für den Glauben".[128] Um die so angestachelten Emotionen noch weiter zu schüren, wird im gleichen Heft von einer "Verschwendung von zehn Milliarden Mark für die Liturgiereform" gesprochen.[129] Die hier wie in vielen anderen Veröffentlichungen aufgegebene sachliche Auseinandersetzung dient in ihrer Verlagerung auf die emotionale Ebene einer Verhärtung der Fronten, wobei objektiv theologische Irrtümer um dieses Zieles willen in Kauf genommen und propagiert werden. Weiterhin wird ein Memorandum der Gruppe "Una Voce Austria" aufgeführt, das von den österreichischen Bischöfen "die alte römische Messe als 'missa interpretativa', als 'Richtmesse' für alle neueren Messen verlangt."[130] Die traditionalistische Argumentation wird in einer Unterschriftenaktion der Zeitschrift 'Stimme des Glaubens' für den sogenannten tridentinischen Ritus im Jahre 1980 deutlich.[131] In dem Aufruf zu dieser Aktion wird Bezug auf die Liturgiekonstitution genommen, aus der in dialektischer Weise Aussagen aus dem theologischen Kontext gezogen und verabsolutiert werden, um den Anschein zu erwecken, daß mit der Gewährung des Bittgesuchs um "Wiederherstellung der kirchlichen Ordnung in der Liturgie" erst

127 Ebd. 3.

128 Aufgezwungene Liturgiereform (Leserbrief von L. STROOTMANN) und: Narrenmesse (Leserbrief von A. HAUSER) sowie: Ohne Trost und Heimat (Leserbrief von E. BECKER), in: StdGl 5 (1978) H. 7, 15 - 18.

129 10 Milliarden für Liturgiereform verschwendet (Leserbrief von Prof. Dr. T. GALLUS SJ), ebd. 18.

130 Una Voce Austria verlangt "Richtmesse", in StdGl 5 (1978) H. 16, 3.

die Bestimmungen der Liturgiekonstitution verwirklicht würden und durch die traditionalistischen Gruppen in ihren Forderungen nach dem vorkonziliaren Ritus die eigentliche Erfüllung der Konzilsintention erfolge.

131 In: StdGl 7 (1980) H. 20, 7 - 10 und in StdGl 7 (1980) H. 20, 12 mit folgendem Text:

"Unterschriftenliste zu Händen unseres hl. Vaters Papst Johannes Paul II.

Unterzeichnete bitten den heiligen Vater um Wiederherstellung der kirchlichen Ordnung in der Liturgie, gemäß den Bestimmungen der Liturgie-Konstitution:

- Nr. 36 § 1 und § 2: Das Latein soll in den lateinischen Riten weiterhin liturgische Sprache sein, unbeschadet einer größeren Verwendung der Muttersprache, vor allem in den Lesungen und Hinweisen.

- Nr. 4: Treu der Überlieferung soll allen rechtlich anerkannten Riten gleiches Recht und gleiche Ehre zuerkannt werden, sie sollen in Zukunft erhalten und in jeder Weise gefördert werden.

Insbesondere bitten wir um Durchführung der Bestimmung Nr. 4 bezüglich des alten römischen Ritus, den wir besonders hochschätzen und lieben, weil er

- in seinem Hauptteil, dem Kanon, bis ins 2. Jahrhundert zurückgeht, als solcher von Gregor dem Großen (600) endgültig festgelegt und vom Konzil von Trient und vielen Päpsten feierlich sanktioniert wurde,

- durch mehr als 1000 Jahre von unseren Vorfahren geübt wurde,

- eine große Anzahl von Heiligen hervorbrachte,

- den katholischen Glauben unzweideutig und unverfälscht zum Ausdruck bringt,

- durch seinen tiefen Ernst und seine besondere Ausrichtung auf Gott das übernatürliche Geschehen sehr gut darstellt,

- die Verbindung des Gläubigen mit Gott, der Quelle übernatürlicher Kraft und Gnade, in hohem Maße fördert und dadurch Frömmigkeit und persönliches Gebet entscheidend prägt."

Neben den für viele Leserzuschriften beispielhaft genannten emotionalen und unsachlichen Verurteilungen des erneuerten Ordo missae läßt diese bewußte Verfälschung von Wille und Ziel der Liturgiereform vermuten, daß die Akteure der Unterschriftenaktion davon ausgehen, daß ihren Ansprechpartnern die Liturgiekonstitution in ihrem Text wie in ihrer theologischen Grundlegung und Absicht unbekannt ist und sie nur aufgrund mangelnder liturgischer Bildung so ihr Ziel verfolgen können. Zudem ist den beispielhaft genannten Negativstimmen, deren Vokabular und Bilderwelt zu analysieren gewiß aufschlußreich wäre, noch anzumerken, daß aus den Ablehnungen nicht unbedingt eine Forderung nach Wiederzulassung des sogenannten Tridentinischen Ritus zu folgern ist. Die Fragestellungen in den einzelnen Umfragen zielen nämlich teils auf eine lateinische Messe ab, ohne die Ritenfrage abzuklären. Teils wird die zu beobachtende Glaubenskrise auf die liturgische Frage eng geführt, so daß jener Krise nur durch Wiederzulassung des "Tridentinischen Ritus" begegnet werden kann. Teils soll unter Zuhilfenahme der Liturgie die "Neukirche"[132] - so eine der vielfachen (diffamierenden) Bezeichnungen für die Kirche nach dem Zweiten Vatikanischen Konzil - befehdet werden, da in ihr die Grundstruktur der Katholischen Kirche zerstört werde oder schon worden sei,[133] was sich darin zeige, daß die Messe glaubenslosen Neuerern ausgeliefert sei.[134] Den durch die Umfragen erhobenen Forderungen und ihren eigentlichen Zielsetzungen nachzukommen, hieße dann, sich nicht allein auf eine Wiederzulassung des alten Ordo zu beschränken, vielmehr das gesamte Werk des Zweiten Vatikanischen Konzils nicht nur in Frage zu stellen, sondern gänzlich als nichtig aufzuheben.

132 J. MAY, Kapitulation vor Hinz und Kunz, in: KyrEl 13 (1984) Okt. - Dez., 3.

133 Vgl. H. SCHULZE, "Judensterne" für Traditionalisten, in: KyrEl 13 (1984) Okt. - Dez., 1.

134 Vgl. A. GROSS, Beginnt in Rom die "Wende"?, in: KyrEl 14 (1985) H. 1, 3 - 41.

Die intensive Aktivität wie auch die umfangreiche Öffentlichkeitsarbeit ist in der aufgeführten Aufzählung augenfällig. Auch die für den "tridentinischen Ritus" ermittelten und genannten Ergebnisse, die eine angeblich mehrheitliche Befürwortung ergeben, ohne daß diese Daten zum Großteil nachprüfbar sind, dürfen nicht darüber hinwegtäuschen, daß die für diese Wiederzulassung Tätigen nur eine Minderheit in der Kirche sind.

Zu beachten ist aber, daß hinter diesen Auseinandersetzungen auch das Problem der liturgischen Bildung in ihrer Vernachlässigung oder Mangelhaftigkeit steht, wovon aber an späterer Stelle noch die Rede sein wird. Jedenfalls lassen die traditionalistischen Gruppen einschließlich ihrer Sympathisanten einschränkend feststellen, daß die Erneuerung der Liturgie eben nur fast allgemein und wirklich angenommen worden ist. Dem ist sicherlich in pastoraler Absicht und Sorge Rechnung zu tragen, sei es in der theologischen Auseinandersetzung, sei es im Überdenken der gefährdeten Einheit der Kirche, sei es in der Reflexion darüber, ob die Umsetzung des Erneuerungswillens des Konzils dem auch gerecht geworden ist - oder ob durch Willkür und Beliebigkeit wie unbefugte Berufungen auf die Liturgiekonstitution diese pervertiert worden ist. In dieser Fragestellung gilt das Augenmerk neben den Traditionalisten auch den Progressisten. In beiden und durch beide Gruppen kann die konziliare Erneuerung gefährdet werden.

Über die Rezeptionsschwierigkeiten bei der Durchführung der Liturgiereform gibt außerdem eine Umfrage in ihren Ergebnissen Aufschluß, welche im Auftrag der Internationalen Föderation UNA VOCE 1980 durchgeführt wurde. Mit ihr und seinem offenen Brief an Erzbischof NOE legt der Präsident von UNA VOCE seine Bedenken gegen die Erneuerung der Liturgie offen. Der im Indult genannten und in dieser Arbeit in einem späteren Abschnitt besprochenen Umfrage unter den Bischöfen vom 19. Juni 1980 tritt der Präsident der Internationalen Föderation UNA VOCE 1982 in der Beilage "Theologisches" der "Offertenzeitung für die katholische Geistlichkeit Deutschlands"[135] in einem offenen Brief an den Sekretär der Kongregation für den Gottesdienst Erzbischof Virgilius NOE entgegen. In seinen Ausführungen verweist er neben den schon bekannten, in der vorliegenden Untersuchung genannten Umfragen auch auf eine geschätzte Anzahl von 600 000 Bittschriften an den Heiligen Stuhl um Gewährung des "Tridentinischen Ritus" und nennt als Motive für diese Petitionen: "Gerechtigkeitssinn", "Ordnungssinn", "Sinn für das Heilige" und "Glaubenssinn". Er moniert, daß die Ritenkongregation in ihrer Umfrage nur um quantitative, nicht aber um qualitative Ergebnisse bemüht war und unterstellt, daß damit ein Steuerungseffekt erreicht werden sollte, der zu Untertreibungen der zahlenmäßigen Bedeutung traditionalistischer Gläubigen und zur negativen Auswahl ihrer Beweggründe führen sollte.[136] Außerdem wirft er der Ritenkongregation in ihrer methodischen Auslegung der Umfrageergebnisse Verzerrungen wie in den Reflexionen Polemik vor.[137] Gewiß geben die Ausführungen von Eric M. de SAVENTHEM in ihrer Zahlenaufschlüsselung zu denken und scheinen den Optimismus der Kongregation für den Gottesdienst in ihrer Ergebnisreflexion zu relativieren, wobei der Polemik in dem offenen Brief nicht das Wort geredet werden soll. Sichtbar wird vor allem, daß sich in der Ritenfrage die "Parteien" unversöhnlich gegenüberstehen und starre Fronten bezogen haben.

Gegen die von de SAVENTHEM als "vielfach manipuliert und parteiisch ausgewertet"[138] in polemischer Weise disqualifizierte Umfrage führt

135 Der Artikel von E. M. de SAVENTHEM, Anfragen zu einer Umfrage, in: Theol Nr. 143, März 1982, 4513 - 4527 wurde im gleichen Monat als Sonderdruck veröffentlicht, mit dem Titel: Offener Brief an Seine Exzellenz Virgilio Noé, Secretarius der "Abteilung Gottesdienst" der S. C. pro Sacramentis et Cultu Divino, von Dr. E. M. de Saventhem, Präsident der Internationalen Föderation UNA VOCE.

136 Ebd. 4519f.

137 Ebd. 4524.

er seinerseits die Umfrage des "Instituts für Demoskopie Allensbach" unter den deutschen Katholiken aus der zweiten Oktoberwoche 1980 an, die von der Internationalen Föderation UNA VOCE in Auftrag gegeben wurde.[139] Ohne das Datenmaterial vorzulegen, so daß es nachprüfbar wäre - seine Ergebnisse bezeugt er nur mit ausgewählten "gefälligen" Daten -, werden von ihm die Auswertungen und Ableitungen "kurz zusammengefaßt". Was er der Kongregation zum Vorwurf macht und worauf er seine angeführten Unterstellungen aufbaut, praktiziert er hier selbst. Daher ist seine Kritik ungerechtfertigt, denn die Kongregation für den Gottesdienst hat ihr Zahlenmaterial gänzlich in ihrer Zeitschrift "Notitiae" veröffentlicht. Um aber die Diskrepanz zwischen beiden Umfragen im gleichen Jahr besser aufweisen zu können, seien einige Auswertungen jener UNA VOCE-Umfrage durch de SAVENTHEM beispielhaft zitiert:

"Zwar sprechen sich klare Mehrheiten zugunsten der in der Landessprache zelebrierten Messe aus: 55 % aller Katholiken bzw. 54 % der regelmäßig Praktizierenden. Bei letzteren gibt es jedoch immerhin 46 %, die vorzugs- oder abwechslungsweise auch lateinisch zelebrierte Messen besuchen würden.

Von besonderer Aussagekraft sind die Ergebnisse der Allensbacher Befragung in bezug auf die 'tridentinische' Messe. Die Frage wurde im Rahmen eines 'Kartenspiels' vorgelegt, als eine unter verschiedenen 'Ansichten, die gegenwärtig in der Kirche diskutiert werden' und zu denen die Befragten sagen sollten, ob sie sie gut fänden oder nicht, oder ob sie sich nicht entscheiden könnten. Nahezu 48 % aller Befragten (= 12 Millionen deutscher Katholiken) fänden es gut, wenn diese Form der Messe 'neben anderen Formen' wieder zugelassen würde! Unter den regelmäßig Praktizierenden ist eine starke Mehrheit von 57 % dafür, mit nur 29 %, die dies 'nicht gut' fänden! Jeder vierte deutsche Katholik und sogar jeder dritte regelmäßig

138 Ebd. 4526.

139 Vgl. SAVENTHEM, Rehabilitierung (s. Anm. 121) 3975 - 3988.

Praktizierende würde die Rückkehr der tridentinischen Messe 'persönlich begrüßen'. Mit anderen Worten: Die Abschaffung dieser hochehrwürdigen Form der Meßfeier wird von über 6 Millionen deutscher Katholiken - darunter fast 4 Millionen regelmäßig Praktizierender - als eine sie persönlich treffende Verarmung im Bereich ihrer eucharistischen Frömmigkeit und Teilnahme am 'inaestimabile donum' unseres Erlösers empfunden.

Das Allensbacher Institut erforschte in drei Dialogen auch die Motive für den Wunsch nach der Rückkehr der tridentinischen Messe. Jeder dritte Katholik, und fast jeder zweite regelmäßig Praktizierende (47 %), stimmte dabei folgender Auffassung zu: 'Durch die frühere Meßfeier wurde betont, daß der Priester stellvertretend für die Gemeinde das Meßopfer darbringt. Dadurch wurde die sakrale Bedeutung der Meßfeier deutlich herausgestellt.' Erwartungsgemäß sind es die älteren Jahrgänge, aber auch die unteren sozialen Schichten allgemein - Arbeiter, Familien mit geringem Monatslohn des Hauptverdieners, Befragte mit Volksschulbildung -, die sich mit relativen Mehrheiten zu dieser Auffassung bekennen."[140]

Diese Umfrage hätte zudem ergeben, daß jeder fünfte Katholik (und jeder vierte regelmäßige Kirchgänger) unter seinen Verwandten oder Bekannten einen oder mehrere kennen würde, "die sich in der neuen Meßliturgie so entheimatet fühlen, daß sie nur noch selten oder sogar nie mehr an ihr teilnehmen."[141] De SAVENTHEM urteilt weiter: "Die neue Meßliturgie hat die Kirche Millionen ihrer treuen Mitglieder gekostet, ohne frühere Fernstehende anzuziehen."[142]

140 Ebd. 3983f. Gerade die Angaben der sozialen Gruppen in der letztgenannten Auswertung werden durch die Umfrage unter den Bischöfen bestätigt.

141 Ebd. 3987.

142 Ebd. 3987.

Gewiß ist diesem Argument entgegenzuhalten, daß die "participatio actuosa", die tätige Teilnahme der Gläubigen, der erneuerten Liturgie vielleicht jene zeitlich zunehmend fernhielt, die die Meßfeier weniger im Verbund der versammelten Gemeinde, vielmehr als "am Rande Stehende" für sich und ohne ihre lebendige Teilnahme zu feiern gedachten. Der Illusion einer zahlenmäßigen Zunahme der Gottesdienstteilnehmer durch die Erneuerung der Liturgie wird sich wohl kaum jemand hingegeben haben. Der Erfolg der Liturgiereform läßt sich nicht quantitativ, dafür aber qualitativ messen. Es ist für de SAVENTHEM wiederum bezeichnend, daß er nach seinem Belieben als Argumentation anführt, was er der von ihm angefeindeten Umfrage der Kongregation für den Gottesdienst als Mangel und Unkorrektheit anlastet (hier: die quantitative Auswertung).

4. DIE VORGESCHICHTE DES INDULTES

Im Indult vom 3. Oktober 1984 wird als direkte Vorgeschichte die Umfrage unter allen Bischöfen von 1980[143] auf Wunsch von Papst JOHANNES PAUL II. mit dem Schreiben des Präfekten der Kongregation für den Gottesdienst Jakobus Kardinal KNOX und ihrem Sekretär Vergilius NOE vom 19. Juni 1980 genannt, auf die ein eigener, folgender Abschnitt dieser Arbeit eingehen wird. Daß es zu dieser Umfrage kam, ist einerseits wohl in den schon genannten traditionalistischen Aktivitäten beim Heiligen Stuhl begründet. Andererseits sind jenen noch weitere Beobachtungen, Fakten und Entwicklungen zuzurechnen.

In ihrer Weihnachtsausgabe 1976 veröffentlichte die 'Deutsche Tagespost'[144] eine von ihr unternommene Umfrage über die Meßreform. Von den drei an Bischöfe, Theologen und prominente katholische Laienvertreter gestellten provokativ-verkürzten Fragen ist für die vorliegende Untersuchung besonders die dritte von Interesse: "Heute wird häufig vom theologischen Pluralismus in der Kirche gesprochen. Läßt sich nach Ihrer Meinung das Verbot der tridentinischen Messe mit der Forderung nach mehr Pluralität in der Kirche vereinbaren? Halten Sie eine Revision dieses Verbots durch das kirchliche Lehramt für angebracht und möglich?" In seiner Antwort hierauf ist es für den Bischof von Augsburg Dr. Josef STIMPFLE der Häresievorwurf seitens traditionalistischer Kreise gegenüber der erneuerten Liturgie, der es "dem Heiligen Stuhl vollends unmöglich macht, die tridentinische Messe wieder zu gestatten."[145] Für ihn liegt eine Chance möglicher Koexistenz beider Riten darin, daß Alt-Erzbischof

143 S. Abschnitt II.2.B dieser Arbeit, in dem die Umfrage unter den Bischöfen von 1980 eingehend untersucht wird.

144 S. Anm. 112.

145 Umfrage (s. Anm. 112) 11.

LEFEBVRE die Bedingungen und Forderungen Papst PAULS VI. annimmt, die dieser in seinem Brief an LEFEBVRE vom 11. Oktober 1976 gestellt hat.[146] Zu diesem Komplex erwartet der Papst in seinem Schreiben, "daß du auch die Beschlüsse und Entscheidungen, die Wir nach dem Konzil in seiner Ausführung mit Hilfe der verschiedenen Ämter des Hl. Stuhles erlassen haben, in gleicher Weise annimmst, darunter ausdrücklich die Rechtmäßigkeit der Liturgiereform, besonders der neuen Meßordnung, wie auch Unser Recht anerkennst, zu verfügen, daß diese Reform vom gesamten christlichen Volk angenommen und praktiziert wird."[147] Der emeritierte Professor für Liturgiewissenschaft an der Universität München, Josef PASCHER, hält eine Revision theoretisch natürlich möglich, doch schiene ihm eine Revision seelsorglich nicht angebracht. Diese Meinung wird auch von den Professoren Otto NUSSBAUM, Heinrich RENNINGS und Leo SCHEFFCZYK in dieser Umfrage geteilt. Jedoch sehen alle Genannten, daß mit einer Wiederzulassung ein Keil in die Gemeinde getrieben würde. Nicht gerechtfertigt wäre für sie und alle weiteren befragten Theologen eine Revision, wenn dadurch - wie Bischof STIMPFLE auch antwortet - die Ablehnung des Missale Papst PAULS VI. mit den Vorwürfen der Entstellung der katholischen Lehre, theologischer Einseitigkeiten oder gar Häresie beibehalten würde. Für Prof. Dr. Hermann REIFENBERG könnte "eine 'Stiftung (auf Zeit)' oder etwas ähnliches für den Problemkreis 'tridentinische Messe'"denkbar sein, um "so vermeiden zu helfen, daß Messe (einmal mehr) Ausdruck von 'Spaltung' wird, wo sie doch Ausdruck von Koinonia - d. h. von Teilhabe und Teilnahme (auf verschiedenen Ebenen) - sein soll."[148] In ähnliche Richtung argumentiert Bischof Dr. Josef GRABER in einem Interview. Er "kann sich auch vorstellen, daß der alte Ritus der Meßfeier wieder gestattet wird, um LEFEBVRE 'ein Argument zu nehmen'."[149] Diese

146 Abgedruckt in: Y. CONGAR, Der Fall Lefebvre. Schisma in der Kirche, Freiburg u. a. 1977, 117 - 133.

147 Ebd. 128f.

148 Umfrage (s. Anm. 112) 14.

Überlegungen - von verschiedenen Seiten aus den Jahren 1976 und 1978 - lassen schon manches anklingen, was sich im Indult der bedingten Wiederzulassung des sogenannten Tridentinischen Ritus als pastorale Sorge und als Bedingungen niederschlug.

Die öffentliche Debatte um den vorkonziliaren Ritus wird auch durch das publizierte Eröffnungsreferat von Kardinal Josef HÖFFNER bei der Herbstvollversammlung der Deutschen Bischofskonferenz 1979 in Fulda bezeugt. Er stützt sich in seinen Aussagen auf eine Umfrage, deren Anlaß und Ziel in seinem Referat genannt werden:

"Die dramatisch erscheinenden Daten der amtlichen Statistik, insbesondere über die Entwicklung des Kirchenbesuchs in den letzten Jahren, waren der Anlaß, beim Institut für Demoskopie in Allensbach eine demoskopische Erhebung in Auftrag zu geben, um besser einschätzen zu können, wie die kirchliche Statistik zu interpretieren sei.
Das Ergebnis dieser Umfragen liegt in einem nicht veröffentlichten Bericht vor: 'Der Rückgang im Kirchenbesuch der Katholiken. Ein Versuch, die Hintergründe mit Hilfe demoskopischer Trendanalysen zu verstehen'."[150a]

In seiner Auswertung dieser Umfrage, deren Ergebnisse nur in dem genannten Referat zugänglich sind, stellt der Kardinal auch eine "Zunahme der kritischen Einstellung zum Zweiten Vatikanischen Konzil und zur Neuordnung der Meßliturgie" fest und erklärt, es seien "sehr unterschiedliche Auffassungen sowohl bei Katholiken, die der

149 Bischof GRABER: "LEFEBVRE beging Rechtsbruch". Verschärfte Auseinandersetzung um Seminar in Zaitzkofen, in: KNA-Bayerischer Dienst Nr. 171 vom 2.10.78, 1f.

150a Sekretariat der Deutschen Bischofskonferenz (Hrsg.): J. HÖFFNER, Pastoral der Kirchenfremden. Eröffnungsreferat bei der Herbstvollversammlung der Deutschen Bischofskonferenz 1979 in Fulda (Der Vorsitzende der Deutschen Bischofskonferenz 7), Bonn 1979, 32.

Kirche nahestehen, als auch bei den Fernstehenden bemerkenswert: die treuesten Kirchenbesucher erklärten doppelt so häufig, es sei zuviel statt zuwenig verändert worden. Ähnlich spalten sich die Ansichten, wenn man nach der Reform der katholischen Meßfeier fragt: Im Gesamtergebnis gibt es, wie schon 1977, auch 1979 eine große Gruppe, die die neue Form der katholischen Meßfeier bejaht, wenngleich sich 1979 weniger Katholiken dafür aussprechen.
'Sobald man die wirklich regelmäßigen Kirchenbesucher befragt, verschiebt sich das Bild weiter in die Richtung, man hätte die alte Form der Messe nicht zu stark ändern sollen. 1977 fand man noch eine deutliche Mehrheit auch in diesem engsten und der Kirche am nächsten stehenden Kreis; damals sagten 61 %, die neue Form der Meßfeier sage zu, gegenüber 23 %, man hätte die Messe nicht so stark ändern sollen. Heute sind auch bei den Katholiken, die jeden Sonntag in die Kirche gehen, die Ansichten ganz gespalten: 41 % begrüßen die neue Form der katholischen Meßfeier, 42 % lehnen sie ab'."[150b]

Diese Zahlen, die vom Kardinal genannt wurden und die bei allen einhelligen Befürwortern der Reform der Meßfeier Besorgnis erregen mußten, - inwieweit sie in ähnlichen Relationen für andere Länder vorliegen, war mir nicht erfahrbar - können mit ein Anlaß für die ein Jahr später folgende Umfrage unter allen Bischöfen gewesen sein, stellen sie doch hinsichtlich der nachkonziliaren liturgischen Erneuerung und ihrer Annahme bzw. Ablehnung ein "Alarmzeichen" dar.

Zur Vorgeschichte des Indultes sind aber auch jene Sonderregelungen zu zählen, die ab 1965 für besondere Gruppen von Priestern eingeräumt wurden. Der 1965 veröffentlichte neue Ritus der Konzelebration[151] schuf für bereits kranke und fast oder ganz erblindete Priester die Möglichkeit einer Konzelebration mit gesunden Prie-

150b Ebd. 38.

stern durch eine besondere Regelung der praktikablen Verteilung der liturgischen Dienste, ohne aber an der Struktur dieses Ritus etwas zu ändern. Damit wird - wie schon einmal an anderer Stelle gesagt - die Reihe der Ausnahmeregelungen begonnen, zugleich aber auch gezeigt, daß sie überhaupt möglich sind und von der allgemeinen Verbindlichkeit der neuen Ordnung nicht berührt werden, die ihrerseits damit nichts an Gültigkeit einbüßt. Das ist wichtig für das Indult von 1984, dem die gleiche Überlegung zugrunde liegt.

Eine weitere Sonderregelung gestand die "Instructio altera" vom 4. Mai 1967[152] kranken und sehbehinderten Priestern zu. Sie durften mit dem Indult für eine Votivmesse eine eigene Ordnung bei der Meßfeier einhalten, der das Römische Meßbuch von 1962 mit den schon vorgenommenen Erneuerungen zugrunde lag.

In der Instruktion der Kongregation für den Gottesdienst "Über die schrittweise Einführung der Apostolischen Konstitution 'Missale Romanum'" vom 20. Oktober 1969[153] räumen die Artikel 19 und 20 Priestern vorgerückten Alters wie auch kranken und leidenden angesichts der Veröffentlichung des gemäß den Beschlüssen des II. Vatikanischen Konzils erneuerten Römischen Meßbuchs eine Sonderregelung ein. "19. Priester vorgerückten Alters können bei einer Meßfeier ohne Gemeinde mit Einverständnis ihres Ordinarius die bisherigen Riten und Texte weiterverwenden, falls sie sich nur mit größeren Schwierigkeiten auf die neue Meßordnung und die neuen Texte des Römischen Meßbuches und der Leseordnung für die Meßfeier umstellen können. 20. Besondere Fälle, wie z. B. kranke oder leidende Priester oder solche mit anderen Schwierigkeiten, sind dieser Kongregation vorzulegen."[154] Daß hier die älteren den kranken und leiden-

151 S. Anm. 91.

152 S. Anm. 91.

153 S. Anm. 91.

154 S. Anm. 91.

den Priestern sowie denen mit unbestimmten und von daher weit auszulegenden anderen Schwierigkeiten in der Aufzählung vorgezogen werden, läuft auf eine Ausweitung dieses Entgegenkommens hinaus. Die Erstgenannten bedürfen für die zu gewährende Zelebration nach dem MISSALE ROMANUM von 1962 mit den Änderungen von 1965 und 1967 allein des Einverständnisses ihres Ordinarius. Auch dadurch wird eine beachtenswerte Flexibilität bei der Einführung des erneuerten Meßbuches unter Beweis gestellt.

Die Mitteilung der Kongregation für den Gottesdienst "Über das Römische Meßbuch, das Stundenbuch und den Kalender"[155] vom 14. Juni 1971 greift hierauf noch einmal in Artikel 3 zurück. Er schränkt abermals diese Erlaubnis auf eine gottesdienstliche Feier ohne Gemeinde ein, wobei eine Vermischung der Riten nach den Missalien von 1962 (einschließlich der Änderungen von 1965 und 1967) und 1970 zugestanden wird. Im Blick auf das Indult vom 3. Oktober 1984 sind gerade die letztgenannten Aussagen jenes Artikels 3 im Indult in gegensätzlicher Bestimmung aufzufinden. Im Wortlaut räumt die Erlaubnis vom 14. Juni 1971 in Artikel 3 ein: "Mit Zustimmung ihres Ordinarius können diejenigen, denen wegen Alter oder Krankheit der Gebrauch des neuen Römischen Meßbuches, des Perikopenbuches oder Stundengebetes sehr große Schwierigkeiten bereiten würden, ganz oder zum Teil das MISSALE ROMANUM von 1962 (mit den Änderungen der Jahre 1965 und 1967) und das bisherige Römische Brevier weiterverwenden; diese Erlaubnis gilt jedoch nur für gottesdienstliche Feiern ohne Gemeinde."[156]

Neben diesen Gewährungen, die zu keinem späteren Zeitpunkt aufgehoben wurden, so daß das Indult von 1984 diese Linie in teils erweiterter, teils veränderter Weise fortzusetzen scheint, ist noch ein

155 S. Anm. 91.

156 S. Anm. 91.

weiterer "Vorläufer" zu nennen. Mit einem Indult vom 15. November 1971 erlaubt der Apostolische Stuhl den Bistümern in England und Wales, daß bestimmte Gruppen mit Genehmigung des jeweiligen Ortsbischofs bei besonderem Anlaß und bei Einhaltung gewisser Bedingungen nach dem Missale von 1962 mit seinen Änderungen von 1965 und 1967 die Messe feiern dürfen.[157] Auffällig ist hier die darin regionale, zeit- und personenkreisgebundene Anwendung der Erlaubnis für ältere und kranke Priester vom 14. Juni 1971 wie die zeitliche Nähe zum öffentlichen Brief in 'The Times' vom 6. Juli 1971 und zur Petition 90 führender englischer Katholiken an Papst JOHANNES PAUL I. und an die Erzbischöfe von England und Wales. Hier scheint nicht allein eine vatikanische Reaktion vorzuliegen. Die großzügige Bereitschaft, einem Bedürfnis, ja selbst einem traditionalistischen Drängen nachzugeben, ist ab 1971 vorgezeichnet für das hier zu untersuchende Indult. So erklärt noch als Münchener Erzbischof Josef Kardinal RATZINGER, daß er das Verbot des alten bei der Einführung des neuen Meßbuches nicht für klug halte. Er plädierte für eine "große Toleranzbreite", damit die alte Form des Ritus "auslaufen" könne. Vielleicht verbirgt sich hinter diesem Bildwort der Schlüssel für die oben genannten Haltungen des Entgegenkommens. Daß für Kardinal RATZINGER "auslaufen" aber nicht gleichbedeutend ist mit völligem Bruch, äußert er in seiner Vorstellung, daß einige Bestandteile der traditionellen tridentinischen Meßform in die neue Liturgie integriert würden, um insofern die Kontinuität mit der Vergangenheit zu verdeutlichen.[158] Jene Äußerungen von 1978 werden in seinem 1984 gewährten Interview mit Vittorio MESSORI, das als Buch unter dem Titel "Zur Lage des Glaubens" erschien, fortgesetzt, wenn es dort heißt: "Wenn es zur Förderung der Religiösität mancher Gläubiger und zur Respektierung der Frömmigkeit bestimmter katholischer Kreise beitragen könnte, würde ich persönlich die Rückkehr zur antiken Situation, das heißt zu einem gewissen liturgischen Pluralismus, befürworten. Natürlich nur, wenn der legitime

157 S. Anm. 91.

158 Vgl. (RED.) Der Münchener Kardinal (s. Anm. 66) 263.

Charakter der reformatorischen Riten nachdrücklich bestätigt würde und der Umfang und die Art eines Ausnahmefalles einer Zulassung der vorkonziliaren Liturgie klar angegeben würde."[159] Als Kardinal RATZINGER sich so äußerte, lag noch kein Indult vor. Daß er mehr als nur die Möglichkeit eines solchen schon sah, ist als wahrscheinlich anzunehmen. Wesentlich scheint ihm zudem die Intention eines Indultes zu sein. Für ihn wäre es "nicht auf der Linie einer 'Restauration' zu sehen, sondern im Gegenteil vom Klima jenes 'legitimen Pluralismus' her, auf den das II. Vatikanum und seine Ausleger solchen Nachdruck gelegt haben."[160]

159 J. RATZINGER, Zur Lage (s. Anm. 42) 129.

160 Ebd. 128.

II. DAS INDULT - LÖST ODER BRINGT ES PROBLEME?

Das Schreiben der Gottesdienstkongregation vom 3. Oktober 1986 ist an die "Präsidenten der Bischofskonferenzen" gerichtet. Es gewährt ein Indult, das als Gunsterweis von pastoraler Sorge bestimmt und diktiert ist. Das Motiv dieses Dokumentes erscheint eindeutig, denn bei der bedingten Wiederzulassung der Meßfeier im sogenannten Tridentinischen Ritus, um die es hier geht, ist die pastorale Sorge des Papstes ausschlaggebend gewesen.

1. DER WORTLAUT DES INDULTES

Der Text des Indultes wurde am 16. Oktober 1984 bekanntgegeben. Er ist in seiner lateinischen Fassung in den Acta Apostolica Sedis 1984 unter der Protokollnummer 686/84 veröffentlicht worden und 1985 auch in den "Notitiae", dem Organ der Gottesdienstkongregation, erschienen. Die Katholische Nachrichten-Agentur (KNA) verbreitete hierzulande am 17. Oktober 1984 die deutsche Übersetzung. Die Amtsblätter der deutschen Diözesen nahmen das Indult teils in beiden, teils in nur einer der beiden Sprachfassungen auf. Das Dokument ist als Schreiben der Kongregation für den Gottesdienst an den Vorsitzenden der Deutschen Bischofskonferenz, Joseph Kardinal HÖFFNER, gerichtet, unter der Protokollnummer 1650/84.[161]

161 Das Indult wurde veröffentlicht in: AAS 76 (1984) 1088f; Notitiae 21 (1985) 9f; in lat. und ital. Sprache in: Indulto per usare il Messale Romano del 1962 a guidizio del Vescovo diocesano, L'Osservatore Romano (Edizione settimanale n. 1913) vom 2. Nov. 1984; in dt. Sprache in: Presse-Dienst der Deutschen Bischofskonferenz, Dokumentation 5/84, vom 19.10.84; "Tritentinische Messe" wieder zugelassen. Der Wortlaut des Schreibens ...., in: KNA-Dokumentation Nr. 23, vom 17.10.84; in den Amtsblättern der deutschen Diözesen teils nur in lat., teils nur in dt., teils in beiden Sprachen; von den traditionalistischen Publikationen in: Mttbl. Pius X. Nr. 72, Dez. 1984, 3f; in: UVKorr 14 (1984) 322 - 324 (lat./dt.).

CONGREGATIO PRO CULTU DIVINO

Romae, die 3 octobris 1984
Prot. Nr. 686/84

E.me Domine,

quattuor abhinc annos, iubente Summo Pontifice Ioanne Paulo II, universae Ecclesiae Episcopi invitati sunt ad relationem exhibendam:

- circa modum, quo sacerdotes et christifideles in suis dioecesibus Missale auctoritate Papae Pauli VI promulgatum recepissent, statutis Concilii Vaticani II rite obsequentes;

- circa difficultates in liturgica instauratione exsequenda evenientes;

- circa renisus forte superandos.

Exitus consultationis notus factus est omnibus Episcopis (cf. Notitiae, n. 185, decembris 1981). Eorum responsionibus attentis, fere in totum solutum visum est problema illorum sacerdotum atque christifidelium, qui ritui "Tridentino" nuncupato inhaerentes manserant.

Cum autem problema idem perduret, ipse Summus Pontifex, coetibus istis obsecundare desiderans. Episcopis dioecesanis facultatem concedit utendi Indulto, quo sacerdotes et christifideles, qui in petitione proprio Episcopo exhibenda explicite indicabuntur, Missam celebrare valeant Missale Romanum adhibendo iuxta editionem typicam anni 1962, servatis autem normis, quae sequuntur:

Kongregation für den Gottesdienst

Prot. Nr. 686/84

Rom, 3. Oktober 1984

Eure Eminenz!

Vor vier Jahren wurden auf besonderen Wunsch von Papst JOHANNES PAUL II. die Bischöfe der ganzen Welt aufgefordert, Bericht zu erstatten:

- über die Art und Weise, wie Priester und Gläubige in ihren Diözesen das von Papst PAUL VI. promulgierte Missale in genauer Befolgung der Beschlüsse des Zweiten Vatikanischen Konzils angenommen haben;

- über die Schwierigkeiten bei der Durchführung der Liturgiereform;

- über eventuelle Widerstände, die es zu überwinden galt.

Das Ergebnis dieser Umfrage wurde an alle Bischöfe gesandt (vgl. Notitiae Nr. 185, Dezember 1981). Aufgrund ihrer Antworten schien das Problem der Priester und Gläubigen, die dem sogenannten "Tridentinischen Ritus" verbunden geblieben waren, fast vollständig gelöst.

Da aber das Problem weiterbesteht, gibt der Heilige Vater, in dem Wunsch, diesen Gruppen entgegenzukommen, den Diözesanbischöfen Vollmacht, von dem Indult Gebrauch zu machen, aufgrund dessen Priester und Gläubige, die in dem an den eigenen Bischof zu richtenden Gesuch genau anzugeben sind, die Messe nach dem MISSALE ROMANUM in seiner Ausgabe von 1962 feiern zu dürfen, wobei jedoch die folgenden Bestimmungen beachtet werden müssen:

a) Sine ambiguitate etiam publice constet talem sacerdotem et tales fideles nullam partem habere cum iis qui legitimam vim doctrinalemque rectitudinem Missalis Romani, anno 1970 a Paulo VI Romano Pontifice promulgati, in dubium vocant.

b) Hace celebratio fiat tantummodo ad utilitatem illorum coetuum qui eam petunt; item in ecclesiis et oratoriis quae Episcopus dioecesanus deputaverit (non autem in templis paroecialibus, nisi Episcopus in casibus extraordinariis id concesserit); iisque diebus atque condicionibus ab ipso Episcopo, sive per modum consuetudinis, sive per actus, adprobatis.

c) Huiusmodi celebratio secundum Missale anni 1962 fiat et quidem lingua latina.

d) Nulla habeatur commixtio inter ritus et textus alterutrius Missalis.

e) Unusquisque Episcopus hanc Congregationem certiorem faciet de concessionibus ab ipso datis atque, expleto anno ab hoc Indulto tributo, de exitu quem eius applicatio obtinuerit.

Concessio huiusmodi, sollicitudinis signum qua Pater communis omnes suos prosequitur filios, adhibenda erit sine ullo praeiudicio liturgicae instaurationis observandae in vita uniuscuiusque Communitatis ecclesialis.

a) Es muß eindeutig und öffentlich feststehen, daß der jeweilige Priester und die jeweiligen Gläubigen in keiner Weise die Position derjenigen teilen, die die Legitimität und Rechtgläubigkeit des MISSALE ROMANUM in Zweifel ziehen, das Papst PAUL VI. 1970 promulgiert hat.

b) Die Feier soll ausschließlich den Gruppen vorbehalten sein, die darum ersuchen; in Kirchen und Oratorien, die der Bischof bestimmt (nicht jedoch in Pfarrkirchen, es sei denn, daß der Bischof dies in außerordentlichen Fällen eigens erlaubt); an den Tagen und unter den Bedingungen, die vom Bischof nach Art einer Gewohnheit oder durch einen eigenen Akt approbiert sind.

c) Diese Feiern müssen nach dem Missale von 1962 und in lateinischer Sprache gehalten werden.

d) Es soll keine Vermischung zwischen Riten und Texten der beiden Missale erfolgen.

e) Jeder Bischof soll diese Kongregation über die von ihm gegebenen Erlaubnisse informieren und nach Ablauf eines Jahres seit der Gewährung des Indults über das Ergebnis seiner Anwendung berichten.

Diese Erlaubnis, die kennzeichnend ist für die Sorge des gemeinsamen Vaters um alle seine Söhne, muß in einer Weise benutzt werden, die die Befolgung der Liturgiereform im Leben der jeweiligen kirchlichen Gemeinschaften nicht beeinträchtigt.

Iuvat me vero hac uti opportunitate me E.tiae Tuae Rev. mae addictissimum in Domino profitendi.	Gerne benutze ich die Gelegenheit, Ihnen meine Verbundenheit im Herrn zu bekunden.
A. MAYER, O.S.B., Archiep. tit. Satrianensis, Pro-Praefectus	Erzbischof Augustinus MAYER Pro-Präfekt
Vergilius Noè. Archiep. tit. Voncariensis, a Secretis	Erzbischof Virgilio NOE Sekretär

2. GUNSTERWEIS AUS PASTORALER SORGE

Das Ergebnis der in diesem Indult erwähnten Umfrage unter den Bischöfen seitens der Kongregation für den Gottesdienst vom 19. Juni 1980, das weiter unten im Abschnitt B erläutert wird, hat gezeigt, daß die Liturgiereform allgemein - in der ganzen "katholischen Welt" - freudig und gut aufgenommen worden ist. Ihrer Durchführung entgegenstehende traditionalistische Bestrebungen, aus der Wünsche nach einer Meßfeier nach dem Tridentinischen Missale gekommen sind, gibt es nach dieser Umfrage in kaum nennenswertem Ausmaß. Darauf nimmt das Indult Bezug. Dennoch ist im Indult eine "Korrektur" an jenem Ergebnis spürbar.

Die Gesamttendenz in den Antworten der Bischöfe schien offenbar mit den traditionalistischen Petitionen und Aktivitäten nicht vereinbar zu sein. So läßt sich die Feststellung erklären, daß für den Papst das Problem der "Verbundenheit" vieler Gläubigen mit dem sogenann-

162 Diese Interpretation findet sich in UVKorr, in Tageszeitungen und - in negativer Auslegung - in SAKA und KyrEl. In Abschnitt C wird darauf näher eingegangen. Der Wortlaut des Indultes regt selbst zu dieser Deutung an. Für

ten Tridentinischen Ritus, dem er mit seinem Indult gerecht zu werden versucht, weiterbestehe. Damit wird angedeutet, daß hinter dem Indult wohl der persönliche Einsatz des Papstes zu vermuten ist.[162] In den Reaktionen auf das Indult hat man, wie weiter unten zu belegen sein wird, deutlich zwischen der Intention des Dokumentes und den päpstlichen Bemühungen zu unterscheiden.

Im folgenden sollen - trotz der Schwierigkeit einer klaren Abhebung - beide Aspekte gesondert betrachtet werden.

A DIE INTENTION DES INDULTES

Wollte man das Anliegen des Indultes allein in einer Verbesserung des Gesprächsklimas mit den Traditionalisten sehen, was aufgrund der an die Gewährung des Gunsterweises geknüpften Bedingungen kaum haltbar sein dürfte,[163] so würde man diesem Dokument vom 3. Oktober 1984 gewiß nicht gerecht werden. Der vatikanische Versuch, traditionalistische Gruppen innerhalb der Kirche aus ihrer liturgierechtlichen Illegalität herauszuführen,[164] steht augenfällig im Vordergrund. Trotzdem ist das Indult nicht einfachhin als eine Vorstufe zur Anerkennung der Positionen und Willkürmaßnahmen des ehemaligen Erzbischofs Marcel LEFEBVRE zu werten.[165] Ihm, seinen Anhängern und Sympathisanten gegenüber scheint mit diesem Gunsterweis

sie spricht auch dies: Kardinal RATZINGER hat diese Interpretation bei Durchsicht des Manuskriptes von MESSORI nicht korrigiert: J. RATZINGER, Zur Lage (s. Anm. 42) 127f.

163 Vgl. Die Sorge des gemeinsamen Vaters, in: UVKorr 15 (1985) 189 - 194, hier: 189; U. RUH, Fragwürdig, in: HerKorr 38 (1984) 496.

164 Vgl. N. W. HÖSLINGER, Rom: Liturgiekongreß und "Missa Tridentina", in: BiLi 57 (1984) 261.

165 Vgl. KNA-Informationsdienst Nr. 43 vom 25.10.84, 9.

zwar eine besondere Konzession gemacht worden zu sein, doch wird LEFEBVRE mit dem Indult zugleich - aufgrund der gestellten Bedingungen - "einer neuen Prüfung in der Tugend der Demut"[166] unterzogen. Bekanntlich hat er sich ihr ja bisher verweigert - um der Glaubwürdigkeit vor seinen Anhängern willen und von der ganzen Breite seines Forderungskatalogs her, der weit über die Liturgie hinausreicht. Wenn man sich mit den Ansichten und Initiativen LEFEBVRES befaßt, kann man das verstehen.[167]

Kann in diesem besonderen Fall die gute Absicht des Indultes offenbar keine Früchte zeitigen - soweit das bisher zu erkennen ist -, so wird mit ihm doch denjenigen Gläubigen eine Beheimatung in der Kirche erleichtert, die weder den traditionalistischen Gruppen als organisiertes Mitglied angehören noch deren Positionen insgesamt teilen, die aber dennoch den früheren Meßritus vermissen.

Die Zahl dieser Gläubigen ist nicht faßbar und nicht bekannt. Dasselbe trifft bezüglich der Frage zu, ob manche von ihnen erwägen, sich von der Kirche zu lösen. Besteht das nicht berechenbare Risiko ihres Auszugs aus der Kirche, dem mit dem Indult gewehrt werden soll? Um einer Spaltung innerhalb der Kirche und einer Ablösung von ihr entgegenzuwirken, bringt das Indult - gleichsam als "Brückenschlag" - jedenfalls denjenigen Gläubigen Verständnis entgegen, die mit der nachkonziliaren Entwicklung der Liturgie der Kirche aus unterschiedlichen Gründen nicht Schritt halten konnten.[168]

166 A. DALMA, Der Papst kommt den Traditionalisten entgegen, in: Die Welt, Nr. 245, vom 18.10.84, 3.

167 Vgl. besonders: A. SCHIFFERLE, Marcel LEFEBVRE - Ärgernis und Besinnung: Fragen an das Traditionsverständnis der Kirche. Geleitwort Mario von GALLI, Kevelaer 1983.

168 Vgl. H. B., Ein konservatives Zugeständnis oder mehr Spielraum für Ortskirchen? Vatikandokument: Bischöfe können alten Meßritus erlauben, in: Rupertusblatt, Kirchenzeitung der Erzdiözese Salzburg 39 (1984) Nr. 44, vom 28.10.84, 10; KNA Nr. 244, vom 17.10.84 (Nachrichtennr. 264/X/84); H. SCHLITTER, Papa vobiscum, in: Frankfurter

Ob das Indult Mittel sein kann, die Gläubigen wieder zu einen? Eines ist klar: Eine Spaltung in der Auseinandersetzung um die Meßliturgie steht im Widerspruch zum Wesen der Feier der heiligen Messe als grundlegende Darstellung der Einheit der Kirche, im Widerspruch zum Sakrament der Einheit und Band der Liebe.

Ebenso klar steht fest: Ein Gunsterweis, ein Zeichen des guten Willens, stellt das Prinzip der einheitlichen Liturgie nicht in Frage.[169]

Die signalisierte Bereitschaft zu einer Ausnahmeregelung gewährt einen Freiraum - in der Hoffnung, daß sich das Problem, das sich hier stellt, mit der Zeit von selbst löst. Ein Blick auf die Altersstruktur derjenigen, die nach der sogenannten Tridentinischen Meßfeier begehren, bestätigt diese Erwartung.[170] Außerdem dürfte die sorgfältig und aus den besten Quellen erneuerte Meßliturgie sich in wachsendem Maße auf das Verständnis und die Intensität der Mitfeier der Gläubigen auswirken.

Aufschlußreich, aber nicht zutreffend, ist die in einem Zeitungsbericht vorgetragene Behauptung, die durch das Indult mögliche Ausnahme von der allgemein gültigen Regel entspräche der protestantischen Freizügigkeit in den Fragen von Sprache, Gebet und Ritus.[171]

Rundschau vom 17.10.84; R. KREUZBERG, Kommentar: Tridentinisch?, in: Kirchenbote des Bistums Osnabrück Nr. 43 vom 21.10.84.

169 Vgl. Schreiben der Kongregation für den Gottesdienst zum "Tridentinischen Meßritus", in: Pressedienst der Deutschen Bischofskonferenz, Dokumentation 5/84, vom 19.10.84, 2f; vgl. M. PLATE, Denkmalpflege? Die tridentinische Form der Eucharistiefeier, in: Christ in der Gegenwart 36 (1984) 366: "Ein ungutes Gefühl bleibt ... bei diesem Beschluß zurück."

170 Vgl. G. SCHMIDTCHEN, Zwischen Kirche und Gesellschaft (s. Anm. 106) 145ff; E. M. de SAVENTHEM, Rehabilitierung (s. Anm. 139) 3975 - 3988.

171 Vgl. A. DALMA, Der Papst (s. Anm. 166).

In dieser Interpretation des sich selbst als Protestanten bezeichnenden Journalisten A. DALMA könnten Traditionalisten ihren Vorwurf der 'Protestantisierung' der Kirche in völlig unerwarteter Weise belegt und bestätigt sehen.[172]

Über die Interpretation der Absicht des Indultes als einer Geste gegenüber traditionalistischen Gläubigen und Gruppen hinaus sind in den Medien noch weitere Deutungen erwogen worden. Sahen die einen in diesem Entgegenkommen des Papstes den Beginn einer größeren liturgischen Eigenverantwortlichkeit der Bischöfe und wohl auch der Gläubigen, die ihren Wunsch nach einer bestimmten Meßliturgie äußern könnten, abweichend von der einheitlich geltenden Liturgie, vermuteten andere hinter dem Indult das Bestreben einer Rückkehr zur strengen Uniformität. Letzteres war der Fall aufgrund der Bedingungen, die eine Ausnahme von der einheitlich-verbindlichen Liturgie kaum ermöglichen.[173] Auf die kaum beachtete Gruppe von Gläubigen, die in bestimmten Ländern - wegen der ideologischen Ausprägung isoliert und von kirchlichen Entwicklungen abgeschirmt - lebt (z. B. in China), verweist ein anderer Interpretationsversuch. Die Verfasserin meint, daß das Indult diesen Gläubigen das Leben mit der Kirche erleichtere; es ermögliche ihnen, langsam in die nachkonziliare Liturgiefeier der Kirche hineinzuwachsen und in ihr beheimatet zu werden.[174]

172 Vgl. Die tridentinische Messe, in: Beda-Kreis Nr. 244, Okt. 1984, 28.563 - 28.574, hier: 28.565; der Vorwurf der Protestantisierung gehört zum traditionalistischen Repertoir; neben Freimaurern und Juden sind die Protestanten das dritte, aufgrund seiner häufigen Nennung aber vorrangige "Feindbild". Die Identifizierung 'nachkonziliare Kirche - Protestantismus' erklärt sich auch von der Selbstbestimmung der Traditionalisten als einzige Hüter des Trienter Konzils her sowie aus ihrem Anspruch, eine gegenreformatorische Kraft zu sein.

173 Vgl. H. B., Ein konservatives Zugeständnis (s. Anm. 168); B. SCHOLZ, Rückkehr zur Latein-Messe mehr als Nostalgie, in: Frankfurter Allgemeine Zeitung Nr. 236, vom 18.10.84.

174 Vgl. R. KREUZBERG, Kommentar: Tridentinisch? (s. Anm. 168).

Die Antwort auf die Frage nach der Intention des Schreibens vom 3. Oktober 1984 ist teilweise auf Vermutungen angewiesen. Es steht aber inzwischen fest, daß das Problem der Meßfeier nach "Tridentinischem Ritus" eine größere Dimension besitzt, als die Umfrage unter den Bischöfen von 1980 ergeben hat. Die bei der Durchführung der Liturgiereform sichtbar gewordenen und pastoral nicht selten unklugen Praktiken sind, wenn auch indirekt, hier mit angesprochen. Sie müssen revidiert und aufgearbeitet werden. Dies hat Kardinal RATZINGER schon 1977 erklärt. In pastoraler Sorge um alle Gläubigen muß die Kontinuität liturgischer Entwicklung in der Kirche deutlicher erkennbar bleiben.[175] Nur so wird die Annahme der erneuerten Liturgie zu steigern sein. Daß eine unbekannte Anzahl von Gläubigen ihr mit Befremden oder zumindest distanziert gegenübersteht, dürfte nicht zuletzt in diesen Mängeln bei der praktischen Durchführung der Reform begründet sein. Zu diesen Mängeln gehört u. a. zum Beispiel die Vernachlässigung des Gebrauchs der lateinischen Sprache in der Feier der heiligen Messe.

Um sich ein klareres Bild von der Situation zu verschaffen, hat die Gottesdienstkongregation die im Indult erwähnte Umfrage von 1980 veranstaltet. Wie der Wortlaut des Schreibens vom 3. Oktober 1984 zeigt, ist diese Umfrage unter den Bischöfen - mit den Ergebnissen, die sie gebracht hat - für das Entstehen des Dokumentes, mit dem wir uns hier befassen, bedeutsam gewesen. Wie ging diese Umfrage vonstatten? Was ist im einzelnen erfragt worden?

B DIE IM TEXT DES INDULTES GENANNTE UMFRAGE UNTER DEN BISCHÖFEN (1980)

In einer Audienz für Kardinal KNOX, den Präfekten der Kongregation für den Gottesdienst, am 19. Juni 1980 hat Papst JOHANNES PAUL II. ein Schreiben approbiert, das sich an alle Bischöfe wendet. Es enthält einige Fragen über den Gebrauch der lateinischen Sprache bei der Feier der Messe und Fragen zur sogenannten Tridentinischen Messe. Dieses Schriftstück ist den 2 317 Oberhirten des lateinischen Ritus zugesandt worden. Mit diesem Schreiben wollte sich der Heilige Stuhl einen Überblick verschaffen über Zahl und Bedeutung traditionalistischer Gruppierungen in den einzelnen Diözesen. Rom wollte Erkundigungen einholen über deren Kritik hinsichtlich der Vernachlässigung der lateinischen Liturgiesprache und über den Wunsch nach Meßfeiern im vorkonziliaren Ritus. Als letzter Antworttermin wurde der 31. Oktober 1980 gesetzt. Am 30. November 1980 waren 1 750 Antworten in Rom eingetroffen. 75,52 % der befragten Oberhirten hatten auf die Anfrage reagiert. Sie nahmen zu folgenden Fragen des vatikanischen Schreibens Stellung:

"1. a) Werden in der Diözese, deren Oberhirte Sie sind, heilige Messen in lateinischer Sprache gefeiert?

b) Besteht eine 'Nachfrage' nach dem Gebrauch der lateinischen Sprache bei der heiligen Messe? Wächst sie? Nimmt sie ab?

2. Gibt es in Ihrer Diözese Personen oder bestimmte Gruppen, die dringend nach der heiligen Messe in lateinischer Sprache und gemäß dem alten Ritus ('Tridentinische Messe') verlangen? Wie groß und von welcher Bedeutung sind diese Gruppen? Welche Motive haben zu ihrer Einstellung und zu den vorgenannten Postulaten geführt?"[176]

Die Antworten der Bischöfe lassen - aufs Ganze gesehen - eine hohe Wertschätzung der im Sinne der Liturgiekonstitution erneuerten Liturgie erkennen. Indem sie auf die positiven Früchte der liturgi-

175 Vgl. J. RATZINGER, Fest (s. Anm. 42) 75 - 78; U. RUH, Fragwürdig (s. Anm. 163) 496.

176 Notitiae 17 (1981) 590; Übersetzung des gesamten Berichtes incl. Anmerkungen ohne statistische Tabellen in: Schweizerische Kirchenzeitung 150 (1982) 152 - 154.

schen Erneuerung bei den Gläubigen verweisen, wollen fast alle Bischöfe dem Eindruck wehren, daß vorhandene Mißbräuche - in progressiver oder traditionalistischer Richtung - eine bedenkliche Folge der Liturgiereform seien. Die Bischöfe bekunden die Zufriedenheit der großen Mehrheit der Gläubigen mit der erneuerten Liturgie.

Die Antwortschreiben zeigen indessen auch, daß die Meßfeier in lateinischer Sprache mittlerweile zu einer Randerscheinung geworden ist. Wenn sie noch bei einzelnen Gruppen favorisiert wird, dann geschieht das aus kulturellen Motiven oder aus Anhänglichkeit an den früheren Brauch. Da das Latein in der Regel nicht unmittelbar verstanden wird, mißt man ihm einen sogenannten "religiösen" oder "sakralen" Stellenwert zu. Das steht im Gegensatz zu den Grundsätzen der Liturgiekonstitution. Allgemein beobachteten die Bischöfe, daß die Bemühungen um die stärkere oder ausschließliche Verwendung der lateinischen Sprache in der Liturgie seitens bestimmter Gruppen kaum oder keinen Erfolg haben. Insgesamt 83,82 % der Antworten erklären, daß keine "Nachfrage" nach dem Gebrauch der lateinischen Sprache in der Liturgie bestehe, während nur in 16 % der Briefe auf eine solche Nachfrage hingewiesen wird.

Das Problem der "Tridentinischen Messe" ist nach den Antworten der Bischöfe das Problem einer ganz kleinen Minderheit, die aber sehr aktiv sei und sich lautstark bemerkbar mache. Sie ist vor allem in Europa, Amerika und Ozeanien - aber auch dort nicht in allen Diözesen - anzutreffen. In ihren Antwortschreiben warnen mehrere Bischöfe Englands vor einer Wiederzulassung der "Tridentinischen Messe". Ihrer Erklärung kommt ein besonderes Gewicht zu, weil sie bereits Erfahrungen mit einem Indult der bedingten Erlaubnis der vorkonziliaren Meßfeier (mit den Änderungen von 1965 und 1967) für England und Wales hatten machen können.[177] Jene Gruppen, die die "Tridentinische Messe" wünschten und feierten, so berichteten die englischen Bischöfe, erschütterten gerade dadurch die Autorität der Kirche.

177 S. Anm. 91.

Die Bischöfe der Vereinigten Staaten stellten ein Anwachsen traditionalistischer Gruppen fest, die autonome "Kirchen" gegründet haben, aber immer nur eine Minderheit mit fast nie mehr als 1 000 Mitgliedern ausmachen. Zum Teil ständen diese Gruppen Erzbischof LEFEBVRE nahe. Sie lehnten die Beschlüsse des II. Vatikanischen Konzils ab. Einige würden die Päpste nach Papst PIUS XII. nicht als legitime Inhaber des Stuhles Petri anerkennen. Sie begründen ihre Einstellung mit der Behauptung, die Nachfolger Papst PIUS' XII. hätten sich über die Bulle "Quo primum", mit der Papst PIUS V. im Jahre 1570 das MISSALE ROMANUM promulgiert hat, ungerechtfertigt hinweggesetzt. Die Bischöfe der USA charakterisieren die Traditionalisten als Menschen, die auf politischer, sozialer und religiöser Ebene der Nostalgie der Vergangenheit anhängen. Für sie sei ein sehr mangelhaftes religiöses und theologisches Bildungsniveau kennzeichnend.

Nach einigen Antworten der befragten Bischöfe begründen unkontrollierte Mißbräuche und unerlaubte Versuche in der Liturgie den Wunsch nach den vorkonziliaren liturgischen Formen der Meßfeier. Die eingegangenen Antworten zur Problematik der "Tridentinischen Messe" und zu den Gruppen, die sie wünschen, können, wie die Gottesdienstkongregation in den "Notitiae", ihrem Organ, berichtet hat, wie folgt aufgeschlüsselt werden:

"a) Die übergroße Mehrheit der Bischöfe hat keine derartigen Probleme in der eigenen Diözese. Sie schlagen keine neuen Lösungen vor, weil sie eben kein Bedürfnis danach spüren.

b) Zwölf Bischöfe haben zwar keine derartigen Probleme in der eigenen Diözese, meinen aber, die allfällige Erlaubnis des alten Ritus könne Frieden unter die unzufriedenen Gruppen bringen.

c) Vier Bischöfe, die Probleme mit solchen Gruppen in ihren Diözesen haben, sind für eine Gewährung des tridentinischen Ritus, um die in ihrer Diözese entstandene Situation zu bereinigen.

d) Sechs Bischöfe aus Großbritannien sind für die Weiterführung des Indultes von 1971.

e) Dagegen erklärt sich eine beträchtliche Zahl von Bischöfen trotz Problemen in ihrer Diözese offen gegen eine allfällige Gewährung des alten Ritus. Sie glauben nicht, daß daraus Frieden entstände, sondern eher eine schwere Trennung und Spaltung in der Kirche und zudem ein echter Autoritätsverlust für die kirchliche Hierarchie.

f) Ein Bischof hat den Priestern seiner Diözese die Feier der Messe in Latein und nach dem Tridentinischen Missale auferlegt."[178]

Die unter c), d) und f) genannten insgesamt elf Bischöfe (d. h. 0,62 % der eingetroffenen Antworten) erweisen sich als Befürworter eines Indultes. Weitere zwölf Bischöfe, worauf b) verweist, treten ein für eine Erlaubnis bei diesbezüglich anstehenden Problemen (0,68 % der eingetroffenen Antworten). Alle anderen Bischöfe meinen, daß eine Neuregelung - etwa durch ein Indult - nicht notwendig sei. Sie lehnen teilweise einen solchen Schritt direkt ab, weil dadurch die Probleme erst entstünden.

Wörtlich schließt der Bericht der Kongregation für den Gottesdienst über die Umfrage so: "Nach den Aussagen der Bischöfe läßt die Mentalität dieser Gruppen ... vermuten, daß eine allfällige Gewährung der Tridentinischen Messe innerhalb verschiedener kirchlicher Gruppen Anlaß zu einer Haltung von Verachtung gegenüber den Vorschriften des Zweiten Vatikanischen Konzils und des Heiligen Vaters geben würde, und dies wäre eine schwere Verletzung der Gemeinschaft und der Einheit der Kirche."[179]

178 Schweizerische Kirchenzeitung (s. Anm. 176) 154.

179 Ebd. 154.

Auf die mit Schreiben vom 19. Juni 1980 unternommene Umfrage der Gottesdienstkongregation haben alle deutschen Bischöfe geantwortet. Nach Auskunft von zwölf Bischöfen besteht nur seitens einzelner Personen, nach der Mitteilung von sieben Bischöfen nur bei kleinen Gruppen der Wunsch nach der "Tridentinischen Messe". In drei Bistümern existiert dieses Problem überhaupt nicht.[180]

Die Antworten der deutschen Bischöfe findet man in der Erklärung der Deutschen Bischofskonferenz vom 23. September 1983 "Zwanzig Jahre Liturgiekonstitution"[181] bestätigt. In dieser Erklärung sprechen die Bischöfe von der positiven Rezeption der Liturgiereform und von den zahlreichen bereits gewachsenen Früchten, die ihr zu verdanken seien. Die Bischöfe bedauern zwar den Rückgang des Gebrauchs der lateinischen Sprache im Gottesdienst, sie nennen aber weder die lateinische Messe nach dem alten Ritus noch die Übergangsbestimmung aus ihrer Erklärung zur Einführung des adaptierten Meßbuches für die Bistümer im deutschen Sprachgebiet vom 24. September 1975. Darin wird gesagt: "Der Bischof kann alten und kranken Priestern auch noch nach dem ersten Fastensonntag 1976 gestatten, bei einer Meßfeier ohne Gemeinde das alte Meßbuch weiterzubenutzen."[182]

Der erneuerte Ritus scheint von Gläubigen und Priestern so allgemein angenommen worden zu sein, daß die deutschen Bischöfe für ihre Bistümer keinen Grund sehen, der nach Sonderregelungen verlangte. Bezeichnend für diese Einschätzung ist ein Interview von Dr. Hermann-Josef SPITAL, des Bischofs von Trier, mit der "Katholischen

180 Vgl. O. NUSSBAUM, Die bedingte Wiederzulassung einer Meßfeier nach dem Missale Romanum von 1962, in: Pastoralblatt für die Diözesen Aachen, Berlin, Essen, Hildesheim, Köln, Osnabrück 37 (1985) 133; R. KASCHEWSKY, Zu einem "liturgiewissenschaftlichen" Pamphlet gegen das Indult, in: UVKorr 15 (1985) 245 - 250, hier: 246.

181 Abgedruckt in: Notitiae 20 (1984) 516 - 519.

182 Erklärung der deutschen Bischöfe (s. Anm. 94) 376.

Nachrichten-Agentur". Dieses Interview kam anläßlich des Indultes vom 3. Oktober 1984 zustande. Bischof Dr. SPITAL erklärte: "Die Zahl derer, die eine Feier der heiligen Messe nach dem 'Tridentinischen Missale' wünscht, dürfte sehr gering sein. Das kann man schon deswegen sagen, weil der Kreis derer, die die textlichen Unterschiede - zumal in lateinischer Sprache - wahrnehmen können, sehr beschränkt ist."[183]

Für das Europäische Treffen der Liturgiekommissions-Sekretäre vom 28. Mai bis 2. Juni 1984 in Dublin ist eine Umfrage zum Thema "Sonntag und Sonntagsgottesdienst" durchgeführt worden. Eine Frage lautete: "Welche Rolle spielen traditionalistische Bestrebungen?" Von den 26 befragten Gremien nannten in ihren Antworten nur 13, daß traditionalistische Aktivitäten in ihren Ländern eine mehr oder weniger starke Rolle spielten. In diesen 13 Antworten findet man Erklärungen aus England und der Schweiz, die ein Abnehmen traditionalistischer Bestrebungen feststellen.[184]

Dieses Ergebnis bestätigt sich in den Aussagen der Vorsitzenden und Sekretäre der nationalen Liturgiekommissionen auf ihrem Kongreß (23. bis 28. Oktober 1984) in Rom zum 20. Jahrestag der Verabschiedung der Konzilskonstitution SACROSANCTUM CONCILIUM des Zweiten Vatikanischen Konzils. Die positiven Aspekte der Entwicklung des gottesdienstlichen Lebens seit der Reform stehen eindeutig im Vordergrund. Bei einem Festakt zum Abschluß dieses Kongresses hat auch Papst JOHANNES PAUL II. eine im wesentlichen positive Bilanz über 20 Jahre Liturgiereform gezogen. "Der Wille des Konzils, die Liturgie dem Verständnis der Gegenwart näherzubringen, um dadurch das christliche Leben zu stärken", so heißt es in einem Bericht, der den Papst zitiert, "sei von der ganzen Kirche des lateinischen Ritus im allgemeinen aufgenommen worden."[185] Die Antworten auf ei-

183 In: KNA-Interview, Nr. 37, vom 23.10.1984, 2; vgl. hierzu Abschnitt II. 2. dieser Untersuchung.

184 Vgl. O. NUSSBAUM, Wiederzulassung (s. Anm. 180) 132.

nen Fragebogen zur liturgischen Situation in den einzelnen Bereichen der Bischofskonferenzen, mit dem die Gottesdienstkongregation diesen Kongreß vorbereitet hatte, fundamentieren diese Feststellung des Papstes.[186]

Dennoch geben einige Gläubige ihre "Verbundenheit" mit dem vorkonziliaren Ritus nicht auf, wie auch das Schreiben der Kongregation für den Gottesdienst vom 3. Oktober 1984 feststellt. Wo sind die Gründe für den Fortbestand des Problems der sogenannten Tridentinischen Messe zu suchen?

Daß sich gewisse Gruppen katholischer Christen in der Meßfeier seit der Erneuerung der Liturgie entheimatet fühlen, kann und soll nicht bezweifelt werden. Ihnen gehören vorwiegend Ältere und jene an, die im "Tridentinischen Ritus" mehr ein Kulturzeugnis sehen, weniger die eucharistische Feier der im Glauben versammelten Gemeinde. Ihre zahlenmäßig geringe Bedeutung darf freilich nicht das Problem der "Entwurzelung" übersehen lassen. Daß aber - wie z. B. eine bis zum 31. Januar 1980 initiierte Unterschriftensammlung in den Vereinigten Staaten zugunsten der Wiederzulassung des vorkonziliaren Ritus zu betonen versucht[187] - eine allgemeine Wiederzulassung des "Tridentinischen Ritus" eine oftmals beklagte Krise des Glaubens beheben würde, ist wohl kaum zu erwarten.

Die Gründe für eine Glaubenskrise liegen wohl primär auf anderen Ebenen, weniger und gewiß nicht in erster Linie auf der liturgischen. Eher ist das Gegenteil zu vermuten: Die Erneuerung der Liturgie dient dem Glauben. Sie bereichert nicht nur das Leben der

185 Nach: Kathpress (Beilage) Nr. 213, vom 6.11.1984, 8; vgl. den Abschnitt III. 3. dieser Untersuchung.

186 Vgl. U. RUH, Zwischenbilanz zur Liturgiereform, in: HerKorr 38 (1984) 548 - 550. Der Fragebogen der Gottesdienstkongregation zur Vorbereitung des Kongresses vom 23. bis zum 28. Okt. 1984 und die zusammenfassende Antwort des deutschen Sprachgebietes ist abgedruckt in: Gd 18 (1984) 177f.

Gläubigen, sie befähigt sie in hohem Maße, aus der Liturgie zu leben, nicht zuletzt dank der Muttersprache. Natürlich gilt das vor allem für jene liturgischen Feiern, die in Treue und Verantwortung an der liturgischen Ordnung gemäß den Beschlüssen und dem Geist des Konzils ausgerichtet sind. Übertriebene Kreativität, Willkür und Ungeduld, wie sie der französische Bischof Francois FAVREAU auf dem schon erwähnten Kongreß der Vorsitzenden und Sekretäre der nationalen Liturgiekommission 1984 beklagt hat,[188] dürften dazu beigetragen haben, daß bei manchen Gläubigen der Wunsch nach einer Rückkehr zum vorkonziliaren Ritus geweckt und bekräftigt worden ist. Mögen diese Gläubigen zunächst noch nicht bereit sein, sich organisierten traditionalistischen Kreisen anzuschließen, so könnte eine Fortdauer willkürlicher, subjektivistischer Umgestaltungen und Pervertierungen der liturgischen Feiern doch auf Dauer eine unliebsame Entwicklung bewirken.

Von "progressiven Kreisen" wird das Problem des "Tridentinischen Ritus" ungewollt wachgehalten. Das machen sich traditionalistische Organisationen und "Kirchen", die "Konservative" umwerben, zunutze, die aus einem statischen Traditionsverständnis oder aus emotionalen Gründen der vorkonziliaren Meßfeier anhängen. Deutlich wird das zum Beispiel in einem Interview der amerikanischen Zeitschrift "The Wanderer" mit Kardinal ODDI aus dem Jahre 1983. Der Kardinal äußert sich darin so: "Die tridentinische Messe wird offiziell gestattet werden, wenn die Leute es nachdrücklich wünschen. Mit der Erlaubnis des Papstes und der Bischöfe kann dann die tridentinische Messe in besonderen Fällen gefeiert werden, wenn die Gläubigen es wünschen. Die Gläubigen in England z. B. ziehen die Messe PIUS' V. vor bei Trauungen, Bestattungen, bei feierlichen Gelegenheiten."[189] Der Kardinal bezieht sich hier darauf, daß der Apostolische Stuhl für die Bistümer in England und Wales mit einem Indult vom 15. Novem-

187 Vgl. Unterschriftenaktion für die alte römische Messe, in: StdGl 7 (1980) H. 3, 3.

188 Vgl. U. RUH, Zwischenbilanz (s. Anm. 186) 550.

ber 1971 - unter Beachtung bestimmter Bedingungen - diese Möglichkeit eröffnet hat.[190]

Der heute in allen politischen, gesellschaftlichen, kulturellen und religiösen Bereichen erlebbare Pluralismus dürfte ein weiterer Grund dafür sein, daß manche Christen sich nach dem Unwandel- und Unveränderbaren sehnen, das für sie in der Meßfeier nach dem Tridentinischen Missale sichtbare Gestalt besaß und besitzt. Die "Tridentinische Messe" verleiht ihnen offenbar die Sicherheit des Ewig-Gültigen, des Tabuisierten und Unanfechtbaren.

Zudem besteht für viele die Schwierigkeit, die in der Kindheit erworbenen und eingeübten Formen ihrer Frömmigkeit in den Vollzug der erneuerten Liturgie einzubringen. Deshalb können sich die Traditionalistengruppen auch der "Gefolgschaft der stillen Frommen im Lande"[191] erfreuen. Diese leiden oft unter einer allzu "lauten" und sehr verbalisierten Liturgie, so daß als Argument ins Feld geführt wird, die erneuerte Liturgie lasse keinen Raum zum privaten Gebet, zur stillen Anbetung. Daß aber zwischen der offiziellen erneuerten Liturgie nach der konziliaren Liturgiereform und der jeweiligen, oft der Erneuerung nicht entsprechenden Gestaltung der liturgischen Feier "vor Ort" zu unterscheiden ist, bleibt unbeachtet.

Diese Beobachtungen reichen aus für die Feststellung, daß das Problem des sogenannten Tridentinischen Ritus auch trotz der Ergebnisse der vatikanischen Umfrage von 1980, auf die sich das Indult vom 3. Oktober 1984 bezieht, fortbesteht.

189 Deutsche Übersetzung in: Der Fels 14 (1983) 261ff; ebenso in: StdGl 10 (1983) 3.

190 Der Text wurde nicht veröffentlicht: s. Anm. 91.

191 E. WEINZIERL, Gegenreformation gegen Rom, in: WuW 26 (1971) 175; vgl. hierzu auch: Erzbischof Marcel LEFEBVRE, Offener Brief an die ratlosen Katholiken (Hrsg. von der Priesterbruderschaft St. Pius X.), Wien 1986, besonders S. 1 - 8 (I. Kapitel: Warum sind die Katholiken ratlos?) und S. 23 - 29 (III. Kapitel: Messe oder Kirmes?)

C DIE BEMÜHUNG UM TRADITIONALISTISCHE GLÄUBIGE

Das in der deutschen Übersetzung des Indultes nicht genannte "ipse"[192], die dreimalige Erwähnung des Bemühens Papst JOHANNES' PAULS II. und seiner Absichten im Schreiben der Gottesdienstkongregation lassen auf eine persönliche Initiative des Papstes schließen. Ausdrücklich werden das Entgegenkommen des Heiligen Vaters und seine Sorge um alle seine Söhne genannt. Hinter diesen knappen und zu Vermutungen hinsichtlich der Entstehung und der Durchsetzung des Indultes, hinsichtlich der Befürwortung und der Widerstände Anlaß gebenden Ausführungen steht offenbar die pastorale Sorge des Papstes. Als "gemeinsamer Vater" möchte er in verständnisvoller Weise all jenen entgegenkommen, die eine Notwendigkeit der Liturgiereform nicht einsehen und bestimmte Schritte dieser Reform nicht nachzuvollziehen vermögen.

Der Weg des Gunsterweises, den das Dokument vom 3. Oktober 1984 gewählt hat, kann gewiß als Verständigungsbemühung mit dem amtsenthobenen Alterzbischof Marcel LEFEBVRE und anderen traditionalistischen Gruppen verstanden werden. Dennoch möchte der Papst die dem "Tridentinischen Ritus" verbundenen Gläubigen davor bewahren, an den Rand gedrängt zu werden.[193] JOHANNES PAUL II. hat auf diesem Wege das MISSALE ROMANUM von 1962 - wenn auch nur unter bestimmten Bedingungen und in Ausnahmefällen - wieder in die heute verwendeten liturgischen Bücher eingereiht, sich aber nicht - wie ihm von Traditionalisten unterstellt wird - zu einer Gleichstellung des vorkonziliaren Meßritus mit der heutigen Meßliturgie bekannt.

192 Vgl. den Wortlaut des Indultes: " ... idem perduret, ipse Summus Pontifex, coetibus istis obsecundare desiderans ..." (s. Anm. 161).

193 Vgl. N. HÖSLINGER, Rom (s. Anm. 164) 261.

Die gestellten Bedingungen, die wir im einzelnen behandeln werden, bestätigen diese Interpretation. Gültig als einheitliche Liturgie der Kirche bleibt die Feier der heiligen Messe nach dem Meßbuch von 1970. Mit dem Indult aber wird der Versuch unternommen, traditionalistischen Gläubigen die Zustimmung zum erneuerten Ritus zu erleichtern. Mögen sich jene mit der nachkonziliaren Kirche auch noch schwer tun und ihr teilweise entfremdet sein, sie wissen nunmehr, daß sich ihre Distanz zur Kirche (in deren nachkonziliarer Entwicklung) nicht auf ihre Verbindung zum Papst auswirken muß. Hier wird jedoch eine Gratwanderung vollzogen, die Gefahr läuft, daß von traditionalistischer Seite zwischen der nachkonziliaren Kirche und dem Papst unterschieden werden kann.

Wird die Liturgiereform durch das Indult ausgehöhlt? Diese Gefahr ist angesichts des zahlenmäßig geringen Anteils traditionalistischer Gläubigen an der gesamten katholischen Christenheit relativ klein. Betrachtet man diese Zahlenrelation, so läßt sich feststellen, daß der Papst mit dem Indult - liturgierechtlich gesehen - einen Stein des Anstoßes aus der Welt geschafft hat, der für die Allgemeinheit längst kein solcher mehr war. Sich als "gemeinsamer Vater aller" verstehend, hat JOHANNES PAUL II. auch jene Minderheit nicht aus seiner Sorge entlassen wollen. Deshalb findet man in dem Dokument der Gottesdienstkongregation auch kein einziges Wort des Tadels.

Da der Papst die nachkonziliare Entwicklung nicht zu hemmen beabsichtigt, ist das Indult weder als restaurativer Rückschritt zu werten, noch als Zweifel an der Rechtgläubigkeit oder an der mangelnden Wirkkraft der erneuerten Liturgie zu deuten.[194] Dem Indult liegt in erster Linie die pastorale Sorge des Heiligen Vaters zugrunde. Er möchte als oberster Hirte jene Gläubigen, die sich in

194 Vgl. A. SCHÖNBERGER, Zurück zur Sakralität!, in: UVKorr 15 (1985) 271 - 277, hier: 277; E. M. de SAVENTHEM, Die Rückkehr der Alten Messe, in: UVKorr 14 (1984) 325 - 339, hier: 337f.

ihrer Kritik an der Kirche auf die Liturgiereform beschränken, zufriedenstellen und sie zurückgewinnen. Er reicht ihnen um der Einheit der Kirche willen seine Hand.[195]

D DIE RITENFRAGE

Wie in den vorhergehenden Abschnitten schon dargelegt worden ist, kommt Papst JOHANNES PAUL II. mit der Möglichkeit des Indults in einem "Akt der Barmherzigkeit"[196] jenen Gläubigen entgegen, die aus unterschiedlichen Gründen, vorwiegend wohl aus einer Unzufriedenheit mit der erneuerten Liturgie, noch der Meßfeier anhangen, wie sie vor dem Konzil vollzogen worden ist. Indem das Indult die Feier der römischen Meßliturgie nach dem früheren Ritus, wenn auch nur bedingt, ermöglichte, schafft es einem gewissen - wenn auch eingeschränkten - liturgischen Pluralismus Raum - in der Hoffnung, daß dieser "zur Förderung der Religiösität mancher Gläubiger und zur Respektierung der Frömmigkeit bestimmter katholischer Kreise beitragen könnte".[197] Das römische Dekret berücksichtigt somit Vorbehalte gegenüber der erneuerten Liturgie, so "die Verbürgerlichung der Meßliturgie und die Nivellierung sakraler Handlungen."[198]

195 Vgl. O. NUSSBAUM, Wiederzulassung (s. Anm. 180) 134; W. SEIBEL, Die "tridentinische Messe", in: StdZ 202 (1984) 794; T. W., Päpstliche Konzessionen an die Traditionalisten, in: Neue Zürcher Zeitung 205 (1984) Nr. 242, vom 18.10.84, 3; B. HÜLSEBUSCH, Papst-Latein, in: Stuttgarter Zeitung vom 17.10.84; H. SCHLITTER, Aus Rom ein "Zeichen des Vaters für alle seine Kinder", in: Frankfurter Rundschau Nr. 243, vom 17.10.84, 1; H. J. FISCHER, Für die katholische Messe ist der alte Ritus wieder erlaubt, in: Frankfurter Allgemeine Zeitung vom 17.10.84.

196 Vgl. R.G.R., Erzbischof MAYER würdigt Hirtensorge des Papstes. Wiederzulassung des alten Meßritus keine Ablehnung des Konzils, in: KNA-Korrespondentenbericht Nr. 403, vom 24.10.84.

197 J. RATZINGER, Zur Lage (s. Anm. 42) 129.

Hinter dem Wunsch nach einer Meßfeier im vorkonziliaren Ritus[199] steht jedoch nicht einzig und allein das Verlangen nach einem liebgewonnenen Ritus. Für manche mag eine "liturgische Nostalgie" zwar zutreffen, nicht aber für jene, die lautstark - unter Aufwendung aller Mittel - die "Tridentinische Messe" neben der erneuerten Meßliturgie fordern oder letztere heftig bekämpfen. Die liturgische Frage dürfte in erster Linie ein "Vehikel" der organisierten traditionalistischen Gruppen sein. Hinter ihr steht die Ablehnung des gesamten Zweiten Vatikanischen Konzils, das sie der Häresie bezichtigen, die nach ihrer Meinung dann auch in der nachkonziliaren Liturgie ihren Ausdruck findet. Kein Wunder, daß z. B. der Beda-Kreis bei dieser Wertung formuliert hat: "Ziel muß es sein, den Raum der katholischen Kirche von den progressistischen Ungeistern zu befreien und den Spuk der sogenannten konziliaren Reformen zu beseitigen. Es geht um das Ganze des Glaubens und der Kirche."[200]

Noch deutlicher spricht sich die Liga der katholischen Traditionalisten aus: "Obwohl wir für die katholische Messe u. a. auch die Kultsprache fordern, geht es uns weniger um Latein, gute sakrale Kirchenmusik, Gregorianik, als vielmehr um die unverfälschte wahre Lehre vom hl. Meßopfer, die es zu verteidigen gilt. Wir von der Liga vertreten genau diese ... verpönte Position, in dem wir die Revolution des 2. Vatikanischen Konzils als haeretisch, schismatisch und skandalös bezeichnen und zwar speziell in seinem Ökumenismusdekret, dem Dekret über die Religionsfreiheit, seiner neuen

198 N. LOBKOWICZ, Was brachte uns das Konzil?, Würzburg-München 1986, 56.

199 Dieser vorkonziliare Ritus nach dem im Indult vorgeschriebenen Meßbuch von 1962 entspricht nicht vollends dem Ritus von 1570, denn trotz des vermeintlichen Verbots jeglicher Änderung in der Bulle "Quo primum", auf das sich die Traditionalisten stützen, erfuhr das Missale schon ab 1604 unter CLEMENS VIII. Änderungen; vgl. E. J. LENGELING, Tradition und Fortschritt (s. Anm. 15) 210; s. Anm. 261 - 267 in dieser Arbeit.

200 Vgl. Die tridentinische Messe, in: Beda-Kreis Nr. 244, Okt. 1984, 28.563 - 28.574, hier: 28.574.

Heilslehre und Ecclesiologie, und unter anderem auch in seiner Liturgiereform."[201]

Die Akzente werden hier klar gesetzt. Die Liturgiereform steht nicht im Vordergrund. In der Forderung nach einer vorkonziliaren Liturgie - die aber schon nicht mehr nach dem Meßbuch von 1962 gefeiert werden könne, da in ihm bereits der Bruch mit der Tradition vollzogen worden sei (weshalb die "reine" und "einzig wahre" Messe im Ritus von 1570 ohne jegliche spätere Änderungen angestrebt wird[202]) - brandmarkt der Verfasser die Kirche als "neue Kirche" oder "Konzilskirche". Programm sei die Rückkehr zur wahren Kirche, die bis zu Papst PIUS XII. hin bestanden habe. Die Widersinnigkeit des in dieser Äußerung wirksamen Traditionsbegriffes und einer zeitlichen Fixierung sowie der Absolutheitsanspruch, mit dem über "rein und unrein" geurteilt wird, sind offenkundig.[203]

Wie weit der befürchtete Bruch schon vollzogen ist, kann man in etwa aus dem "Mitteilungsblatt der Priesterbruderschaft St. Pius X. für den deutschen Sprachraum" ersehen. Darin wird als "Urlaubsempfehlung" folgendes mitgeteilt: Es ist "für jeden, der die nötige

201 E. GERSTNER, Erklärung der Liga kath. Traditionalisten e. V. (aus Anlaß des röm. Dekretes, das Meßbuch von 1962 betreffend), in: KyrEl 13 (1984) Juli - Sept. 1984, 44.

202 Vgl. H. SÜESS, Neuer Vatikanischer Entscheid (Angriff) auf überliefertes Hl. Meßopfer, in: MystF 10 (1984) Nr. 10, 8; D. WENDLAND, Ein unheimlicher Betrug, in: Beda-Kreis Nr. 254/255, Juli 1985, 28.591 - 28.592.

203 Vgl. "Unerhörte Unterstellung", in: SAKA 10 (1985) Nr. 4, 11; D. WENDLAND, Offener Brief, in: Einsicht 15 (1985) 74; (Red.) Zur römischen "Erlaubnis der Tridentinischen Messe", in: SAKA 10 (1985) Nr. 1, 11 - 12; W. SIEBEL, Im Taumel der Ökumene, in: SAKA 10 (1985) Nr. 2, 6 - 10; DERS., Priester in dieser Zeit, in: SAKA 10 (1985) Nr. 6, 1 - 6, 14; R. ROUCHETTE, Der letzte Betrug Roms. Über die Erlaubnis, die Messe des hl. Pius V. wieder lesen zu dürfen, in: Einsicht 15 (1985) 16 - 18.

Erkenntnis hat, nicht nur keine Pflicht, an der nachkonziliaren Eucharistiefeier am Sonntag teilzunehmen, sondern es ist gegen den Willen Gottes, wenn Du an diesen Veranstaltungen bewußt teilnimmst und sie so unterstützt, die oft mehr eine Gottesverunehrung als eine Gottesverehrung sind. Wenn im Umkreis von etwa einer Stunde Anreiseweg aber keine Gelegenheit zur tridentinischen hl. Messe am Sonntag besteht, dann heilige den Sonntag zuhause durch Gebet und geistliche Lesung und besuche wenigstens einmal im Monat die überlieferte hl. Messe."[204]

Diese hier nur als Beispiel aufgeführten Argumentationsreihen traditionalistischer Gruppen werfen die Frage auf, ob das Indult in seiner Engführung auf die Ritenfrage für diese Gruppen überhaupt ein Akt der Aussöhnung und ein Schritt zur Einheit der Kirche hin sein kann. Diese Frage wird durch die Beurteilung verstärkt, die das Indult durch eine andere traditionalistische Gruppe, durch den Beda-Kreis, erfahren hat: "Der einzige bedeutsame Punkt scheint uns augenblicks darin zu liegen, daß hier ein konziliares Tabu durchbrochen ist, wenigstens teilweise. Wenn man bedenkt, welche Widerstände dieses Dokument vor seiner Veröffentlichung überwinden mußte, wie man hörte, so stellt es allein deswegen ein unverhofftes Ereignis dar."[205]

Das Indult wird hier zwar abgelehnt, weil es den Forderungen bestimmter "Traditionalisten", die auf eine völlige Aufhebung des konziliaren Reformwerks hinauslaufen, keineswegs entspricht; man hofft aber, daß sich mit ihm vielleicht eine Möglichkeit ergebe, weiterhin und mit eventuellem Erfolg das genannte Ziel zu verfolgen. Der "kleine Schritt des Anfangs", so wird interpretiert, lasse

204 P. NATTERER, Leitartikel vom 12. April 1985, in: Mttbl. Pius X. Nr. 78, Juni 1985, 2 - 7, hier: 4.

205 Die tridentinische Messe, in: Beda-Kreis Nr. 244, Okt. 1984, 28.563 - 28.574, hier: 28.574.

erkennen, daß mit dem Indult nicht die gewünschte Einheit des Volkes Gottes, auch nicht das Aufgeben von Widerständen hinsichtlich der erneuerten Liturgie erreicht werde. Seitens der genannten Gruppen wird antikonziliaren Bestrebungen das Wort geredet, indem das "Hoffnungszeichen", das sie in unserem Dokument erblicken, nicht auf die Liturgie, sondern auf eine Zersetzung der Beschlüsse des Zweiten Vatikanischen Konzils bezogen wird, für die sie sich einsetzen.[206]

Die vom Beda-Kreis formulierte und für viele Traditionalisten gültige Mahnung: "Man darf die liturgischen Fragen eben nicht einzeln, nicht isoliert sehen",[207] gilt auch im Hinblick auf ihre Wertung des Indultes.

Eine Engführung auf die Ritenfrage wird dem Problem nicht gerecht, sie verharmlost es eventuell sogar. Nach Ansicht der Traditionalisten - so ihre Reaktion - wird mit dem Indult nur eine halbherzige Konzession gemacht, die erweitert werden müsse. Zum anderen stellt das Indult die Ordnung der erneuerten Liturgie in unnötiger Weise (da sie ja doch den Traditionalisten nicht genügen kann und wird) in Frage, weil jetzt manche verunsichert werden, die sich mit der erneuerten Liturgie vertraut gemacht haben und aus ihr leben.

3. DIE BEDINGUNGEN DES INDULTES

Das Indult will den Bischöfen ermöglichen, "jenen Gläubigen wieder eine Heimat in der Kirche zu geben, die von Jugend auf an dieser Form der Meßfeier" (am vorkonziliaren Ritus) "hängen und dem Papst treu bleiben wollen."[208] Bei dieser Zielgruppe, die das Indult ins

206 S. die Angaben in Anm. 201 - 205.

207 Noch einmal - und immer wieder, in: Beda-Kreis Nr. 249, März 1985, 28.575 - 28.580, hier: 28.578.

Auge faßt, wird vorausgesetzt, daß sie die Einheit mit der Kirche und in der Kirche wahren und keine Spaltung im öffentlichen Gottesdienst der Kirche[209] betreiben will. Der Ausschluß der Möglichkeit einer weiteren Verwendung des Meßbuches von 1962 für den Gemeindegottesdienst wollte eine solche Spaltung verhindern. Wird diese Regelung jetzt durch das Dokument der Gottesdienstkongregation unterlaufen? Dem soll durch eine ganze Reihe von Bedingungen, an die eine Gewährung der "Sondererlaubnis" geknüpft ist, vorgebeugt werden.

Damit die Bischöfe ermitteln können, ob die Antragsteller - trotz ihres Wunsches einer Meßfeier im "Tridentinischen Ritus" nach dem Meßbuch von 1962 - diese Einheit der Kirche und ihrer Liturgie nicht verlassen wollen, nennt das Indult einzelne Bedingungen. Die Antragsteller haben jedoch, auch wenn sie bereit sind, alle Bedingungen anzunehmen, keinen Rechtsanspruch darauf, daß ihnen die Feier der heiligen Messe nach dem früheren Ritus gewährt wird. Die der Eigenart des Indultes angemessenen strengen Bedingungen, von denen im folgenden die Rede ist, sind nach Aussage von Kardinal MAYER, dem damaligen Pro-Präfekten und heutigen Präfekten der Kongregation für den Gottesdienst, "nicht als Diskriminierung der Anhänger des nunmehr zugelassenen Ritus gedacht". Schließlich habe dieser Ritus, so im KNA-Bericht, "jahrhundertelang und wesentlich die Frömmigkeit und die Lebensführung der Christen geprägt und im Sinne der Heiligung des Gottesvolkes große Früchte reifen lassen". Dasselbe dürfe "man heute von der durch das Konzil erneuerten Meßfeier erwarten, weil sie mit ihrer klaren Durchschaubarkeit und der aktiven Einbeziehung der mitfeiernden Gemeinde dem Selbstbewußtsein des Menschen dieser Zeit wohl besser entspricht."[210]

208 E. NAGEL, gd-Auf zwei Minuten, in: Gd 18 (1984) 173.

209 Vgl. Erklärung der deutschen Bischöfe (s. Anm. 94) 376.

210 In: KNA, Nr. 403, vom 24.10.84.

Daß trotz der Bedingungen, die im folgenden einzeln behandelt werden, das Indult von traditionalistischen Gruppen als Bestätigung ihrer "Ablehnung der erneuerten Theologie der Eucharistiefeier"[211] interpretiert wird, zeigen ihre Beurteilungen dieser Auflagen. Einhellig werden sie von traditionalistischer Seite abgelehnt. Sie seien "diskriminierend",[212] "bestimmt von einem 'Feindbild'",[213] sie stellten, so wird behauptet, eine "Erpressung" dar,[214] eine Verkehrung "des Willens des Papstes zu einer rechtlichen Anerkennung des traditionellen Meßritus".[215] Diese Urteile belegen die Tendenz, das Indult als Anerkennung des sogenannten Tridentinischen Ritus neben der erneuerten Meßliturgie zu verstehen. Die einzelnen Bedingungen seien nur vom Ringen um das Indult im Vatikan her zu erklären. Sie seien eine Konzession des Papstes an die Verfechter der reformierten Liturgie, folglich seien sie "nicht allzu ernst zu nehmen"[216]; sie seien dehnbar.[217] Wie sehen die Bedingungen im einzelnen aus?

211 F. NIKOLASCH, Eine Reform der Reform? Was die Zulassung der tridentinischen Messe bedeutet, in: Die Furche (Wien) 40 (1984) Nr. 43 v. 24.10.84, 8.

212 M. SPRIBILLE, Zum Indult des Papstes über die sogenannte Tridentinische Messe, in: Der Fels 16 (1985) 63.

213 E. M. de SAVENTHEM, Die Rückkehr (s. Anm. 194) 337.

214 U. P. LANGE, Nicht überflüssig und unnütz - oder doch? Die nachkonziliare Selbstzerstörung der innerkirchlichen Glaubwürdigkeit und des legitimen Gehorsamsanspruches angesichts der Fakten, in: UVKorr 15 (1985) 75 - 83, hier: 82.

215 P. NATTERER, Schreiben der Kongregation für den Gottesdienst zum tridentinischen Meßritus, in: Mttbl. Pius X. Nr. 72, Dez. 1984, 3 - 7, hier: 6.

216 Chronik der Bruderschaft (Oktober 1984 - Februar 1985), in: Mttbl. Pius X. Nr. 78, Juni 1985, 7 - 9, hier: 7.

217 Vgl. E. M. de SAVENTHEM, Die Rückkehr (s. Anm. 194) 325 - 339, hier: 333 - 335.

A GENAUE PERSONELLE ANGABE

Das Indult schreibt vor, daß "Priester und Gläubige", die ein Gesuch um Gestattung einer Meßfeier im vorkonziliaren Ritus an ihren Diözesanbischof - und nur an ihn - richten, darin "genau anzugeben sind". Diese namentliche Angabe betrifft den zur Zelebration bereiten Priester und die an einer solchen Meßfeier teilnehmenden Gläubigen. Damit möchte das Dokument erreichen, daß nur einer eindeutig bestimmten Personengruppe die Gunst erwiesen wird, die heilige Messe im "alten" Ritus zu feiern. Eine Mitgliedschaft bei einer traditionalistischen Vereinigung allein reicht als Angabe nicht aus. Bischof SPITAL von Trier, der Vorsitzende der Kommission für liturgische Fragen in der Deutschen Bischofskonferenz, grenzt ein, "daß auch einzelne, namentlich bezeichnete Gruppen von Gläubigen gelegentlich an einer solchen Meßfeier teilnehmen können."[218] Neben der personellen wird (durch: "gelegentlich") auch eine zeitliche Einschränkung vollzogen, so daß zwar an einem bestimmten Ort eine Versammlung zur Meßfeier entstehen kann, sich aber keine "Tridentinische" Gemeinde" neben einer Pfarrgemeinde bildet. Diese Begrenzung auf gelegentliche Anlässe ist den Bischöfen nach dem Indult möglich. Sie dürfen darüber hinaus weitere Bedingungen stellen. Pfarrgemeinden, soweit dies überhaupt denkbar wäre, können jedoch nicht um Gewährung einer Meßfeier nach vorkonziliarem Ritus ersuchen. Andernfalls wäre die Einheit des Gottesdienstes der Kirche bald gestört. Es wäre dadurch ein Rückfall in die Ritenvielfalt und -wirrnis der Zeit vor dem Trienter Konzil gegeben.[219] Von dieser Feststellung wird jene Vielfalt in der Einheit nicht berührt, die sich aus SC 37 - 40 ergibt.

218 SPITAL: Keine einschneidende Neuordnung. Der Bischof von Trier erläutert das vatikanische Schreiben zum Tridentinischen Ritus, in: Deutsche Tagespost Nr. 131, vom 26.10.84; vgl. "Sonderregelung für kleine Gruppen". Bischof SPITAL erläutert Schreiben zum "Tridentinischen Ritus", in: KNA - Das Interview, Nr. 37, vom 23.10.84.

Die Beschränkung auf besondere Gelegenheiten, die eine öffentliche Meßfeier nach dem sogenannten Tridentinischen Ritus ausschließt, und die Festlegung auf namentlich bekannte Gruppen erklären sich daraus, daß die Einführung der erneuerten Liturgie durchgeführt und fast allgemein angenommen worden ist. Der Friede und die Einheit der Pfarrgemeinden würden anderenfalls erheblich beeinträchtigt.

Ungeklärt bleibt im Indult, ob das jeweilige Gesuch von Priester und Gläubigen gemeinsam an den Bischof zu richten ist oder ob Gläubige allein - ohne Priester - sich an ihren zuständigen Bischof wenden können mit der zusätzlichen Bitte, einen Priester für die Meßfeier im vorkonziliaren Ritus zu beauftragen. Um dieser Unsicherheit und allen gegenteiligen Auslegungen vorzubeugen, rät Eric SAVENTHEM, der Präsident der UNA VOCE-Föderation, daß traditionalistische Gläubige ihre Kontakte zu Priestern, die ihnen nahestehen, intensivieren.[220]

Angesichts dieses Auslegungsfreiraumes, der Unklarheiten in sich birgt und Interpretationen zuläßt, und angesichts der geforderten genauen Angaben über Priester und Gläubige wird jene Bestimmung - im gleichen Kommentar zum Indult - als "inquisitatorisch", "denunziatorisch" und "als Würgegriff" gebrandmarkt.[221] Vor allem die

219 Gerade einer solchen Vielfalt trat das Konzil von Trient entgegen, als dessen Ergebnis PIUS V. mit dem MISSALE ROMANUM von 1570 aus zeitbedingter Notwendigkeit eine römische Einheitsliturgie für die Meßfeier schuf. Wenn traditionalistische Gruppen in Berufung auf das Trienter Konzil und PIUS V. neben der erneuerten Liturgie nach dem Meßbuch von 1970 die Wiederzulassung des vorkonziliaren Ritus fordern, stellen sie sich in Widerspruch zum Fundament ihrer Argumentation.

220 Vgl. E. M. de SAVENTHEM, Die Rückkehr (s. Anm. 194) 336 f.

221 Ebd. 330f.

Zahl der bereitwilligen Geistlichen würde durch diese Bedingung entscheidend begrenzt, müßten diese doch, wie de SAVENTHEM unterstellt, mit Repressalien seitens ihrer Vorgesetzten rechnen. Ein anderer Kommentator befürchtet, daß die Bischöfe alle Antragsteller registrieren.[222] Die Furcht vor Namens- und Zahlenangaben dürfte darin ihren Grund haben, daß eine namentliche und so auch zahlenmäßige Nennung die Dunkelziffer, mit denen traditionalistische Kreise operieren, revidiert. Außerdem werden durch die für ein Gesuch verlangten Angaben Bedeutung und Einfluß traditionalistischer Gruppen relativiert. Eine genauere Kenntnis der Situation kann natürlich für weitere Bemühungen um die Vertiefung des liturgischen Lebens nicht unerheblich sein.

B KONSENS MIT DEM MISSALE VON 1970

Die Gewährung des Indultes hängt auch davon ab, ob eindeutig und öffentlich feststeht, "daß der jeweilige Priester und die jeweiligen Gläubigen in keiner Weise die Position derjenigen teilen, die die Legitimität und Rechtgläubigkeit des MISSALE ROMANUM in Zweifel ziehen, das Papst PAUL VI. promulgiert hat."[223] Mit dieser Bedingung scheidet für die Gewährung des Gunsterweises eine große Zahl von traditionalistischen Gruppen von vornherein aus, weil bei ihnen ein Konsens mit dem Missale von 1970 nicht gegeben ist.

Deutlich wird bei dieser Auflage, daß das Indult als Zielgruppe jene Gläubigen anvisiert, die sich in ihren Wünschen allein auf den vorkonziliaren Ritus beschränken, ohne aber die Rechtgläubigkeit und Gesetzmäßigkeit der erneuerten Meßliturgie in Zweifel zu ziehen. Bei ihnen wird also eine positive Grundeinstellung zur Meß-

222 Vgl. P. NATTERER, Schreiben der Kongregation (s. Anm. 215) 6.

223 Wortlaut des Indultes (s. Anm. 161).

feier im reformierten Ritus vorausgesetzt. Und diese gilt als conditio sine qua non. In dieser Einengung auf den Ritus kann indessen die Gefahr bestehen, in einen Ritualismus vorkonziliarer Prägung zurückzufallen, "für den Gottesdienst nicht der Lebensvollzug der christlichen Gemeinde, sondern ein exaktes Persolvieren eines vorgeschriebenen Rituals durch den Klerus darstellt."[224] Dieser Gefahr wollte die Liturgiekonstitution wehren,[225] während sie durch das Indult unter Umständen neu beschworen werden kann.

Für die Gruppen um Erzbischof LEFEBVRE, die Gruppen der Liga der kath. Traditionalisten, des Beda-Kreises, der SAKA und UNA VOCE, um nur die bekanntesten zu nennen, kann, da ein Zweifel schon zur Nichtgewährung ausreicht, die Möglichkeit, die das Dokument vom 3. Oktober 1983 eröffnet, nicht wirksam werden. Was heißt das?

Eine Mitgliedschaft in diesen Vereinigungen genügt als Grund, ihnen die heilige Feier nach "Tridentinischem Ritus" zu verweigern. Denn alle diese genannten Gruppen stellen die Legitimität und Rechtgläubigkeit des erneuerten Missale nicht nur in Frage, sondern behaupten, es sei häretisch.[226] Da das Indult sich auf eine Meßfeier nach dem MISSALE ROMANUM von 1962 festlegt, scheiden die "Sedisvakantisten" ohnehin aus, da sie die Meßbuchausgabe von 1962, wegen der in sie eingefügten Änderungen unter Papst JOHANNES XXIII., ablehnen.[227]

224 F. NIKOLASCH, Eine Reform (s. Anm. 211).

225 Vgl. SC 11, 21.

226 S. hierzu Abschnitt III. 5. dieser Untersuchung.

227 Bei dieser Darstellung werden alle Änderungen außer acht gelassen, die das Meßbuch von 1570 schob ab 1604 erfahren hat. Es ist als ständig verändertes bzw. erweitertes Buch auf auf uns überkommen. Seitens der Sedivakantisten wird der Eindruck erweckt, als ob das Meßbuch PIUS' V. bis 1962 keinerlei Änderung erfahren habe .

Die Bedingung des eindeutig und öffentlich bekannten Konsenses bedeutet ganz konkret, daß die Priester und Gläubigen, die um die Erlaubnis zur Meßfeier im früheren Ritus bitten, "keine eigenständige Gemeinde bilden dürfen, die die hl. Messe ausschließlich nach dem alten Ritus feiert. Dies ist vielmehr nur gelegentliche Ausnahme bei einer sonstigen Mitfeier der Gemeindemesse einer Pfarrgemeinde nach dem neuen Meßordo und dem neuen Meßbuch."[228]

Die Anerkennung des gesamtkirchlichen Meßbuches von 1970 schließt hierzulande konsequenterweise die des 1975 eingeführten Meßbuches für die Bistümer im deutschen Sprachgebiet ein. Zum Meßbuch gehören als "Bei-Bücher" die Lektionare. Sie machen für die Feier der Meßliturgie den "Ordo Lectionum Missae" greifbar, der 1969 promulgiert worden ist und seit 1981 in einer überarbeiteten Ausgabe (Editio typica altera) vorliegt. Das Missale und seine Perikopenordnung enthalten als Strukturprinzip das erneuerte Calendarium, das sich zusammensetzt aus dem Generalkalender, dem Regionalkalender und dem jeweiligen Diözesankalender.

Wie die neuen Lektionare als Teile des Missale zu verstehen sind, so ist auch das erneuerte Calendarium unlösbar mit dem heutigen Meßbuch verbunden. Dasselbe gilt - mit Einschränkungen - auch von den Regelungen, die in SACROSANCTUM CONCILIUM und in der AEM - im Hinblick auf die erneuerte Meßliturgie - bezüglich des gottesdienstlichen Raumes, der Kirchengebäude und zumal des Altarraumes, getroffen worden sind.[229] Weil die Perikopenordnung, die Ordnung des liturgischen Jahres und die Bestimmungen über den liturgischen Raum erneuert worden sind, tut sich gegenüber jenen Gemeinschaften,

228 O. NUSSBAUM, Wiederzulassung (s. Anm. 180) 138.

229 Vgl. AEM Kap. V; die Nutzung des Zelebrationsaltares versus populum wird angegriffen: H. SÜESS, Neuer Vatikanischer Entscheid (s. Anm. 62).

die am nachtridentinischen Missale festhalten, eine deutliche Kluft auf.[230] Sie führt zu Spannungen und ist in keiner Weise mit den Aussagen von SC 37 - 40 zu rechtfertigen. In der Praxis soll "verhütet werden, daß sich zwischen den Riten benachbarter Gemeinden auffallend starke Unterschiede ergeben".[231] Vor- und nachkonziliarer Ritus für die Feier der heiligen Messe stehen zwar in der einen Tradition der Kirche. Trotzdem ist nicht recht einsichtig, wie man die Erneuerung der Meßliturgie bejahen kann, wenn man in der Praxis am sogenannten Tridentinischen Ritus festhält. Das Zeichen der Einheit wird dadurch ganz erheblich in Frage gestellt. Gerät eine Meßfeier nach dem Missale von 1962 nicht in die Gefahr als "nostalgische Brauchtumsfeier" zu erscheinen? Und wie können jene Christen, die an ihr festhalten oder sie gar beschwören, in der erneuerten Meßliturgie mehr sehen als eine lästige, wohl oder übel notwendige Pflichterfüllung?

Die Bedingung des Schreibens vom 3. Oktober 1984, daß das Indult nur gewährt werden darf, wenn die erneuerte Meßliturgie bejaht oder zumindest respektiert wird, stellt traditionalistische Gruppen in die Entscheidung: Denn wenn sie die verlangte Bedingung redlich erfüllen, müßten sie eigentlich bereit sein, ihre traditionalistische Position aufzugeben, sofern sich diese auf die Liturgie der Meßfeier bezieht.

Die Traditionalisten sind sich dessen offenbar bewußt. Ihr heftiger Widerstand gegen eine Erfüllung der genannten Bedingung ist verständlich. Wollen sie auf ihren Gesamtforderungen, vor allem auf ihren Häresievorwürfen gegen das Zweite Vatikanische Konzil beharren, dann bleibt diese Bedingung für sie unannehmbar. Da für eine

230 Vgl. F. NIKOLASCH, Eine Reform (s. Anm. 211).

231 SC 23.

Nichtgewährung der Bitte um die Verwendung des Missale von 1962 schon ein Zweifel an der Legitimität und Rechtgläubigkeit des MISSALE ROMANUM von 1970 ausreichend ist, wird in dieser Bedingung von traditionalistischer Seite ein Verstoß gegen rechtlich eindeutige Festlegungen[232] und ein unbegrenzter bischöflicher Ermessensspielraum gesehen.[233] Zudem ist man in traditionalistischen Interpretationen bemüht, die Forderung nach Anerkennung der "Legitimität und Rechtgläubigkeit" des Missale von 1970 auf eine Anerkennung der rechtmäßigen Einführung des neuen Missale einzuschränken, um so die gesamte theologische Auseinandersetzung auszuklammern.[234] Des weiteren, so behauptet man, sei die genannte Bedingung "ohne jeden Zweifel" bei allen Priestern und Gläubigen erfüllt, die bislang an der Liturgie ihrer Gemeinden teilgenommen bzw. sie nach dem Meßbuch von 1970 gefeiert hätten.[235] Wie z. B. die Priesterbruderschaft Pius X. die Bedingung, um die es hier geht, und damit das Indult einschätzt, zeigt die Erklärung, daß unser Dokument "einen ersten Schritt zu dem ... Nahziel volle Anerkennung des 'Tridentinischen Ritus' und Revisionen an der erneuerten Meßfeier" darstelle."[236] Der Vatikan, so behauptet die Bruderschaft, signalisiere die Bereitschaft, "über diesen Punkt ernsthaft sprechen zu wollen."[237] Daß diese Hoffnung in Erfüllung gehen wird, ist wohl kaum zu erwarten.

232 Vgl. N. CAPPONI, Indult und Kirchenrecht, in: UVKorr 15 (1985) 301 - 306, hier: 304f.

233 Vgl. E. M. de SAVENTHEM, Die Rückkehr (s. Anm. 194) 331.

234 Vgl. ebd. 335.

235 Vgl. ebd. 334f.

236 P. NATTERER, Schreiben der Kongregation (s. Anm. 215) 6.

237 Ebd. 6.

C DAS ARTIKULIERTE VERLANGEN

Liturgie ist die Feier der Kirche. Die Liturgiefeier einer Gemeinde ist wesensgemäß immer Gottesdienst der Kirche.[238] Die Gemeinde versammelt sich nicht zu einem privaten oder nur gemeindlichen Tun. Indem sie die Liturgie der Kirche feiert, vollzieht sie, was der Herr der Kirche insgesamt aufgetragen hat. "Infolgedessen ist jede liturgische Feier als Werk Christi, des Priesters, und seines Leibes, der die Kirche ist, in vorzüglichem Sinn heilige Handlung, deren Wirksamkeit kein anderes Tun der Kirche an Rang und Maß erreicht."[239] In der lokalen Versammlung zur Feier der Liturgie tritt die Kirche in Erscheinung. Die Gemeinde und jeder einzelne in ihr versammeln sich als Kirche des Herrn, so daß gemeindliches und gesamtkirchliches Geschehen in der liturgischen Feier eine Einheit bilden. Das muß sichtbar werden durch die liturgische Ordnung, die vom Apostolischen Stuhl und - nach Maßgabe des Rechts - von der Bischofskonferenz und vom Bischof bestimmt wird.[240]

Daraus ergeben sich hinsichtlich der Bedingung des Indultes, daß die Meßfeier nach dem sogenannten Tridentinischen Ritus ausschließlich Gruppen vorbehalten sein muß, die darum ersuchen, zwei Fragen:

Ist die Eucharistiefeier einer personell umschriebenen Gruppe, die für sonst niemanden offen ist, überhaupt möglich?
Stellt das Gesuch nicht bereits eine Beeinträchtigung der Liturgie der Kirche als gesamtkirchliches Geschehen dar?

238 Vgl. Ph. HARNONCOURT, Gesamtkirchliche und teilkirchliche Liturgie. Studien zum liturgischen Heiligenkalender und zum Gesang im Gottesdienst unter besonderer Berücksichtigung des deutschen Sprachgebiets (UPT 3), Freiburg 1974, 28f.

239 SC 7.

240 Vgl. SC 22.

Die erste Frage hat Theodor MAAS-EWERD in seiner Untersuchung des Indultes wie folgt beantwortet: "Die Feier der heiligen Messe ist von ihrem Wesen her Feier der Kirche, nicht eine Feier bestimmter Gruppen, die - aus welchen Gründen auch immer - darauf bestehen, diese Feier nach ihrem Geschmack und Gutdünken zu vollziehen. Wenn man exakt, sachlich korrekt formulieren will, kann man nicht von der Liturgie einer Gruppe und auch nicht von der Liturgiefeier einer Gemeinde sprechen. Die gibt es im Grunde gar nicht. Immer geht es um die Feier der Liturgie der Kirche im Leben einer Gruppe oder im Leben einer Gemeinde."[241]

Die zweite Frage impliziert, daß sich die Bittenden mit ihrem Gesuch mehr oder weniger bewußt von den Beschlüssen des Zweiten Vatikanischen Konzils lösen und einem liturgischen Privatinteresse folgen, das der Meßfeier als gesamtkirchlichem Geschehen im Grunde widerspricht. Darin verbünden sie sich, wenn auch nicht mit Absicht, mit jenen "Progressisten", die eine liturgische Ordnung der Kirche nicht einzuhalten bereit sind. Beiden Gruppen gilt die Weisung, daß sie "bereitwillig die kirchlichen Gesetze und Vorschriften befolgen. Sie sollen Eigenwilligkeiten aufgeben, persönliche Neigungen zurückstellen und Diener der gemeinsamen Liturgie sein."[242]

Mit der Ausschließlichkeitsbestimmung und dem Stichwort "Gruppe" in der Bedingung des Indultes soll offenbar gewährleistet sein, daß nur schon bestehende Gruppen um eine Gewährung des Gunsterweises ersuchen können und sich keine Interessengemeinschaften als neue

241 Th. MAAS-EWERD, Sehnsucht nach dem früheren Missale? Zum Indult der Kongregation für den Gottesdienst vom 3. Oktober 1984, in: KlBl 64 (1984) 323 - 326, hier: 325; vgl. SC 42.

242 "Liturgicae instaurationes". Dritte Instruktion "zur ordnungsgemäßen Durchführung der Konstitution über die hl. Liturgie, veröffentlicht von der Kongregation für den Gottesdienst, vom 5.9.1970, in: AAS 62 (1970) 692 - 704; zitiert nach RENNINGS, Dokumente 962.

Gruppen bilden. Ist das aber wirklich auszuschließen? Daß allein festumschriebene Gruppen ein Gesuch stellen können, schließt nur eine Aktion von Einzelpersonen, seien es Priester oder Gläubige, aus. Nur wer - namentlich bekannt - zur "Gruppe" gehört, kann die heilige Messe nach dem früheren Ritus mitfeiern. Die eventuell gewährte Meßfeier nach dem Meßbuch von 1962 - das ist die Tendenz - soll nicht zu einem öffentlichen Gottesdienst führen, den jedermann mitfeiern kann. So verständlich diese Eingrenzung auch sein mag: Wird hier nicht gegen das Verständnis dessen entschieden, was Liturgie der Kirche ist? Ist es überhaupt rechtlich möglich, eine Mitfeier nur bei Gruppenzugehörigkeit zu erlauben?

Die Meßfeier im "Tridentinischen Ritus" wäre nach der behandelten Auflage als Gottesdienst einer exklusiven Gruppe von Gläubigen zu verstehen, zu dem kein Außenstehender Zutritt hat, zu dem also auch keine öffentliche Einladung erfolgen dürfte. Auch dies ist "ein Novum in der Geschichte der Liturgie, das besonders deutlich macht, wie sehr hier eine bestimmte Gruppe von Gläubigen sich am Rande des kirchlich-liturgischen Lebens befindet. Dies ist ein sehr hoher Preis für die gelegentliche Befriedigung eines nostalgischen Wunsches derer, die aus unterschiedlichen, zum Teil sicher ernsthaften Gründen dem alten Meßritus nachtrauern und in ihm auch heute noch ihre religiöse Heimat sehen."[243]

Daß dieser "hohe Preis" in bestimmten Fällen gezahlt wird, führt uns zu der Frage, ob nicht doch die Liturgiereform zugunsten jener ein wenig in Frage gestellt wird, die nach einer Meßfeier im alten Ritus verlangen. Manche traditionalistische Gegner der Reform sehen sich durch das mögliche Indult teilweise bestätigt. Denn in ihren Stellungnahmen schwingt neben aller heftigen Kritik auch Zufriedenheit darüber mit, daß mit dem Indult ein Anfang gemacht worden sei. Soll mit dem Indult - wie bisweilen interpretiert worden ist - ein

243 O. NUSSBAUM, Wiederzulassung (s. Anm. 180) 138.

erster Schritt vor allem auf Erzbischof LEFEBVRE hin gesetzt werden? Dieser Schritt wäre zu klein, weil die Forderungen dieses Bischofs viel weiter reichen. Die Bedingung, daß das Indult nur für bestimmte, fest umgrenzte Gruppen gewährt wird, hat de SAVENTHEM als Angst vor einer "Ansteckungsgefahr" für die Gläubigen gewertet. Und darüber hinaus als Eingeständnis, daß die reformierte Liturgie mangelhaft sei.[244]

D BESTIMMUNG VON KIRCHEN UND ORATORIEN

Das Indult behält es den Bischöfen vor, ganz genau die Kirchen und Oratorien für die erbetene Meßfeier im früheren Ritus zu bestimmen. Einen Ermessensspielraum bezüglich des Ortes räumt jedoch eine im offiziellen Text in Klammern beigefügte Bestimmung dem zuständigen Bischof ein. In der Klammer heißt es wörtlich: "Nicht jedoch in Pfarrkirchen, es sei denn, daß der Bischof dies in außerordentlichen Fällen eigens erlaubt."

Mit diesem Entscheidungsspielraum wird den Bischöfen eine Last auferlegt. "Jeder Bischof hat natürlich die Freiheit, sich auf den Standpunkt zu stellen, die Fälle könnten gar nicht so 'außerordentlich' sein, daß sie es rechtfertigen, die Erlaubnis für Pfarrkirchen zu geben."[245] Besteht dann aber für den Bischof, der in die Entscheidung gestellt ist und diesen Standpunkt einnimmt, nicht Gefahr, daß ihm der Vorwurf gemacht wird, er unterlaufe das Indult? Dennoch kann er dahingehend entscheiden, daß eine Pfarrkirche als Ort der Feier nicht in Frage kommt. Das sieht der Text ausdrücklich vor. Wenn bestimmte Kirchen oder Kapellen auch als "Quarantäne-Stationen"[246] des vorkonziliaren Ritus bezeichnet werden, so ist

244 E. M. de SAVENTHEM, Die Rückkehr (s. Anm. 194) 331.

245 TH. MAAS-EWERD, Sehnsucht (s. Anm. 241) 324.

246 E. M. de SAVENTHEM, Die Rückkehr (s. Anm. 194) 331.

doch fraglich, ob diese "Eingrenzung" wirklich erreicht werden kann. Da alle Kirchen und Oratorien innerhalb von Pfarrgebieten angesiedelt sind, ist eine Pfarrgemeinde, zumal wenn man sich gottesdienstlicher Räume bedient, die von der Pfarrei betreut werden, immer betroffen, unabhängig von dem Ort, den der Bischof bestimmt. Das gilt auch für die Interpretation, daß mit dieser Bedingung Massenveranstaltungen im Freien unterbunden werden sollen, wie sie Erzbischof LEFEBVRE nicht selten bevorzugt.[247] Mit der örtlichen Einschränkung, die unser Dokument trifft, sollen zwar jene Gläubigen von einer Meßfeier im "Tridentinischen Ritus" ferngehalten werden, die nicht namentlich in dem erforderlichen Gesuch aufgeführt sind oder keine Erlaubnis erhalten haben. Wer aber prüft nach, ob der Kreis der Gottesdienstteilnehmer widerrechtlich erweitert worden ist oder nicht?

Gegen die Bedingung, daß die genannten Meßfeiern bestimmter Gruppen in der Regel nicht in Pfarrkirchen stattfinden dürfen, wendet u. a. ein in der Zeitschrift 'Kyrie eleison', dem Organ der Liga der Traditionalisten, einer Sedisvakantistenvereinigung, erschienener Beitrag ein, Protestanten und Muslimen würden Pfarrkirchen für Gottesdienste geöffnet, den traditionalistischen Gläubigen blieben sie aber verschlossen.[248] Schwingen in diesem Einwand auch Polemik und Verzerrung mit, so ist dennoch mit diesem Argument eine Schwierigkeit beim Namen genannt, die in der Praxis gar nicht so leicht gelöst werden kann.

Eine Erklärung von Kardinal MAYER, dem Präfekten der Kongregation für den Gottesdienst, zu diesem Thema könnte unter Umständen die im Indult gestellte Bedingung aushöhlen. Der Kardinal hat laut FAZ erklärt: "Letztlich liegt es bei den Bischöfen, zu entscheiden, ob die Tridentinische Messe regelmäßig in Pfarrkirchen gefeiert werden

247 Vgl. W. SAILE, Das große Staunen, in: Rheinische Post Nr. 244, vom 17.10.84.

248 Vgl. H. SCHULZE, Kardinal J. RATZINGER - ein Thomist?, in: KyrEl 14 (1985) H. 1, 41 - 42, hier: 42.

kann, wobei es auf die jeweilige Situation ankommt ... 'Außerordentliche Fälle' (i. S. des Indultes) können auch solche Fälle mitumgreifen, wo Gruppen von Pfarrangehörigen den Wunsch haben, daß die Tridentinische Messe in ihrer Pfarrkirche gefeiert würde."[249]

Diese Auslegung von Kardinal MAYER deckt sich inhaltlich mit einer Pressemeldung, nach der der Pressesprecher der Deutschen Bischofskonferenz, Bernd MARZ, auf Anfrage sich geäußert habe, "wenn eine ausreichend große Gruppe in einer Gemeinde Messen des traditionellen Stils wünsche, wären sie auch in Pfarrkirchen möglich."[250]

Diese nicht widerrufenen Meldungen legen m. E. eine Unklarheit in der Formulierung der Bedingung offen, die "vor Ort" zu unliebsamen Auseinandersetzungen führen kann.

E DIE FESTZULEGENDEN TAGE

Der zuständige Bischof hat das Recht, mit der Erlaubnis auch die Tage festzulegen, an denen die bewilligte Meßfeier im früheren Ritus vollzogen werden darf. Wörtlich heißt es in unserem Dokument: "An den Tagen und unter den Bedingungen, die vom Bischof nach Art einer Gewohnheit oder durch einen eigenen Akt approbiert sind". Macht das Indult auch keine weiteren zeitlichen Auflagen, so schränkt doch Otto NUSSBAUM, Liturgiker in Bonn, den Zeitpunkt in seiner Auslegung so ein: "Wohl nicht oder höchstens in besonderen, eigens genehmigten Ausnahmefällen auch an Sonn- oder Festtagen."[251] Diese Einschränkung wird in der "UNA VOCE-Korrespondenz" in Frage

249 B. SCHOLZ, Rückkehr zur Latein-Messe, (s. Anm. 173)

250 Authentische Interpretation, in: UVKorr 15 (1985) 256. Diese Aussage wird hier nur mit Vorbehalt zitiert.

251 O. NUSSBAUM, Wiederzulassung (s. Anm. 180) 139.

gestellt,[252] da das Indult diese Begrenzung nicht kenne. Hinter der Empfehlung und der von NUSSBAUM geäußerten Eingrenzung steht die pastorale Sorge, daß die Meßfeier im vorkonziliaren Ritus als Meßfeier einer bestimmten Gruppe ansonsten eine Aufwertung erfährt, die ihr nicht zusteht, feiert die Kirche doch gerade an Sonn- und Festtagen den Gottesdienst, der die ganze Gemeinde und darüber hinaus die ganze Kirche eint und verbindet: "In Gemeinschaft mit der ganzen Kirche feiern wir den ersten Tag der Woche ...", so das erste, zweite und dritte Hochgebet.

Berechtigterweise fragt - von der Voraussetzung einer Ausnahme der Sonn- und Festtage ausgehend - der Innsbrucker Liturgiewissenschaftler Hans Bernhard MEYER, ob sich die Gruppen, die sich um eine Erlaubnis bemühen, mit gelegentlichen Werktagsmessen zufriedengeben werden.[253] Ebenso bleibt die Frage ungelöst, nach welcher Ordnung des Kirchenjahres, nach welchem Kalender, nach welcher Perikopen-Ordnung (usw.) sich die erbetene Meßfeier richten werde. Wird die Abspaltung von den Pfarrgemeinden bei jenen "Sondergemeinden" durch die Verschiedenheit der vor- und nachkonziliaren Ordnungen nicht noch verschärft?[254] Das Indult bietet für dieses Problem nur die Lösung an, daß es die Bittsteller auf das Missale in der Ausgabe von 1962 festlegt - mit allen Konsequenzen, die das für die Praxis hat.

252 Vgl. R. KASCHEWSKY, Zu einem "liturgiewissenschaftlichen" Pamphlet (s. Anm. 40) 248.

253 Vgl. H. B. MEYER, Soll der Bischof die vorkonziliare Messe erlauben? Neues Dokument - Gefahr der Abspaltung, in: Präsent (Innsbruck) Nr. 43, vom 25.10.84, 7.

254 Beispielhaft sei der Wegfall der Vorfastenzeit in der Neuordnung des Kirchenjahres genannt; vgl. O. NUSSBAUM, Wiederzulassung (s. Anm. 180) 139.

F DIE BISCHÖFLICHEN BEDINGUNGEN

Das Indult räumt den Bischöfen das Recht ein, an die Erteilung der Erlaubnis bestimmte Bedingungen zu knüpfen, die "nach Art einer Gewohnheit oder durch einen eigenen Akt approbiert sind". Mit diesem Recht ist den Bischöfen die Möglichkeit gegeben, in ihrem Hirten- und Wächteramt über das gesamte liturgische Leben in ihrem Bistum die ihnen verliehene Vollmacht so anzuwenden, wie es die Situation ihrer Diözese erfordert. Die Möglichkeit zusätzlicher Bedingungen soll die Bischöfe darin bestärken, daß die im Schreiben der Gottesdienstkongregation gestellten Bedingungen von den Antragstellern strikt befolgt werden.[255] Von einigen Bischöfen ist bekannt, daß sie dieses Recht genutzt haben. So wurden in den Amtsblättern für die Diözesen Bamberg und Regensburg folgende gleichlautende Bestimmungen veröffentlicht. Sie tragen das Datum vom 30. Januar 1985 und sind mit der jeweiligen Unterschrift der beiden zuständigen Oberhirten versehen:

"Im Anschluß an das Schreiben der Kongregation für den Gottesdienst erlasse ich folgende Richtlinien:

1. Die Bitte, die heilige Messe nach dem MISSALE ROMANUM von 1962 feiern zu dürfen, kann nur ein Priester oder eine fest umschriebene Gruppe von Gläubigen, für die ein Priester die geforderten Bedingungen garantiert, stellen. Die betreffenden Priester müssen sich mir gegenüber verbürgen, daß die im Schreiben der Kongregation für den Gottesdienst gestellten Bedingungen eingehalten werden.

2. Die Erlaubnis kann einem Priester nur für fest umschriebene Gruppen erteilt werden; eine öffentliche Einladung zu einer

255 Vgl. hierzu den Abschnitt III, 6. in dieser Arbeit: Inanspruchnahme des Indultes.

Meßfeier nach dem Missale von 1962 muß daher unterbleiben. In der Regel wird diese Erlaubnis nur für Meßfeiern an Werktagen gegeben.

3. Nach Ablauf von spätestens sechs Monaten erstattet der bevollmächtigte Priester an mich einen schriftlichen Bericht über die Beteiligung und den Verlauf der Feier."[256]

Dieser Text zeigt, daß hier durch die zusätzlichen Bestimmungen der Bischöfe die im Indult noch gegebenen Unklarheiten bezüglich der Bedingungen präzisiert werden. Diese Möglichkeit der Bischöfe ist von den traditionalistischen Gruppen verständlicherweise scharf angegriffen worden, die ihre Chance in einer möglichst weiten Auslegung der Bedingungen sehen.[257]

Diese Gruppen werten das legitime Handeln der Bischöfe als "diskriminatorische Potenz", die "ein weites Feld öffnet für blanke Schi-

256 Amtsblatt für die Erzdiözese Bamberg 108 (1985) 7; Amtsblatt für die Diözese Regensburg, 1985 Nr. 2, 14.2.85, 18; dieses Recht gründet auf CIC/1983 can. 835 § 1.

257 Vgl. Ausführungsbestimmungen zum Indult, in: UVKorr 15 (1985) 123 - 126; Noch einmal - und immer wieder!, in: Beda-Kreis Nr. 249, März 1985, 28.575 - 28.580; Bilanz nach einem Jahr, in: UVKorr 15 (1985) 371 - 376; Die praktische Handhabung des Indultes vom 3. Oktober 1984, in: Mttbl. Pius X. Nr. 76, April 1985, 7 - 9; Die Sorge des gemeinsamen Vaters, in: UVKorr 15 (1985) 189 - 194; Die Unterzeichner werden unter Druck gesetzt!, in: SAKA 9 (1984) Nr. 12, 6 - 7; E. GERSTNER, Tagebuchnotizen, in: KyrEl 15 (1986) Nr. 1, 10 - 40; A. GROSS, Das Elend mit den Traditionalisten, in: KyrEl 15 (1986) Nr. 1, 2 - 9; Indult in den USA, in: UVKorr 16 (1986) 104 - 105; Indult: Zwei Beispiele, in: UVKorr 16 (1986) 44 - 52; R. KASCHEWSKY, Stichwort: Indult, in: UVKorr 15 (1985) 66 - 70; Päpstlicher Indult und wie mit ihm umgesprungen wird, in: StdGl 12 (1985) H.13, 3; A. SCHÖNBERGER, Der Papst muß ein Machtwort sprechen. Die Anwendung des Altritus-Indults in Frankreich, in: Der Fels 16 (1985) 311 - 313; A. TINZ/R. KASCHEWSKY, Eine bischöfliche Antwort, in: UVKorr 15 (1985) 307 - 309.

kane."[258] Neben solcher Mißachtung der Aufgaben des bischöflichen Amtes wird in anderen Äußerungen das Recht, das den Bischöfen im Indult eingeräumt wird, nur bedingt zugestanden.[259] Ob den Bischöfen dieses Recht abgesprochen oder nur eingeschränkt zugebilligt wird, die Anwendung von Canon 17 und Canon 18 des CIC/1983 spricht jedenfalls nicht gegen diese Befugnis. Sie bestätigt vielmehr die bischöflichen Maßnahmen, genauere Richtlinien zu erlassen im Sinne des Indultes und der Absicht des Papstes.[260]

G DIE FESTLEGUNG AUF DAS MISSALE VON 1962

Das Indult legt genau fest, daß die Gewährung von Meßfeiern nach "Tridentinischem Ritus" davon abhängig sei, daß sie "nach dem Missale von 1962 und in lateinischer Sprache gehalten werden". Ausgeschlossen werden damit alle älteren Ausgaben des Meßbuchs, ausgeschlossen wird sogar der Gebrauch des Missale von 1962 mit den Änderungen von 1965 und 1967. Mit der Festlegung auf die im Jahre 1962 im Druck erschienene Ausgabe des MISSALE ROMANUM erweist es sich eindeutig berechtigt, lediglich vom "sogenannten Tridentinischen Ritus" zu sprechen oder für diesen Begriff Anführungszeichen zu verwenden. Denn die nach dem Indult mögliche Meßfeier ist nämlich nicht in allem mit jener identisch, die Papst PIUS V. mit seinem Missale von 1570 als unwandelbare Einheitsliturgie der Kirche festgelegt hat. Das Missale ist als gewachsenes Buch auf uns gekommen, das zu allen Zeiten Änderungen bzw. Ergänzungen erfahren hat.

258 E. M. de SAVENTHEM, Die Rückkehr (s. Anm. 194) 332.

259 Vgl. N. CAPPONI, Indult (s. Anm. 232) 303, 305.

260 Diese Auffassung, daß die Canones 17 und 18 des CIC/1983 nicht gegen die Wahrnehmung des eingeräumten Rechtes sprechen, wird selbst von N. CAPPONI, Indult (s. Anm. 232) 303 vertreten.

Entgegen aller traditionalistischen Behauptung ist das MISSALE ROMANUM und mit ihm der Ordo Missae nach 1570 also nicht unverändert tradiert worden. In der ersten Neuausgabe (unter CLEMENS VIII.) von 1604 wurde z. B. der Schlußsegen neu geregelt.[261] Im Jahre 1634 erschien die zweite Neuauflage, u. a. mit einer verbesserten Sprachfassung der Rubriken.[262] Die Neuausgabe unter BENEDIKT XV. erfolgte aufgrund der Änderungen durch PIUS X., der die Reformen an Brevier und Missale als ersten Schritt einer Liturgiereform ansah.[263] Papst CLEMENS VIII. schrieb 1759 für die Sonntage die Dreifaltigkeitspräfation vor, und LEO XIII. ordnete die Gebete nach der "Privatmesse".[264] Die unter PIUS X. begonnene Bemühung um die Reform des Ordo Missae wurde unter Papst PIUS XII. wieder aufgenommen und fortgeführt. Im Jahre 1951 erneuerte dieser Papst die Feier der Osternacht[265] und reformierte 1955 die ganze Heilige Woche. Eine Abänderung der Gesetzgebung PIUS' V. erfolgte in der Instructio "DE MUSICA SACRA" der Ritenkongregation von 1958[266] und durch den CODEX RUBRICORUM von 1960.[267] Die unter Papst JOHANNES XXIII. 1962

261 Vgl. J. O'CONELL, A sixteenth century Missal, in: EL 62 (1948) 102 - 104; J. A. JUNGMANN, Missarum Sollemnia. Eine genetische Erklärung der römischen Messe I, Freiburg-Basel-Wien [5]1962, 185.

262 Vgl. A. BAUMSTARK, Missale Romanum - seine Entwicklung - ihre wichtigsten Urkunden und Probleme, Eindhoven 1929, 152 - 154.

263 Vgl. PIUS X., Constitutio Apostolica de nova Psalterii in Breviario Romano dispositione, vom 1. Nov. 1911, in: AAS 3 (1911) 633 - 638.

264 Vgl. J. A. JUNGMANN, Missarum Sollemnia (s. Anm. 261) 185.

265 Vgl. Decretum "Dominicae Resurrectionis", vom 9. Febr. 1951, in: AAS 43 (1951) 128ff; Decretum "Instaurata vigilia paschalis", vom 11. Jan. 1951, in: AAS 44 (1952) 48 - 63.

266 Der genaue Titel lautet: Instructio de musica sacra et sacra liturgia ad mentem litterarum Encyclicarum Pii Papae XII "Musicae sacrae disciplina" et "Mediator dei", vom 3. Sept. 1958, in: AAS 50 (1958) 630 - 663.

erschienene Editio typica des MISSALE ROMANUM hat die Rubrikenreformen von 1955 und 1960 aufgenommen.

Nur in ganz groben Zügen wird hier der geschichtliche Prozeß der Entwicklung des Meßbuchs seit 1570 angedeutet.[268] Bereits diese knappen Hinweise entkräften das Argument, bis zur Liturgiereform des II. Vatikanischen Konzils sei der "Tridentinische Ritus" unverändert vollzogen worden. Mit Recht konnte die "Erklärung der deutschen Bischöfe zur Einführung des neuen deutschen Meßbuches" (1975) zum sogenannten Tridentinischen Meßbuch feststellen, "daß es sich bei diesem Buch nicht mehr um das ursprüngliche Meßbuch Papst PIUS' V. handelt. Denn seine Nachfolger haben von dem allen Päpsten zustehenden Recht Gebrauch gemacht, am Römischen Meßbuch Ergänzungen und Änderungen vorzunehmen."[269] Nur in den Jahren von 1570 bis 1604 ist das Missale unverändert geblieben.

Wollte man alle Änderungen in der Forderung nach einer Wiederzulassung des "Tridentinischen Ritus" unberücksichtigt lassen, so wäre der Ritus nach jenem Meßbuch zu reaktivieren, das von 1570 bis 1604 Gültigkeit besaß. Da jede Festlegung auf einen sogenannten Tridentinischen Ritus widersinnig und unbegründbar wäre, obwohl sie bei traditionalistischen Gruppen erfolgt, verpflichtet das Indult auf eine Meßfeier nach dem MISSALE ROMANUM von 1962, in dem alle Änderungen der nachtridentinischen Erstausgabe dieses Einheitsmeßbuches

267 Vgl. Decretum generale de rubricis ad simpliciorem formam redigendis, vom 23. März 1955, in: AAS 47 (1955) 218 - 224; vgl. JOHANNES XXIII.: Litterae Apostolicae motu proprio darae. Novum rubricarum Breviarii et Missalis Romani corpus approbatur, vom 25. Juli 1960. - Ritenkongregation: Decretum generale quo novus rubricarum Breviarii ac Missalis Romani Codex promulgatur, vom 26. Juli 1960. - Rubricae Breviarii et Missalis Romani, in: AAS 52 (1960) 593 - 740.

268 Vgl. dazu A. G. MARTIMORT, HLW (M) I, 329ff.

269 Erklärung der deutschen Bischöfe (s. Anm. 94) 375f.

sowie alle Zusätze bis 1962 berücksichtigt sind. Damit kommt das Indult zwar dem Wunsch nach einer Meßfeier im vorkonziliaren Ritus nach, es korrigiert aber zugleich die in ihrer ungeschichtlichen Betrachtungsweise sich selbst disqualifizierende traditionalistische Forderung, den Ritus der "Tridentinischen Messe" wieder zu gestatten.

"Es gibt ... keine tridentinische Liturgie", schreibt Kardinal RATZINGER, "und bis 1965 hätte sich kein Mensch bei diesem Wort irgend etwas vorstellen können. Das Trienter Konzil hat keine Liturgie 'gemacht'. Und es gibt, streng genommen, auch kein Missale PIUS' V. Das Missale, das im Jahr 1570 im Auftrag PIUS' V. erschien, unterschied sich nur in Winzigkeiten von der rund hundert Jahre früher erschienenen ersten Druckausgabe des MISSALE ROMANUM."[270]

Einige Traditionalisten bekennen sich zu dieser Einsicht, lassen dann aber wiederum außer acht, daß auch die Liturgie der geschichtlichen Entwicklung unterworfen ist, indem sie so argumentieren: Einen "Tridentinischen Ritus" hat es nie gegeben, "dieser nämlich entstand in Rom und reicht wahrscheinlich bis zu PETRUS und PAULUS zurück, die in Rom wirkten und getötet wurden. Natürlich feierten sie auch nach bestimmten Regeln die Eucharistie und spendeten die Sakramente, und es ist anzunehmen, daß dies nach ihrem Tode schon aus Pietät so weitergeführt wurde, zumal ja viele andere Priester in Rom diese Liturgie feierten ... Papst GREGOR DER GROSSE, gestorben 604, hat dann entscheidend den römischen Ritus festgelegt und so blieb er ziemlich unverändert bis in unserer Zeit erhalten."[271]

Diese unhaltbare Argumentation wird so fortgeführt - in einer Beurteilung des Indultes: "Was die jetzige Entscheidung des Papstes be-

270 J. RATZINGER, Fest (s. Anm. 42) 76.

trifft, so ist sie ein erster Schritt zur Verwirklichung der wirklichen Beschlüsse des vatikanischen Pastoralkonzils."[272] Gemeint sind hier die Aussagen der Liturgiekonstitution über den Gebrauch der lateinischen Liturgiesprache, ferner die Erklärungen über eigenmächtige Veränderungen der Liturgie der Kirche und zur Gleichberechtigung aller rechtlich anerkannten Riten.[273]

Die in traditionalistischen Darlegungen zutage tretenden Verdrehungen und bewußten Fehlinterpretationen sowie die geringe Sachkenntnis entschärfen derartige Aussagen kaum. Denn mit solchen und ähnlichen Aussagen wird die Auseinandersetzung um das Indult geführt bzw. manipuliert. Traditionalistische Gruppen streiten aber nicht allein gegen die erneuerte Meßfeier nach dem Missale von 1970, sie streiten auch untereinander über die Frage, nach welchem Missale die "Tridentinische Messe" zu feiern und, wo die angebliche Liturgie PIUS' V. in ihrer Reinheit noch gewährleistet sei. Daraus erkennt man, wie wesentlich die Bedingung des Indultes hinsichtlich des zu verwendenden Missale von 1962 ist.

Obwohl die UNA VOCE-Föderation erklärt, daß mit den Änderungen von 1960 der Ordo Missae schon angetastet und mit dieser Rubrikenreform die Liturgiereform schon vorbereitet worden sei,[274] respektiert sie die Bindung an die Meßbuchausgabe von 1962.[275] Wichtig ist für sie die Forderung, "daß der Opfercharakter der Eucharistie auf der liturgischen Ebene möglichst deutlich zum Ausdruck kommen soll". Diesem Desiderat werde das Missale von 1962 "in weitaus größerem Maße" gerecht "als das Missale PAULS VI.".[276]

271 Ph. KÜBLE, Der alte römische Ritus ist nicht tot. Das vatikanische Pastoralkonzil bekommt ein wenig Geltung, in: StdGl 11 (1984) H. 19, 4 - 12, hier: 4f.

272 Ebd. 10.

273 Vgl. SC 36; 22; 4 (in der Reihenfolge des Satzes).

274 Vgl. R. KASCHEWSKY, Die "Liturgiereform" von 1960, in: UVKorr 13 (1983) 467 - 475, hier: 474f.

275 Vgl. E. M. de SAVENTHEM, Die Rückkehr (s. Anm. 194) 332.

Die LEFEBVRE-Bewegung hat sich auf das Missale JOHANNES' XXIII. festgelegt,[277] weil nach ihrer Ansicht "1962 die letzte offizielle Ausgabe (Editio typica) des Missale nach dem hl. PIUS V. erschien".[278] Diese Meinung vertritt auch Klaus GAMBER, Leiter eines liturgischen Instituts in Regensburg.[279] Für die Genannten sei noch in der letzten, vorkonziliaren Ausgabe des Römischen Meßbuches "der 'zeitlos gleiche Ritus', der auf die Apostel zurückgehe", bewahrt.[280] Die nur kleinen rituellen Änderungen vergangener Zeiten hätten diese Kontinuität nicht gebrochen. Durch die postkonziliare Liturgiereform sei aber ein neuer Ritus entstanden, und bezüglich der Veränderung "wurde der Gehorsam vor allem der älteren Priester und der gute Wille der Mehrzahl der Gläubigen von bestimmten Kreisen, die hinter den Reformen stehen und selbst oft keinen Gehorsam üben, mißbraucht".[281] So habe durch die Zerstörung des römischen

276 Ch. BLATH, Opfertod Jesu und Liturgie, in: UVKorr 15 (1985) 147 - 165, hier: 165.

277 Vgl. "Wie steht es um Ihre Beziehungen mit Rom?" Briefwechsel von Erzbischof Marcel LEFEBVRE mit Kardinal RATZINGER (April/Mai 1985), in: Mttbl. Pius X. Nr. 82, Okt. 1985, 8 - 11, hier: 9.

278 Bittgesuch an den Heiligen Vater. Wortlaut des Textes der z. Zt. durchgeführten Unterschriftenaktion der Priesterbruderschaft St. Pius X., in: Mttbl. Pius X. Nr. 74, Febr. 1985, 6 - 7, hier: 7.

279 Vgl. K. GAMBER, Die Reform der römischen Liturgie (Liturgie heute H. 2), Regensburg 1979, 17; der Verfasser räumt ein, daß JOHANNES XXIII. eine "gut gemeinte 'Überholung' der Kirche" beabsichtigt habe, die auch hinsichtlich der liturgischen Erneuerung genüge und das Missale kaum geändert habe. DERS., Alter und neuer Meßritus (SPLi: Beiheft 10), Regensburg 1983,9f; DERS., Erneuerung durch Neuerungen (Liturgie heute H. 1), Regensburg ^{2}1981.

280 St. PFÜRTNER, Traditionalistische Bewegungen im gegenwärtigen Katholizismus, in: R. FRIELING, (Hrsg.), Die Kirchen und ihre Konservativen. "Traditionalimus" und "Evangelikalismus" in den Konfessionen (BenshH 62), Göttingen 1984, 36.

281 K. GAMBER, Erneuerung (s. Anm. 279) 56f.

Ritus, wie GAMBER die Erneuerung der Liturgie beurteilt, ein Prozeß der Entheimatung begonnen. Der "Fels in den Unruhen, die auch in den vergangenen Jahrhunderten die Kirche immer wieder erschüttert haben, ein sicherer Hort des Glaubens und der Frömmigkeit"[282] sei aufgegeben worden.

In einem Communiqué, verfaßt nach seiner Tagung vom 12. bis 14. Oktober 1984 - also nach Veröffentlichung des Indultes - hat der ST. PETRUS CANISIUS-KONVENT[283], eine traditionalistische Vereinigung von Priestern und Laien, zum Schreiben der Gottesdienstkongregation vom 3. Oktober 1984 erklärt:

"Der Konvent begrüßt es, wenn durch Gruppen oder Einzelpersonen Kapellen errichtet werden, in denen das heiligste Sakrament verehrt werden kann, um durch diese Stützpunkte Kraftquellen zur Rückeroberung vom Glauben abgefallener Gebiete zu schaffen.

Der Konvent hält es für unangemessen, den Ausdruck 'Neue Messe' für die modernistische Eucharistiefeier zu verwenden, und empfiehlt stattdessen, eher von 'neuer Liturgie' oder 'Liturgie PAULS VI.' zu sprechen, da dieser Eucharistiefeier der Charakter des heiligen Meßopfers vollständig abgeht ...

Der Konvent fordert alle traditionellen Priester auf, zur unverfälschten römischen Messe, deren Kanon seit fast 1400 Jahren als Zeugnis des wahren Glaubens unverändert geblieben ist, zurückzukehren und alle Neuerungen seit JOHANNES XXIII. abzulehnen." [284]

282 Ebd. 55.

283 Auf dieser Tagung in Karlsruhe herausgegeben und vom Geschäftsführer des St. Petrus Canisius-Konvents Prof. Dr. Manfred ERREN, Hebelstr. 34, 7840 Müllheim, unterzeichnet, in: SAKA 9 (1984) Nr. 12, 4.

284 Ebd. 4.

Die in der Schweiz ansässigen Arbeitsgruppen der Sammlung glaubenstreuer Katholiken (SAKA) urteilen, das Meßbuch von 1962 sei "der Prolog zu einer liturgischen Revolution", die sich mit dem Novus Ordo Missae, mit der neuen 'Messe', in aller Form und mit all den verhängnisvollen Folgen ereignete".[285] Diese Gruppen stellen die "überlieferte Meßliturgie" der "Johannes-Messe"[286] gegenüber. Sie verstehen unter der letzteren die Meßfeier nach dem Missale von 1962.

Aus dieser Position wird von der SAKA die Priesterbruderschaft Pius X. der LEFEBVRE-Bewegung angegriffen: "Die Priester der Bruderschaft beten das Brevier nach JOHANNES XXIII. Es wird Druck ausgeübt, daß die Priester nach JOHANNES XXIII. zelebrieren"[287] Da im Meßbuch von 1962 der Name des hl. JOSEF in den Kanon eingeführt wurde, ist für die SAKA "ein ganz wichtiges Prinzip durchbrochen worden: Der Kanon gilt nicht mehr länger als der feststehende und unveränderliche Teil der Messe."[288] Daraus erwächst für die SAKA der Vorwurf gegenüber dem Generaloberen der LEFEBVRE-Priesterbruderschaft: "Schwerwiegend ist, daß Pater SCHMIDBERGER bei der Auseinandersetzung mit Professor SIEBEL nicht bereit war, zu garantieren, daß der Kanon unverändert bleibt."[289]

285 Keineswegs harmlos! Die liturgischen Änderungen RONCALLIS, in: SAKA 11 (1986) Nr. 2, 17 - 18, hier: 17.

286 Ebd. 17f.

287 (Vorstand der Katholischen Kulturgemeinschaft St. Pius X. e. V. in Karlsruhe:) Nochmals: Glaubens- oder Machtkampf? Bericht über die Vorgänge zur Gründung eines Gegen-Messzentrums der Priesterbruderschaft in Karlsruhe, in: SAKA 9 (1984) Nr. 5, 14.

288 Keineswegs harmlos (s. Anm. 285) 18.

289 Glaubens- oder Machtkampf (s. Anm. 287) 14.

Ähnliche Vorwürfe erhebt der ST. PETRUS CANISIUS-KONVENT in einem Schreiben an Pater Franz SCHMIDBERGER. Dieser wird aufgefordert, "so bald wie möglich eine Anordnung für die gesamte Priesterbruderschaft zu erlassen, die die Rückkehr zur tridentinischen Messe (zur Messe ST. PIUS V.) beinhaltet."[290] Wegen der Verwendung des Meßbuches von 1962 wird so polemisiert: "Die Priesterbruderschaft hat den 'endgültig festgelegten' Meßtext geändert, obwohl 'die Kirche während vier Jahrhunderten nicht gewagt hat, daran zu rühren' ... Der ST. PETRUS CANISIUS-KONVENT sieht sich nicht in der Lage, eine Messe mit verändertem Kanon noch als traditionelle Messe anzusehen, geschweige denn als eine tridentinische Messe."[291] Unbeantwortet bleibt die Frage, wie die Änderungen nach PIUS V. zu bewerten seien. Es wird nur dies festgestellt: "Gott hat einen heiligen Papst auserwählt, den Papst PIUS V., um der Welt für alle Zeiten zu zeigen, wie die heilige Messe zu feiern ist."[292]

Die Gruppe "Mysterium fidei, P. Boxler selig" hingegen kennt schon eine zeitliche Bestimmung, die als Kriterium dafür gilt, welcher Meßritus nach 1570 noch "wahrhaft" sei. In einem Aufruf ihres Mitteilungsblattes heißt es wie folgt:

"Wir sagen ein ewiges Vergelt's Gott allen lieben Abonnenten und Lesern für die Treue zum wahren heiligen Glauben unserer Väter und ganz besonders zum hl. Meßopfer aller christlichen Zeiten - vereinheitlicht im Ritus hl. PIUS V./X. - im besonderen; leider ist diesbezüglich das tatsächliche Beiwohnen vielerorts wegen getarnter Zelebration der vergifteten Liturgie nach JOHANNES XXIII. nicht

290 (St. Petrus Canisius-Konvent:) Aufforderung an Ecône, wieder zur tridentinischen Messe zurückzukehren, in: SAKA 19 (1984) Nr. 7, 8, 9.

291 Ebd. 9.

292 Ebd. 9.

möglich! Kämpfet mit uns weiter für das WAHRHAFTE hl. Meßopfer nach PIUS V./X. Bittet, betet, opfert, sühnt dafür!"[293]

"Mysterium fidei", eine schweizerische traditionalistische Gruppe, die vor allem aus Laien besteht und von Pater Boxler gegründet worden ist, greift den Aufruf von P. SCHMIDBERGER, auf das Indult zu reagieren, zwar an, sendet dann aber, am 22. Oktober 1984 ein Telegramm "nach Rom an Seine Heilig- keit Papst JOHANNES PAUL II.", in dem u. a. darum gebeten wird,

"a) eine dritte Liturgie JOHANNES XXIII.
b) die verprotestantisierte Messe PAULS VI. samt Luthertischen aus der gesamten katholischen Kirche um der Wahrheit und der Heiligkeit des heiligen Glaubens willen zu verbannen."[294]

Die Wertung der Meßfeier nach dem Meßbuch von 1962 wird deutlich im Kommentar dieser Gruppe zum Indult - mit direktem Bezug zu der hier behandelten Bedingung:

"Auch wollen wir keine im Vorfeld des fatalen Konzils (1962 - 65) bereits vergiftete Liturgie JOHANNES XXIII., die der Vatikan nun, unter absolut unannehmbaren Bedingungen noch, gar als einen dritten, die Verwirrung wohl vollends besiegelnden Ritus (= nach sog. Meßbuch 1962; Kipa-Meldung 'Vaterland' 17.10.84) nebst dem in der Konzilskirche heute praktizierten NOM (= Messe PAULS VI., dat. 3.4.1969) auch noch einführen will. Nein, nein, wir bleiben beim traditionellen, über 400 Jahre alten reinen, römischen Ritus von

293 H. SÜESS, Briefkasten der Redaktion, in: MsytF 10 (1984) Nr. 12, 8; vgl. Redaktionsaussage (H. Süess) in: MystF 11 (1985) Nr. 1, 8.

294 H. SÜESS, Telegramm nach Rom, in: MystF 11 (1985) Nr. 1, 3. Mit den "Luthertischen" sind die für die Meßfeier versus populum aufgestellten Altäre gemeint.

1570, dem hl. Meßopfer aller Zeiten treu; treu den heiligen PIUS V. und X."[295]

Wie berechtigt die Auflage des römischen Dokumentes ist, in den Fällen, in denen das Indult gewährt wird, allein das Meßbuch von 1962 zu benutzen, wird - angesichts solcher Positionen - nur allzu verständlich. Zugleich wird durch diese Bedingung der Kreis derer eingeschränkt, für die das Indult unter bestimmten Umständen hilfreich sein könnte.

Daß die Feier der heiligen Messe mit dem Missale von 1962 in lateinischer Sprache vollzogen werden muß, versteht sich von selbst. Denn die Bitte um die Erlaubnis, die Meßfeier im "Tridentinischen Ritus" feiern zu dürfen, schließt eo ipso die lateinische Liturgiesprache ein. Um so mehr verwundert es, wenn Heinz FROITZHEIM von der Redaktion der Monatszeitschrift "Der Fels" schreibt: "Warum die Tridentinische Messe nur in Latein? Viele Gläubige legen keinen besonderen Wert auf Latein, wenn sie auch immer wieder von den ach so lieben Nächsten in der Kirche in die Ecke von Latein-Snobs und Ästheten gestellt werden. Wohl aber legen sie Wert auf die alten und altvertrauten Gebete."[296]

Ist dieser in sich schon widersprüchliche Wunsch nach einer "deutschen tridentinischen Messe" auch nur an der genannten Stelle belegbar, so offenbart er doch im Zusammenklang mit allen anderen in diesem Abschnitt angeführten Vorstellungen die Verworrenheit, der das Indult gegenübergestellt ist. Einer solchen Verworrenheit kann das Dokument vom 3. Oktober 1984 selbst bei großzügiger Auslegung seiner Bedingungen nicht gerecht werden. Hier zeigt sich, daß sich hinter den liturgischen "Forderungen" nicht selten ein Angriff auf

295 H. SÜESS, Neuer Vatikanischer Entscheid (s. Anm. 202).

296 H. FROITZHEIM, Bedingte Zulassung des alten Meßritus, in: Der Fels 15 (1984) 310 - 311, hier: 310.

das Zweite Vatikanische Konzil oder ein pervertierter Wahrheitsanspruch für die jeweils eigene Person oder Gruppe verbergen, ganz abgesehen von subtileren Fragen und Problemen.

Die Bedingung, das Missale von 1962 zu verwenden, erfordert auch die Einhaltung des vorkonziliaren Festkalenders. Das heißt konkret: Mit der Verpflichtung auf das Meßbuch, das unter Papst JOHANNES XXIII. herausgegeben worden ist, wird von der Einhaltung der nachkonziliaren "Grundordnung des Kirchenjahres"[297] entbunden, zugleich aber überall dort ein Verwirrung stiftendes Nebeneinander von zwei Kalendarien geschaffen, wo das Indult im Sinne des Schreibens vom 3. Oktober 1984 gewährt wird. Für die erbetenen Meßfeiern im vorkonziliaren Ritus gelten unter anderem "statt der Sonntage im Jahreskreis die Sonntage nach Epiphanie und nach Pfingsten, statt der Ostersonntage die Sonntage nach Ostern, sowie etwa die Einhaltung der Quatember- und Bittage im Kirchenjahr, der drei Sonntage der Septuagesima, Sexagesima und Quinquagesima, wie auch die zahlreichen Vigilfeiern der Feste 2. und 3. Klasse und der Oktaven einiger Feste 2. Klasse, und schließlich der alten Daten für manche Herren- und viele Heiligenfeste."[298] Für die traditionalistischen Gruppen gilt denn auch das Festhalten am "Kalender nach dem MISSALE ROMANUM 1962" als "ein lebendiges und aktuelles Zeichen für das Weiterleben des sog. tridentinischen Ritus".[299]

297 in: Notitiae 5 (1969) 165 - 176; dt. in: Meßbuch I, 74* - 82*, Rennings, Dokumente 619 - 635. Dekret "Calendarium Romanum" vom 21. März 1969, in: Notitiae 5 (1969) 163f; dt. in: Rennings, Dokumente 616f.

298 O. NUSSBAUM, Wiederzulassung (s. Anm. 180) 139.

299 Liturgischer Kalender nach dem Missale Romanum, in: UVKorr 16 (1986) 3. Umschlagseite. SAKA veröffentlicht den liturgischen Kalender für den jeweiligen Monat seines Erscheinens.

Durch die unterschiedliche Feier des Kirchenjahres wird ein wichtiger Ausdruck für die Einheit mit der Gesamtkirche preisgegeben. Das ist eine Konsequenz des Indults, die nicht zu verhindern ist.

H. DAS "VERMISCHUNGSVERBOT"

"Es soll keine Vermischung zwischen Riten und Texten der beiden Missale erfolgen", gebietet das Indult. Dazu gehört auch das Kalendarium, mit dem der Aufbau des Meßbuches geregelt ist. Vor allem schreibt das Indult mit dieser Bedingung den unveränderten Gebrauch der vorkonziliaren Meßformulare einschließlich der Perikopen vor.

Darin steckt der Verzicht auf pastoral höchst bedeutsame Errungenschaften, die einen geschichtlichen Boden haben, der weiter zurückreicht, als Ritus und Meßbuch, deren Verwendung das Indult bedingt ermöglicht - seltsamerweise mit Rücksicht auf sogenannte "Traditionalisten".

So wird mit der Gewährung des Indultes eine jüngere Überlieferung der älteren vorgezogen. Dieses fast ungeschichtliche Verhalten hat auch eine liturgietheologische Parallele: "Die weitreichendste Folge aus dieser Bedingung, das MISSALE ROMANUM nach Texten und Riten unvermischt mit späteren Formen zu verwenden, liegt ... darin, daß hierdurch die liturgietheologischen Grundlagen der erneuerten Liturgie weithin ausgeklammert oder zumindest verdunkelt werden. Man braucht nur ... an den heute wieder klarer gesehenen anamnetischen Charakter des Wortes Gottes in den Schriftlesungen und an die Wertung des ganzen Wortgottesdienstes der hl. Messe zu denken".[300] Als Hochgebet steht nach dieser Bestimmung nur der CANON ROMANUS in lateinischer Sprache zur Verfügung, und der Ritus richtet sich nach

300 O. NUSSBAUM, Wiederzulassung (s. Anm. 180) 140.

den "RUBRICAE GENERALES" von 1960[301], d. h. unter anderem für die liturgische Feier: Einhaltung des Stufengebetes, der Opferungsgebete mit ihren proleptischen Aussagen, des "Placeat" vor dem Entlassungssegen und des Schlußevangeliums (Prolog des Johannesevangeliums).[302]

Gilt das Gesagte auch für die Zelebration versus populum? Da von seiten der Traditionalisten auch die Zelebration "versus populum" als konziliare Neuerung abgelehnt wird,[303] erklärt MAAS-EWERD in seiner Stellungnahme zum römischen Dekret vom 3. Oktober 1984: "Was AEM 262 vorsieht und bereits die Instructio 'Inter oecumenici' (26. Sept. 1964) in Art. 91 dargelegt hat, ist kein Proprium der erneuerten Meßliturgie. Die Feier der Messe versus populum war im römischen Ritus niemals verboten. Sie war - wie der Ritus servandus in celebratione Missae (V, 3) zeigt - schon im Missale PIUS' V. von 1570 (mit all seinen weiteren Ausgaben bis 1962) grundsätzlich erlaubt".[304] Diese Auskunft widerspricht natürlich allen Vorstellungen und Wünschen traditionalistischer Gruppen. Ihre Priester und alle, denen das Indult gewährt wird, könnten, wenn sie wollten, auch bei der Verwendung des Meßbuches von 1962 versus populum die Eucharistie feiern.

Die im Indult vorgeschriebene ausschließliche Benutzung des Meßbuches von 1962 unter völligem Verzicht auf alle Errungenschaften

301 s. Anm. 267.

302 Vgl. O. NUSSBAUM, Wiederzulassung (s. Anm. 180) 140.

303 Vgl. Redaktionsaussage (s. Anm. 293).

304 Th. MAAS-EWERD, Sehnsucht (s. Anm. 241) 325; vgl. dazu die Darlegungen des Trierer Bischofs Franz Rudolf BORNEWASSER aus dem Jahre 1944, dargestellt bei: Th. MAAS-EWERD, Die Krise der Liturgischen Bewegung in Deutschland und Österreich. Zu den Auseinandersetzungen um die "liturgische Frage" in den Jahren 1939 bis 1944 (Studien zur Pastoralliturgie 3), Regensburg 1981, 495 - 497. Vgl. ebd. 724 die Angaben zum Stichwort "Zelebration versus populum".

der Liturgiereform wird von einigen Traditionalisten nicht in dieser strengen Weise als für den "Tridentinischen Ritus" notwendig anerkannt, so widersprüchlich dies auch klingen mag. So spricht sich Klaus GAMBER für die Beibehaltung des alten Missale aus, wünscht sich aber die Lesungen in der Landessprache.[305] Diesen noch vor dem Erscheinen des Indultes geäußerten Wunsch hat der Liturgiker aus Regensburg bisher nicht zurückgenommen. Im "Vermischungsverbot" sieht er eine Bestätigung des Einwands aller Traditionalisten und vor allem das vatikanische Eingeständnis, daß es sich beim Meßbuch von 1970 "wegen der einschneidenden Neuordnungen vor allem im Meßordo ... tatsächlich um einen neuen Ritus handelt."[306]

In sehr polemischer Weise wird das Verbot der "Vermischung" dagegen von dem Freundeskreis e. V. der UNA VOCE-Gruppe Maria in München als "Koexistenz zwischen dem Opfer und dem protestantischen Mahl, d. h. dem sog. 'N.O.M.' PAULS VI." gewertet: "Die Koexistenz der einander ganz und gar entgegengesetzten Kulte bedeutet den Irrtum und die Wahrheit auf dieselbe Stufe der Gleichheit stellen."[307] Darum scheidet für die UNA VOCE-Gruppe Maria auch aus, daß beide Riten an ein und demselben Altar gefeiert werden können.

Konzilianter zeigt sich in dieser Frage die UNA VOCE-Föderation. In ihrer "Korrespondenz" wird die Bedingung, daß die beiden Riten nicht vermischt werden dürfen, akzeptiert, aber man bedauert, daß

305 Vgl. K. GAMBER, Liturgie - Dienst vor Gott. Hinführung zum rechten Kultverständnis (Liturgie heute H. 6), Regensburg 1984, 12.

306 K. GAMBER in seinem Leserbrief, in: Der Fels 16 (1985) 122.

307 E. GOLLA, Die friedliche Koexistenz ist unzulässig, in: Einsicht 15 (1985) 18 - 19, hier: 19.

für den "Tridentinischen Ritus" keine "textlichen Anleihen beim neuen Missale"[308] gemacht werden dürfen, etwa im Bereich der Präfationen. Das "Vermischungsverbot" wird, so interpretiert Eric M. de SAVENTHEM, "vor allem jeden Rückfluß von Riten und Texten des alten Missale in die Feier der neuen Messe unterbinden wollen - ohne Erfolg, möchte man meinen, denn es gilt nur für die Feier nach dem alten Missale. Nachdem dieses jedoch ... als rechtmäßiger Bestandteil der römischen Liturgie der Heiligen Messe neu bestätigt wurde, dürften viele Priester bei der Feier der neuen Messe zu den alten Opferungsgebeten zurückkehren, ja selbst zu den alten Wandlungsworten".[309] Derartige Äußerungen verwirren: Was will man eigentlich? Wann ist eine Meßfeier noch "tridentinisch"? Wird die erneuerte Meßliturgie bei einem Rückgriff auf die alten Opferungsgebete und Wandlungsworte schon "vorkonziliar"?

Ähnlich konfuse Vorstellungen liegen in der "Korrespondenz" der UNA VOCE in zwei Abhandlungen über eine Koexistenz und Vermischung beider Riten vor.[310] Die in ihnen erwogenen "Vermischungs-Angebote" zielen darauf hin, dem vorkonziliaren Ritus letztlich den Vorzug zu geben und der erneuerten Meßliturgie sowie der gesamten Liturgiereform die Berechtigung und Verbindlichkeit, teilweise auch die Gültigkeit abzusprechen. Die letztgenannte Position teilen aber GAMBER, die UNA VOCE-Föderation und Alt-Erzbischof LEFEBVRE nicht - wie in folgenden Abschnitten dieser Studie noch nachgewiesen wird -, was jedoch nicht bedeutet, daß einige ihrer Anhänger und Sympathisanten nicht doch die Gültigkeit der nachkonziliaren Meßfeier nach dem reformierten Ritus bezweifeln oder gar ablehnen.

308 E. M. de SAVENTHEM, Die Rückkehr (s. Anm. 194) 332.

309 Ebd. 332

310 Vgl. A. SCHÖNBERGER, Der "Houghton-Plan", in: UVKorr 14 (1984) 355 - 365; Ph. I. ANDRE-VINCENT, Friedliche Koexistenz der Riten?, in: UVKorr 15 (1985) 166 - 174.

Allen diesen Bestrebungen entgegengesetzt, stellt die hier erörterte Bedingung deutlich heraus, daß die allgemein gültige Meßliturgie der Kirche nur nach dem Meßbuch von 1970 und der vorkonziliare Ritus nur aufgrund einer Ausnahmeregelung gefeiert werden dürfen. Dieser frühere Ritus ist nicht abgeschafft, sondern durch die Liturgiereform erneuert worden. Er lebt unter deutlicherer Berücksichtigung der liturgischen Tradition der Kirche im MISSALE ROMANUM von 1970 fort. Vermischungen verbieten sich deshalb, weil dadurch jene Teile oder Elemente wiederbelebt würden, die nach heutiger Kenntnis der Quellen vor der liturgischen Tradition der Kirche nicht mehr bestehen können und sie unter den Gläubigen Verwirrung stiften würden.

Das klare Verbot der "Vermischung" bewahrt m. E. aber nicht vor der drohenden Gefahr einer Spaltung der Gemeinden. Wie man sich traditionalistischerseits schon mit dem Gedanken einer "Kirche in der Kirche" auseinandersetzt und anfreundet, das zeigen nicht nur extremistische Gruppen. Selbst GAMBER vertritt die Angemessenheit einer eigenen Ritengemeinschaft (mit dem Meßbuch von 1962). Er begründet diese Ansicht so: "Die Zugehörigkeit zu einem bestimmten Ritus gründet sich ... nach traditioneller Ansicht auf dem der Taufe. Demnach wäre der alte römische für die älteren Gläubigen und Priester 'ihr Ritus'."[311] Eine zweite Ritengemeinschaft - begründet durch den Empfang des Tafsakramentes im vorkonziliaren Taufritus - neben einer "vatikanischen" - aufgrund empfangener Taufe nach der erneuerten liturgischen Ordnung der Kindertaufe[312] - widerspräche zum einen jedoch eindeutig den Intentionen der Liturgiekonstitution,[313] zum anderen widerspräche sie der Dogmatischen Konstitution

311 K. GAMBER, Leserbrief (s. Anm. 306).

312 Ordo Baptismi parvulorum, vom 15. Mai 1969: Rituale Romanum ex decreto Sacrosancti Oecumenici Concilii Vaticani II instauratum auctoritate Pauli Pp. VI promulgatum, Ordo Baptismi parvulorum, Vatikanstadt 1969, ^{2}1973.

über die Kirche und dem Taufverständnis der Kirche[314] GAMBERS Vorschlag ist theologisch nicht haltbar. Der Taufritus gebietet zum einen dem Getauften keineswegs, zeit seines Lebens in all seinen liturgischen Vollzügen nur den Riten verbunden zu sein, die zum Zeitpunkt des Taufempfangs in Gebrauch und verpflichtend waren. Zum anderen wird mit der Argumentation GAMBERS der Kirche das Recht abgesprochen, Riten verändern zu dürfen. Die Behauptung, jede Ritenänderung schaffe eine rituelle Aufsplitterung der kirchlichen Gemeinschaft, läßt fragen, wie denn die Kirche unter dieser Voraussetzung vor der einheitlichen Festlegung des Taufritus bzw. vor Trient in der Vielzahl ortskirchlicher Liturgien ihre Gemeinschaft hätte bewahren können, und mit welchem Recht dann PIUS V. im Jahre 1570 eine verpflichtende Einheitsliturgie für die Meßfeier vorschreiben durfte. Immer - vor und nach dem Tridentinum - hat es in der Kirche liturgische Vielfalt gegeben. Es sei nur daran erinnert, daß das RITUALE ROMANUM von 1614 als "Modell-Buch" verstanden worden ist und daß die Bischöfe - selbst noch im 19. Jahrhundert - ihre Ritualien iure proprio herausgegeben haben.

I BERICHTERSTATTUNG DER BISCHÖFE

Wohl auf dem Hintergrund der Umfrage der Kongregation für den Gottesdienst im Jahre 1980, deren Ergebnis ein fast einstimmiges Votum der Bischöfe gewesen ist, daß für eine Wiederzulassung des vorkonziliaren Ritus der Meßfeier ein kaum nennenswertes Bedürfnis (und dieses auch nur in bestimmten Ländern) bestehe,[315] möchte die Kongregation, wie der Text zeigt, nach dem Ablauf eines Jahres über

313 Vgl. SC 14.

314 Vgl. LG 7, 11, 14.

315 Vgl. hierzu s. Abschnitt II. 2.B: Die im Text des Indultes genannte Umfrage unter den Bischöfen (1980).

die Auswirkungen des Dokumentes vom 3. Oktober 1984 informiert werden, über seine Anwendung, über Erlaubnis oder Ablehnung der an den jeweiligen Bischof gerichteten Gesuche: "Jeder Bischof soll" die Gottesdienstkongregation über die von ihm gegebenen Erlaubnisse informieren und nach Ablauf eines Jahres seit der Gewährung des Indultes über das Ergebnis seiner Anwendung berichten." Die Bischöfe sollen also über jede gegebene Erlaubnis, das Missale von 1962 zu verwenden, die sie aufgrund des Dekrets vom 3. Oktober 1984 gewähren, vom Tag der Gewährung des Indultes an der Kongregation Auskunft geben, auf daß diese sich schon innerhalb eines Jahres ein Urteil über die Notwendigkeit des Indultes und seine in den einzelnen Diözesen gegebene Gewährung bilden kann.

Was die mittlerweile bei der Kongregation eingegangenen Berichte enthalten, kann nur vermutet werden aufgrund der durch das Indult entstandenen und seit seiner Veröffentlichung "befürchteten Polarisierungen".[316] Im Indulttext ist nicht gesagt, ob vom geforderten Ergebnisbericht und von der Anzahl der gegebenen Erlaubnisse zu Meßfeiern im "Tridentinischen Ritus" eine zeitliche Begrenzung oder Ausweitung dieses Gunsterweises abhängt. Davon, weil im Text des Indultes nichts hinsichtlich einer zeitlichen Begrenzung präjudiziert wird, werden die Berichte der Bischöfe eine hohe Bedeutung haben.

Die Ergebnisberichte werden aber, so meint Theodor MAAS-EWERD, kaum widerspiegeln, "daß die Bischöfe in aller Welt mit dem Indult, das der Papst und seine Gottesdienst-Kongregation in ihre Hände gelegt haben, gleichermaßen klug und umsichtig umgehen werden - trotz aller restriktiven Bestimmungen, die das Schreiben der Kongregation enthält, das aber dennoch, wie es kaum anders sein kann, in der Interpretation und Anwendung dem Ermessen des zuständigen Bischofs 'Spielraum' läßt."[317] Da es Sache des Apostolischen Stuhles ist,

316 Th. MAAS-EWERD, Sehnsucht (s. Anm. 241) 325.

"darüber zu wachen, daß die liturgischen Ordnungen überall getreu eingehalten werden,"[318] ist die Informationspflicht der Bischöfe in hohem Maße gerechtfertigt. Auf diese Weise kann vielleicht verhindert werden, daß durch eine allzu weite Auslegung des besagten 'Spielraums' das Indult - entgegen seiner Intention - die liturgische Einheit mehr gefährdet als fördert.

4. ANWENDUNG DES INDULTES

Das Indult ist ein Gunsterweis des Heiligen Vaters, in Aussicht gestellt auf dem Wege über die Bischöfe für jene Gruppen, die dem sogenannten Tridentinischen Ritus verbunden geblieben sind. Daß mit diesem Entgegenkommen die Liturgiereform nicht in Frage gestellt werden darf, versucht das Indult mit seinen Bedingungen zu gewährleisten. Im Anschluß an die Darlegung der Bedingungen wird dies im offiziellen Text selbst noch einmal ausdrücklich bekräftigt: Die Erlaubnis "muß in einer Weise benutzt werden, die die Befolgung der Liturgiereform im Leben der jeweiligen kirchlichen Gemeinschaften nicht beeinträchtigt".[319]

Das Schreiben der Gottesdienstkongregation geht davon aus, daß es sich bei denen, die bei den Bischöfen um die mögliche Erlaubnis nachsuchen, um Gemeinschaften, also um fest umrissene Gruppen oder Vereinigungen handelt. Von ihnen wird erwartet, daß sie sich trotz ihrer Verbundenheit mit dem vorkonziliaren Ritus um die Befolgung der Liturgiereform bemühen. Damit wird der Kreis derer, die in den Genuß dieses Gunsterweises kommen können, stark eingegrenzt. Offen bleibt aber folgende Frage: Wenn es derartige Gemeinschaften gibt,

317 Ebd. 323.

318 CIC/1983 can. 838 § 2.

319 Wortlaut des Indultes (s. Anm. 161).

die sich u. a. (auch) um die Rezeption der Liturgiereform mühen, wie kann dann bei diesen gleichzeitig noch eine besondere Verbundenheit mit dem "Tridentinischen Ritus" gegeben sein? Handelt es sich um Gruppen wenig beweglicher Christen? Darüber hinaus wird man fragen: Ist eine, wenn auch bedingte Wiederzulassung des vorkonziliaren Ritus überhaupt möglich, ohne die Liturgiereform zu beeinträchtigen? Für eine Antwort auf diese Fragen erweist es sich als notwendig, die Reaktion zu beachten, die das römische Dokument vom 3. Oktober 1984 hervorgerufen hat.

III. REAKTIONEN AUF DAS INDULT

Das Indult vom 3. Oktober 1984 ist in der Presse auf ein großes Interesse gestoßen und hat dort großes Aufsehen erregt, weniger aber bei den Gläubigen, wie selbst de SAVENTHEM eingestehen muß.[320] Trotz der eingehenden Erörterung und Beurteilung des Indultes in den Tages- und Bistumszeitungen hätten nur 34 % der Katholiken das Indult überhaupt einmal wahrgenommen und von ihm einmal etwas gehört. Da die Beachtung des Dokumentes durch die Medien auf der einen und die durch die Gläubigen auf der anderen Seite auseinanderklaffen, scheint das Indult keinem besonderen Bedürfnis der Gläubigen entsprochen zu haben. Die hinter dem Indult stehende Problematik traditionalistischer Forderungen war und ist offenbar vielen Gläubigen fremd und fern.

Die Presse hat das Indult wohl nicht zuletzt deshalb breit aufgenommen, weil es im Zusammenhang mit den Auseinandersetzungen um LEFEBVRE gesehen worden ist. Auffällig ist die fast durchgängige Einordnung des Indultes in dieses Umfeld, die Einschätzung des Gunsterweises als päpstliche Bemühung um den Alt-Erzbischof und seine Anhänger. Diese Zuweisung erklärt sich offenbar daraus, daß LEFEBVRE eine intensive Öffentlichkeitsarbeit betrieben hat, u. a. durch seine publizistisch vermarkteten Massenveranstaltungen, die größenteils in Verbindung mit Meßfeiern im "Tridentinischen Ritus" standen. Dadurch erscheint vielen Publizisten, daß LEFEBVRE allein nach einer Rückkehr der Kirche zu ihren vorkonziliaren liturgischen Formen und zu deren theologischem Gehalt verlange. Unberücksichtigt blieben bei dieser Fixierung auf LEFEBVRE alle anderen traditionalistischen Kreise und Vereinigungen. In ihrer Kommentierung des Indultes beachtete die Presse in der Regel auch nicht die organisier-

320 Vgl. E. M. de SAVENTHEM, Katholiken-Umfrage 1985 II - Reform der Messe und "Indult" -, in: Theol Nr. 190, Febr. 1986, 6907 - 6913, hier: 6908.

ten Kreise "am Rande der Kirche", die sich trotz der Veröffentlichung traditionalistischen Gedankenguts nicht vollends - wie LEFEBVRE, die "Sedisvakantisten" und andere extremistische Traditionalisten es tun - der nachkonziliar geprägten Kirche versagen.

Ein Organ für solche Kreise ist "Theologisches", die Beilage der "Offerten-Zeitung für die katholische Geistlichkeit Deutschlands", die z. B. wiederholt den Präsidenten der UNA VOCE-Föderation zu Wort kommen läßt. Im folgenden sollen deshalb neben den Reaktionen der Presse auf das Indult, neben den Stellungnahmen jener, die sich seiner pastoralen und theologischen Tragweite bewußt sind, auch traditionalistische Publikationen daraufhin befragt werden, wie sie die durch das Indult an sie gerichtete Anfrage angenommen haben. Ohne Zweifel stellt unser Dokument - nach sehr verschiedenen Seiten hin - eine Herausforderung dar.

1. PRESSEBERICHTE UND -KOMMENTARE

Am 16. Oktober 1984 teilte die österreichische katholische Presseagentur (Kathpress) mit: "Letzte Meldung: Vatikan gestattet Feier der 'Tridentinischen Messe'. Voraussetzung: Liturgiereform des II. Vatikanischen Konzils anerkennen."[321]

Dieser sensationellen unerwarteten Meldung, die in Kurzfassung schon die Bedingungen und die Intention des Indultes nennt, folgte am nächsten Tag eine Bekanntgabe durch die Katholische Nachrichtenagentur (KNA) mit gleicher Überschrift.[322] Beide Nachrichtenagenturen im deutschen Sprachgebiet fügten eine zweite Meldung an, in

321 Kathpress. Katholische Presseagentur, hrsg. v. R. BARTA, Wien, Nr. 200, vom 16.10.84, 1.

322 In: KNA Nr. 244, vom 17.10.84, Aktueller Dienst Vatikan, Nachrichtennr. KNA-264/X/84.

der von Alt-Erzbischof LEFEBVRE berichtet wird, er sei "hoch erfreut" über das Indult und könne sich daraufhin eine Änderung seiner Haltung gegenüber dem Vatikan vorstellen. Außerdem wird in diesen Meldungen von der Hoffnung LEFEBVRES gesprochen, "das Klima der Verfolgung, unter der wir gegenwärtig leiden", könne sich ändern.

Auf diese Weise wurde dem Indult eine Interpretation zuteil, die dem vatikanischen Schreiben nicht zu entnehmen ist. Die eigenartige Verquickung von Indult und LEFEBVRE greifen - im Anschluß an die genannten Agenturmeldungen - alsbald viele Tageszeitungen in ihren Kommentaren auf. Der Herausgeber von KATHPRESS, Richard BARTA, versucht am Tag nach der Mitteilung über das Indult der gewährten Erlaubnis eine eigene Deutung zu geben. Er konzentriert sich auf die durch LEFEBVRE ausgelöste Gefahr einer Kirchenspaltung und erblickt im Nachgeben Roms hinsichtlich des Verbots des vorkonziliaren Ritus folgende Absicht: "Rom hat Frieden gemacht mit den Anhängern von gestern und vorgestern."[323] Als weitere Überlegung fügt BARTA seine Meinung an, hinter dem Indult stehe ein taktisches kirchenpolitisches Handeln: "Vielleicht will Rom die Front nach 'rechts' entschärfen, die extremen Konservativen um Erzbischof LEFEBVRE versöhnen, um alle Kräfte für die Auseinandersetzung mit 'links' freizuhaben. Unter 'links' würden sicherlich manche Leute in Rom die Basisgemeinden, die Volkskirche, die Befreiungstheologie, den Aufbruch einer neuen Kirche in Lateinamerika und in den Ländern der Dritten Welt verstehen."

Auch dieser zusätzliche Deutungsversuch findet in Tageszeitungen seinen Widerhall, der dann - über das Indult hinaus - in die Anfrage von BARTAS Kommentar mündet: "Sollte Rom nicht auch versuchen, Frieden zu machen mit jenen Christen, Priestern und Laien, die versuchen, an einer Kirche von morgen zu bauen? Rom kann auch anders, wenn es will. Und der Papst, dieser JOHANNES PAUL II., ist vielleicht gar nicht so konservativ."

323 R. BARTA, Die Tridentinische Messe, in: Kathpress Nr. 201, vom 17.10.84, 16.

Gerade mit dieser letzten Bemerkung erfährt das Indult die Beurteilung, daß sich mit ihm keine angebliche römische Restauration - gemeint als Rückschritt hinter das Konzil - beweisen lasse. Das Indult wird vielmehr als Zeichen und Akt der Offenheit eingestuft. Diese Sicht ist unter allen veröffentlichten Kommentaren zum Indult allein bei BARTA zu finden. Dies erscheint mir wesentlich, da BARTAS Meinung dem Vorurteil anderer Presseartikel zum Indult begegnet, der Papst und die vatikanischen Institutionen wollten die konziliare Erneuerung unterlaufen oder sie aufhalten.[324] Im Indult selbst wird die Position BARTAS gestützt: Nicht negativ bestimmte Restauration, sondern Renovation und Vertiefung des Konzilswerkes sind beabsichtigt.

In den ersten Meldungen und Kommentaren der Tagespresse vom 17. und 18. Oktober 1984 zum Indult wird, von wenigen Ausnahmen abgesehen, vorschnell geurteilt: "Papst erlaubt wieder die lateinische Messe. Traditionalisten setzen sich durch - Reformer sind irritiert."[325] Hans J. ELWENSPOEK betitelt seinen Artikel im "Hamburger Abendblatt" - über die bedingte Wiederzulassung des vorkonziliaren Ritus so: "Der Hirte überrascht und erregt seine Herde. Der Papst gestattet die Wiedereinführung der lateinischen Messe."[326]

Falsche Informationen schlugen sich in vielen Zeitungsartikeln nieder. So schreibt die "Bonner Rundschau", das Indult sei ein Entge-

324 Die Vermutung vermeintlicher Restauration klingt an in: T. W., Päpstliche Konzession an die Traditionalisten, in: Neue Zürcher Zeitung, Nr. 242, vom 18.10.84; W. JESTAEDT, Katholische Vielfalt auch in Meßriten, in: Deutsche Tagespost Nr. 126, vom 19./20.10.84; W. SAILE, Das große Staunen (s. Anm. 247).

325 So die Überschrift eines Artikels von B. HÜLSEBUSCH in: Stuttgarter Zeitung, Nr. 241, vom 17.10.84. Dieser Titel belegt die weitverbreiteten Mißverständnisse hinsichtlich eines vermeintlichen Verbots der lateinischen Liturgiesprache.

326 Im Hamburger Abendblatt vom 17.10.84.

genkommen für jene, die "die vereinfachte neue Meßordnung bekämpften, die meist keine lateinische Sprache mehr vorsah."[327] Daß sich hier Unkenntnis dokumentiert, bezeugt die Aussage der Liturgiekonstitution: "Der Gebrauch der lateinischen Sprache soll in den lateinischen Riten erhalten bleiben, soweit nicht Sonderrecht entgegensteht."[328]

Das Zweite Vatikanische Konzil hat die lateinische Liturgiesprache keineswegs abgeschafft, dafür aber neben dem Latein auch den Volks- oder Muttersprachen ihren Platz in der Liturgie eingeräumt, da "nicht selten der Gebrauch der Muttersprache für das Volk sehr nützlich sein kann."[329] Bestimmend für die Festlegung gesamtkirchlicher liturgischer Texte ist weiterhin die lateinische Sprache. Der jeweilige liturgische Ordo wird in der lateinischen "Editio typica" promulgiert. Die muttersprachlichen Übersetzungen müssen sich an dieser lateinischen "Urfassung" ausrichten.[330]

Neben der besagten Unkenntnis steht aber hinter den oben zitierten Fehlinterpretation des Dokumentes die Erfahrung, daß Meßfeiern in lateinischer Sprache in den Gemeinden unseres Sprachgebietes die Ausnahme geworden sind. Ob sie stärker belebt werden müssen, als eine mögliche Konsequenz aus dem Indult und der mit ihm verbundenen Problematik,[331] sei dahingestellt. Alfons DALMA, der Redakteur der Hamburger Tageszeitung "Die Welt", sieht kein Verlangen nach einer Rückkehr zur lateinischen Sprache im Gottesdienst: "Bisher schon waren die in Latein gehaltenen Liturgien selten, die an ihnen

327 (dpa) Papst erlaubt wieder vorkonziliare Messe, in: Bonner Rundschau, vom 17.10.84.

328 SC 36 § 1.

329 SC 36 § 2.

330 Vgl. SC 36 § 3 und § 4.

331 Vgl. "Sonderregelung für kleinere Gruppen" (s. Anm. 218): Bischof Spital äußert diese Meinung in seinem Interview.

interessierte Gemeinde von Gläubigen klein. Es besteht kein Grund zur Annahme, daß sie durch die Ausdehnung des genehmigungspflichtigen Erlaubten auf den tridentinischen Ritus größer werden."[332] Vielfache Bemühungen um häufige und regelmäßige Meßfeiern in lateinischer Sprache, so z. B. in der Diözese Augsburg,[333] werden, selbst wenn sie sich auf päpstliche Empfehlung berufen,[334] in den Gemeinden kaum berücksichtigt. Das Indult selbst bestätigt die Erfahrung "vor Ort", daß die Muttersprache die "participatio actuosa" besser ermöglicht und von den Gemeinden gewünscht wird.

Daß dennoch - wenn auch nur bei wenigen - der Wunsch nach der lateinischen Liturgiesprache besteht, betont die "Süddeutsche Zeitung": "Man wollte einfach nicht wahrhaben, daß die Latinisierung der Papstkirche ein historischer Prozeß, keine heilsgeschichtliche Notwendigkeit war."[335] So führt man das Problem auf ein mißverstandenes Traditionsverständnis zurück. Damit wird ein tieferer Grund traditionalistischer Bestrebungen beim Namen genannt, der sich hinter der Forderung nach dem Latein verbirgt. Das Verlangen nach dem Latein ist nicht nur von der Sprache motiviert. An der lateinischen Sprache - wie auch bei der Forderung nach dem vorkon-

332 A. DALMA, Der Papst (s. Anm. 166).

333 Für das Bistum Augsburg ist angeordnet, in allen Pfarreien monatlich einmal an Sonn- und Feiertagen den Pfarrgottesdienst als gesungenes Amt in lateinischer Sprache zu feiern, in: Amtsblatt für das Bistum Augsburg 89 (1979) 105 - 110.

334 Gottesdienste in lateinischer Sprache werden in folgenden Dokumenten empfohlen: SC 54; Instruktion "Inter Oecumenici" vom 26.9.1964, 59, in: Rennings, Dokumente 124; Instruktion "Musicam sacram" vom 5.3.1967, 47 - 48, 50 - 51, in: Rennings, Dokumente 417f); Schreiben der Deutschen Bischofskonferenz an die Geistlichen über gottesdienstliche Fragen, in: LJ 16 (1966) 255f; AEM 19; Documentorum explanatio, in: Notitiae 6 (1970) 104, in der auf die Regelung in Rom verwiesen wird.

335 (SZ) Das Streiflicht, in: Süddeutsche Zeitung, Nr. 241, vom 17.10.84.

ziliaren Ritus - wird das eigentlich Erwünschte festgemacht: Eine vorkonziliare Ekklesiologie, die Feier der Liturgie als Mysterium, was sie ohne Zweifel ist, nicht zuletzt gemäß den theologischen Aussagen der Konstitution SACROSANCTUM CONCILIUM.

Daß das Indult diesen traditionalistischen Forderungen, die dem Werk des Zweiten Vatikanischen Konzils entgegenlaufen, teilweise nachgebe, ist ein weiteres Mißverständnis jener Pressenachrichten, die im Indult vor allem ein Anzeichen dafür sehen, den Forderungen des Alt-Erzbischofs LEFEBVRE entgegenzukommen. Das vatikanische Schreiben wird fast ausschließlich auf ihn und seine Anhängerschaft bezogen.[336] Vielleicht ist diese Engführung durch die schnelle Reaktion LEFEBVRES bedingt gewesen, der sich am Tag nach der Veröffentlichung des römischen Dokumentes "sehr glücklich" über das Schreiben der Gottesdienstkongregation äußerte.[337]

Friedrich MEICHSNER berichtet in der Zeitung "Die Welt", die reformierte Meßfeier sei auf stärksten traditionalistischen Widerstand gestoßen. Wörtlich sagt er: "Sie war einer der Hauptanlässe für die 'Rebellion' des französischen Erzbischofs LEFEBVRE."[338] Trotz gleichlautender Argumentation von Bernd SCHOLZ[339] in der "Frankfurter Allgemeinen Zeitung" bestätigt das Indult jedoch keineswegs

336 Das öffentliche Auftreten von LEFEBVRE läßt die anderen traditionalistischen Gruppen übersehen, die nur innerhalb ihrer Anhängerschaft argumentativ tätig sind und kaum Öffentlichkeitsarbeit betreiben.

337 B. HÜLSEBUSCH, Papst-Latein (s. Anm. 195); DERS., Papst erlaubt wieder die lateinische Messe, in: Stuttgarter Zeitung, Nr. 241, vom 17.10.84.

338 F. MEICHSNER, JOHANNES PAUL II. erlaubt wieder Messen in Latein. Erstmals eine Entscheidung des Konzils durchbrochen, in: Die Welt, Nr. 244, vom 17.10.84.

339 B. SCHOLZ, Rückkehr zur Latein-Messe (s. Anm. 173).

die Ansichten des Erzbischofs LEFEBVRE, für den andere Reformen des Konzils - wie Ökumenismus und Religionsfreiheit - im Vordergrund stehen. SCHOLZ behauptet, "die Auseinandersetzungen über die Liturgiereform seien nur eine daraus resultierende Konsequenz gewesen."

Vier Wochen später, Ende Oktober 1984, berichtigte Erzbischof LEFEBVRE seine positive Erstäußerung zum Indult in einem Interview mit Rolf DÖRRLAMM in der "Frankfurter Allgemeinen Zeitung."[340] Dieser Wandel in der Beurteilung wird auch von anderen Zeitungen mitvollzogen. Das als ein Entgegenkommen gedeutete Indult[341] wird mit wachsendem zeitlichen Abstand vom Tag der Veröffentlichung sachgerechter interpretiert. So liest man bei Friedrich WEIGEND in der "Stuttgarter Zeitung" vom 27. Oktober 1984: "Ein Irrtum aktueller Art ist auch die Behauptung, daß diese verhältnismäßig geringfügige liturgische Anordnung von heute den sogenannten 'Lefebvristen' weit entgegengekommen sei."[342] Die Auseinandersetzungen zwischen Rom und LEFEBVRE sind nach Ansicht von WEIGEND durch das Indult nicht gegenstandslos geworden. Dafür sorgen schon die Bedingungen, die das Indult enthält und dieses für LEFEBVRE nicht annehmbar machen. Gemäß seinem Gespräch mit DÖRRLAMM sieht der suspendierte Erzbischof in der Wiederaufwertung der lateinischen Liturgie durch den "Tridentinischen Ritus" einen Vorteil: "Da sie nun mehr zunehmend praktiziert werde, dürfe man mit Fug und Recht auf die dadurch vermehrt freigesetzte Gnadengabe des Heiligen Geistes und deren Wirkung hoffen; daß solche sich durch die Feier einer volkssprachigen bzw. 'protestantisiert' deutschen Messe

340 R. DÖRRLAMM, Eines Tages aus der Sackgasse zurück. Gespräch mit dem Traditionalistenbischof Marcel LEFEBVRE, in: Frankfurter Allgemeine Zeitung, vom 14.11.84.

341 Außer in den schon genannten Zeitungen auch in: (dpa/AP/KNA) Papst läßt Feier der Messe nach altem Ritus wieder zu, in: Westfälische Nachrichten, vom 17.10.84.

342 F. WEIGEND, Die erneuerte Form der Meßfeier bleibt weiter bestimmend. Die heutigen Traditionalisten in der römisch-katholischen Kirche und das Reform-Konzil von Trient, in: Stuttgarter Zeitung, vom 27.10.84.

einstellen könne, das hält LEFEBVRE für schlechterdings undenkbar."[343] Die Kommentierungen des Indultes widersprechen also bald, wie man an diesen Beispielen sieht, den ersten Äußerungen, die meinten, mit dem Gunsterweis sei eine Brücke zu den Traditionalisten geschlagen worden.

Ganz falsch ist natürlich der in der Presse vermittelte Eindruck, im Indult sei eine "vom Papst gewünschte Rückkehr" hinter das Zweite Vatikanische Konzil erkennbar, wie Horst SCHLITTER in drei Zeitungen gleichlautend kommentiert.[344]

Er wertet das Indult als "Wende nach rückwärts"[345], mit der eine vom Konzil getroffene Entscheidung durchbrochen werde. Diese Fehlinterpretation wird schon darin als solche erkennbar, daß das Indult vom 3. Oktober 1984 nicht die erste Ausnahmeregelung darstellt.[346] An der Allgemeingültigkeit der erneuerten Liturgie ändert sich trotz der Indulte nichts, und die Bedingungen, die an ihre Gewährung geknüpft sind, stellen die beste Antwort auf den Einwurf dar, der Gunsterweis sei "ein Rückfall in traditionalistische Rückständigkeit".[347] Allen negativen Urteilen, das Indult sei ein "Rückschritt hinter das Konzil",[348] ein "deutlicher Akt der

343 R. DÖRRLAMM, Eines Tages (s. Anm. 340).

344 H. SCHLITTER, Papst läßt Messe nach altem Ritus wieder zu, in: Kölner Stadt-Anzeiger, Nr. 242, vom 17.10.84, 6; DERS., Papst läßt alte lateinische Messe wieder zu, in: Hannoversche Allgemeine, vom 17.10.84; DERS., Aus Rom ein "Zeichen des Vaters für alle seine Kinder". Traditionalisten entgegengekommen, in: Frankfurter Rundschau, Nr. 243, vom 17.10.84, 1; zgl. mit Kommentar: DERS., Papa vobiscum, in: Frankfurter Rundschau Nr. 243, vom 17.10.84, 3.

345 F. MEICHSNER, Johannes Paul II. (s. Anm. 338).

346 S. Anm. 91: Dem Indult vom 3. Oktober 84 gehen weitere als "Übergangsregelungen" voraus.

347 A. DALMA, Der Papst (s. Anm. 166).

Restauration",[349] hält DALMA mit Recht entgegen: "Weder der Werdegang des Entschlusses, noch der Sinn der Verfügung lassen den relativ großen Lärm, den die sogenannte progressistische Publicity gemacht hat, gerechtfertigt erscheinen."[350]

Eine ausgeglichenere Deutung findet man bei Hans Jürgen FISCHER in der "Frankfurter Allgemeinen Zeitung": "Die Bedingungen sind so restriktiv, daß darin keine Einschränkung des Konzils durch den Papst gesehen werden kann. Mit seiner Bewilligung hat JOHANNES PAUL II. einen Stein des Anstoßes kirchenrechtlich aus der Welt geschafft, der in Wirklichkeit keiner mehr war."[351] Mit dem Untertitel seines Artikels "Die Liturgiereform des Konzils bestätigt" weist FISCHER gegenteilige Deutungen zurück. Er erkennt im Indult die klare Absicht Roms, die Erneuerung der Liturgiefortzusetzen. Das Indult wolle ein Verbot aufheben, "das seinerzeit Bitterkeit ausgelöst habe und das heute überflüssig sei",[352] stellt die "Neue Zürcher Zeitung" angesichts der fast allgemeinen Rezeption der erneuerten Meßliturgie fest. Die durch das Verbot des vorkonziliaren Ritus ausgelöste Situation hat sich geändert, so daß Bernhard HÜLSEBUSCH, ein Redakteur der "Stuttgarter Zeitung", meint, das Indult gehe an den örtlichen Problemen vorbei. Nicht eine bedingte Wiederzulassung des vorkonziliaren Ritus, sondern eine Besinnung auf die Liturgiereform diene der Erneuerung und bleibe eine fortwährende Aufgabe.[353]

348 B. HÜLSEBUSCH, Papst-Latein (s. Anm. 195).

349 W. SAILE, Staunen (s. Anm. 247).

350 A. DALMA, Der Papst (s. Anm. 166).

351 H. J. FISCHER, Für die katholische Messe (s. Anm. 195).

352 T. W., Päpstliche Konzession (s. Anm. 324).

353 Vgl. B. HÜLSEBUSCH, Ratzingers Wünsche, in: Stuttgarter Zeitung, vom 8.11.84.

Ein Fehler in dem oben zitierten Artikel von Friedrich WEIGEND macht dies deutlich. Als Zeit der Reform des II. Vatikanischen Konzils werden nämlich irrtümlich die Jahre "1962 - 2965" - also ungefähr eintausend Jahre - angegeben. In diesem Artikel nennt der Verfasser einen Grund dafür, warum das Indult vielerorts mißdeutet worden sei: "Die Informationspraxis der vatikanischen Dienststellen ist trotz gelegentlicher Reformversuche unbefriedigend geblieben: nach wie vor stellt sie eine Mischung von bürokratischer Geheimniskrämerei und bruchstückhaft lancierten Gerüchten dar."[354] Angesichts mancher irriger Interpretationen des gesamten Vorgangs, einschließlich vermuteter Auseinandersetzungen um das Indult in den Kurialbehörden, kann man WEIGAND zustimmen. Unhaltbar hingegen ist der Vorwurf von HÜLSEBUSCH, Redakteur der "Stuttgarter Zeitung", mit dem Indult hätte der Papst "der Kirche einen Bärendienst erwiesen".[355]

Diese Auslegungen werden in einer Deutung von Winfried JESTAEDT in der "Deutschen Tagespost" erweitert. Ihr liegt jedoch ein Mißverständnis dessen zugrunde, was mit liturgischer Pluralität gemeint ist. JESTAEDT schreibt: "Nicht zuletzt spielt bei der ganzen Problematik der Aspekt der liturgischen Vielfalt eine Rolle. Für die Katholizität der Kirche ist es jedenfalls eine Bereicherung, wenn unter den heute erlaubten verschiedenen Meßriten auch der nach der tridentinischen Tradition zulässig sein darf. Das ist keine Blickverengung, sondern eine Erleichterung der liturgischen Möglichkeiten."[356] Der Verfasser übersieht, daß seitens der Traditionalisten nicht allein eine Rückkehr zum vorkonziliaren Ritus angestrebt wird, sondern auch eine der Einheit der Kirche abträgliche eigene Ritengemeinschaft. Leserbriefe bestätigen denn auch, daß JESTAEDTS Interpretation des Indultes an den tatsächlichen Wünschen

354 F. WEIGEND, Die erneuerte Form (s. Anm. 342).

355 B. HÜLSEBUSCH, Papst-Latein (s. Anm. 195).

356 W. JESTAEDT, Katholische Vielfalt (s. Anm. 324).

der Traditionalisten vorbeigeht. In einem Leserbrief, der in der "Frankfurter Allgemeinen Zeitung" erschienen ist, heißt es: "So bestätigt Rom neben der Kraft und der Fülle dieses Meßformulars auch die beiden Hauptaspekte der Trienter Lehre: Die Feier der Messe ist nicht nur 'Commemoratio' (Gedächtnisfeier des Opfers Christi), sondern wesentlich 'Vera et Propria Sacrificatio' (ein wahres und eigentliches Opfer);" die erneuerte Meßfeier könne "nicht der getreue Ausdruck des Glaubens der Kirche sein".[357] Ein anderer Leserbrief betont: Die Liturgiereform habe "ein Rudiment der Messe" gebracht, ein "Credo zum 2. Vatikanum" müsse gesprochen werden.[358] Man liest von "reformwütigen 'Erneuerern' der Kirche". Hinsichtlich der nachkonziliaren Meßgestaltung wird von einem "Spektakel"[359] gesprochen.

Presseberichte und -kommentare können einen Eindruck vermitteln, der zeigt, wie die Veröffentlichung des Dokumentes vom 3. Oktober 1984 hierzulande aufgenommen werden ist. Aufschlußreich bleibt jedoch, was die Bischöfe zu dem Schreiben der Kongregation für den Gottesdienst erklärt haben. Wie haben sie reagiert?

357 W. HAMMER (Leserzuschrift), Der Papst hat eingelenkt, in: Frankfurter Allgemeine Zeitung, vom 7.11.84.

358 W. HERRMANN (Leserzuschrift), Meßfeier, in: Rheinische Post, Nr. 256, vom 1.11.84, 4; vgl. J. STICKER (Leserzuschrift, in der von einer "Scheinduldung" gesprochen wird), Meßfeier, in: Rheinische Post, Nr. 261, vom 7.11.84.

359 CH. HAHN (Leserzuschrift), Meßfeier, in: Rheinische Post, Nr. 248, vom 22.10.84; vgl. hierzu noch folgende Leserzuschriften: P. LORSCHEID, Meßfeier, ebd.: Es wird gefragt, ob das seinerzeitige Verbot des vorkonziliaren Ritus klug gewesen sei, ebenso aber auch, ob die Wiederzulassung der Einheit der Kirche diene.

2. ERLÄUTERUNG DES INDULTES DURCH BISCHÖFE

Wollte man das Indult als Beweis für eine rückschrittliche Entwicklung der Kirche unter Papst JOHANNES PAUL II. nehmen, so würde man dem Dokument gewiß nicht gerecht.[360] Um solchen Interpretationen, die auch eine Wertung als Vorstufe zur Anerkennung des Traditionalistenbischofs LEFEBVRE nicht ausschließen, entgegenzutreten, folgten dem Indult amtliche Erläuterungen, die geeignet waren, bestimmte Behauptungen in der Presse zu korrigieren.

Augustin Kardinal MAYER hat als Präfekt der Kongregation für den Gottesdienst erklärt, das von ihm mitunterschriebene Indult "für jene Gläubigen, die sich trotz der von besten Absichten getragenen und von der Mehrheit der Kirche gewünschten Liturgiereform des II. Vatikanischen Konzils noch immer der Meßfeier in der vor diesem Konzil gefeierten Form verbunden fühlen", sei zutiefst von der "Hirtensorge" JOHANNES PAULS II. um diese Gruppe diktiert. Die fünf strengen Bedingungen, unter denen die Ortsbischöfe die Feier der Messe nach dem Römischen Meßbuch von 1962 gestatten könnten, seien absolut nicht als Diskriminierung der Anhänger des nunmehr wieder zugelassenen Ritus gedacht. Dieser Ritus habe jahrhundertelang die Frömmigkeit und die Lebensführung der Christen geprägt und im Sinne der Heiligung des Gottesvolkes große Früchte reifen lassen. Dasselbe dürfe man heute von der durch das Konzil erneuerten Meßfeier erwarten, weil sie "mit ihrer klaren Durchschaubarkeit und der aktiven Einbeziehung der mitfeiernden Gemeinde" dem Bewußtsein des Menschen dieser Zeit wohl besser entspreche."[361] In einem vom Vatikanischen Rundfunk am 16. Oktober 1984 ausgestrahlten Kommentar wies der Kardinal ausdrücklich darauf hin, daß der erlaubte Ritus

360 Vgl. Klarstellungen zur "Tridentinischen Messe": Keine Reform der Reform, in: KNA-Informationsdienst Nr. 43, vom 25.10.84, 9.

nicht der Ritus Papst PIUS' V. sei. Er hob hervor, daß mit dem Indult die Liturgiereform nicht in Frage gestellt werde.

Die Pressestelle der Deutschen Bischofskonferenz erläuterte am 16. Oktober 1984 das von der Kongregation für den Gottesdienst veröffentlichte Schreiben. Ihr Text spricht einschränkend von einer "gelegentlichen Feier der heiligen Messe in der früheren Form". Der Kommentar verbindet damit die Einschränkung: "falls der Bischof dazu ein Bedürfnis sieht." Außerdem wird betont, "daß eine Feier nach dem alten Ritus nur für die Zwecke derjenigen Gruppen stattfinden darf, die sie gewünscht haben. Die Tridentinische Messe darf nicht in Pfarrkirchen gefeiert werden."[362]

Hinter dieser Mitteilung, die am Tage der Veröffentlichung des Indultes der Presse zugeleitet worden ist, steht ein doppeltes Be-

361 Erzbischof MAYER würdigt Hirtensorge des Papstes, in: KNA-Korrespondentenbericht Nr. 403, vom 24.10.84, 1f; vgl. "Liturgiereform des II. Vatikanums steht außer Frage", in: KNA Nr. 246, vom 19.10.84. In den Ausführungen von MAYER scheint mir hinterfragbar, die erneuerte Liturgie, zumindest wie sie in den meisten Gemeinden gefeiert wird, entspräche dem heutigen Menschen. Außerkirchliche Erscheinungen (z. B. in Jugendreligionen und in deren Kultakten) lassen den Rückgriff auf liturgische Momente erkennen, die nach der Liturgiereform in der Meßfeier vieler Gemeinden fehlen. Zum anderen hat eine fortwährende Zeitgemäßheit der Liturgie als Prinzip die Konsequenz ständiger liturgischer Zeitanpassung.

362 Vgl. Pressestelle der Deutschen Bischofskonferenz, Bernd MARZ, Pressemitteilung (zum Indult) vom 16.10.84, 12.25 Uhr, Nr. 8869438 sdbk, 1150 rundsen. Dieser Ausschluß von Pfarrkirchen ist vom Pressesprecher der Bischofskonferenz nach einer Zeitungsmeldung aber widerrufen worden. Ob sich hinter den Einschränkungen schon die genutzte Möglichkeit der Bischöfe, eigene Bedingungen zu stellen, verbirgt, ist nicht ersichtlich. Im Indult wird diese Möglichkeit zwar den einzelnen Ortsbischöfen, nicht aber einer nationalen Bischofskonferenz eingeräumt. Eine Absprache der Diözesanbischöfe innerhalb ihrer Bischofskonferenz schließt sich aber nicht aus und ist wohl sinnvoll. Vgl. B. SCHOLZ, Rückkehr (s. Anm. 173).

mühen: Man will erstens dem Eindruck einer Gleichstellung des alten Ritus mit dem erneuerten wehren. Zweitens soll das Indult als eine durch Bedingungen eingeschränkte Ausnahmeregelung gewertet werden, deren Anwendung den Bischöfen anheimgestellt ist.[363]

Da es bei der Berichterstattung über das Indult "Unklarheiten und Mißverständnisse gegeben" hatte, veröffentlicht der Sekretär der Deutschen Bischofskonferenz, Prälat Wilhelm SCHÄTZLER, im "Pressedienst der Deutschen Bischofskonferenz - Dokumentation" eine weitere Erklärung zum Indult.[364] SCHÄTZLER stellt darin klar, der Gebrauch der lateinischen Sprache im Gottesdienst bleibe erhalten. Die Liturgie sei durch das Zweite Vatikanische Konzil innerhalb der liturgischen Tradition der Kirche erneuert worden. Der wesentliche Unterschied zwischen der vor- und der nachkonziliaren Meßordnung bestehe in folgendem: "Das Schwergewicht des alten Meßritus lag ausschließlich auf dem Handeln des Zelebranten, die erneuerte Meßordnung stellt das gemeinsame Handeln des Volkes Gottes in den Vordergrund, innerhalb dessen der Zelebrant eine unantastbare wesentliche Funktion ausübt."[365] Als Motiv für das Indult nennt SCHÄTZLER das pastoral bedingte Entgegenkommen des Heiligen Vaters. Er erwähnt außerdem manche Mißverständnisse bei der Durchführung der Liturgiereform.

363 Dazu gehört auch die Entscheidung des zuständigen Ordinarius darüber, ob die Meßfeier noch dem Missale von 1962 auch in Pfarrkirchen stattfinden darf oder nicht. Der Bischof kann dies "in außerordentlichen Fällen", wie das Indult formuliert, "eigens" erlauben.

364 Pressedienst der Deutschen Bischofskonferenz, Dokumentation 5/84, vom 19.10.84: Schreiben der Kongregation für den Gottesdienst zum "Tridentinischen Ritus" (s. Anm. 169) 2f.

365 Ebd. 2.

Angesichts der breiten Diskussion erläuterte der Vorsitzende der Liturgie-Kommission der Deutschen Bischofskonferenz, Dr. Hermann-Josef SPITAL, der Bischof von Trier, das Indult in einem Interview mit der Katholischen Nachrichten-Agentur (KNA),[366] das am 23. Oktober 1984 veröffentlicht worden ist. Beim Erscheinen der Erklärung im "Pressedienst der Deutschen Bischofskonferenz" und des Interviews mit Bischof SPITAL war die Berichterstattung in der Presse über das Indult jedoch weithin abgeschlossen. Nur wenige Zeitungen waren noch bereit, ihre mißverständlichen Meldungen aufgrund dieses Interviews zu korrigieren.

Der Bischof von Trier sieht im Indult ein Entgegenkommen der Kongregation für den Gottesdienst gegenüber einigen kleineren, in Rom vorstellig gewordenen Gruppen. Das Indult vom 3. Oktober 1984, so SPITAL, sei eine Erweiterung des früher schon gewährten Indultes für Priester, die aufgrund "ihres vorgeschrittenen Alters oder anderer besonderer Umstände die erneuerte Form der Feier der heiligen Messe nur noch schwer annehmen konnten". Die diesen älteren und kranken Priestern gegebene Teilnahmebegrenzung werde jetzt auf einzelne, namentlich bezeichnete Gruppen ausgedehnt, "die trotz grundsätzlicher Anerkennung der Neuordnung der Feier der heiligen Messe zu den geänderten Formen nur schwer Zugang haben".

Bischof SPITAL verweist auf "eine anscheinend zunehmende Zahl von Gläubigen, die die gelegentliche Feier eines lateinischen Hochamtes mit Gregorianischem Choral wünschen und schätzen würden". Hinsichtlich des Wunsches nach dem vorkonziliaren Ritus erklärt der Bischof indessen: "Die Zahl derer, die eine Feier der heiligen Messe nach dem 'Tridentinischen Missale' wünschen, dürfte sehr gering sein. Das könne man schon deswegen sagen, weil "der Kreis derer, die die textlichen Unterschiede - zumal in lateinischer Sprache - wahrnehmen können, sehr beschränkt" sei.

366 Vgl. "Sonderregelung für kleinere Gruppen" (s. Anm. 218).

Der Bischof von Trier reduziert das Problem also zunächst auf die Sprache. Er weist mit Recht darauf hin, daß diese Frage sich nicht aus der Liturgiereform ergebe, sondern sich aufgrund des praktizierten Ausschlusses der lateinischen Sprache aus den Gemeindegottesdiensten stelle. Zudem stehe hinter dem traditionalistischen Begehren eine Sehnsucht, die der Bischof SPITAL als "Sehnsucht nach der früheren Kirche" kennzeichnet. Er spricht von der Situation der Kirche "vor dem Einbruch der Verweltlichung, der in erster Linie ein gesellschaftlicher Vorgang" sei. Das habe aber "mit der Form der Feier der heiligen Messe" unmittelbar nichts zu tun."[367]

Der Trierer Bischof schließt aus, daß "sich jetzt neben unseren Gemeinden, welche die heilige Messe in der erneuerten Form feiern, andere Gemeinden bilden, die an der früheren Form festhalten". Wörtlich stellt er fest: "Die Erlaubnis gestattet keine öffentliche Feier der heiligen Messe nach dem 'Tridentinischen Ritus'." Bischof SPITAL sieht im Indult keine "einschneidende Neuordnung", sondern nur eine Erweiterung der bisherigen Möglichkeit, Ausnahmeregelungen zu gewähren.[368]

367 Ob die so formulierte Begründung trifft, sei wegen der sich dann stellenden Frage erwogen: Ist die sogenannte Verweltlichung wirklich nur ein Einbruch von außen, oder steht hinter dem hier mißverständlichen Gebrauch des Begriffes nicht jenes Bemühen des Konzils, auch in der Liturgie dem Menschen in seiner Welt und Zeit gerecht zu werden? Die Liturgiekonstitution äußert den Wunsch, daß die Riten auch "im Hinblick auf die Verhältnisse und Notwendigkeiten der Gegenwart mit neuer Kraft ausgestattet werden (SC 4). Zum anderen würden die Traditionalisten mit dieser Feststellung, in die Kirche sei die Verweltlichung eingedrungen, in ihrem Vorwurf der nachkonziliaren Kirche gegenüber nur bestätigt. Des weiteren ist die Liturgie unmittelbar von jener von Bischof Dr. SPITAL gemeinten Verweltlichung nicht betroffen; wenn es aber dennoch den Anschein hat, dann gerade in jenen Feiern, die aus einem Mißverständnis der Liturgiereform heraus vollzogen werden. Die erneuerte Meßfeier wird der Überlieferung der Kirche in gleicher Weise gerecht wie der jeweiligen Gegenwart (vgl. SC 4) und ist allein davon geprägt.

Bereits am 17. Oktober 1984 gab der der Liturgiereferent der Österreichischen Bischofskonferenz, Erzbischof Dr. Karl BERG von Salzburg, eine "Erklärung zur 'tridentinischen' Meßfeier" ab.[369] Diese Erklärung deckt sich weitgehend mit den Ausführungen des Trierer Bischofs. Deutlich hebt Erzbischof BERG heraus: "Es handelt sich also keineswegs um eine Erlaubnis, den alten Ritus wieder allgemein zu verwenden." Der erneuerte römische Ritus sei für ihn "zu einem unverzichtbaren Kennzeichen lebendiger Christengemeinden geworden", so daß er von einer "zeitgerechten Liturgie" sprechen könne. Ausgehend von dem positiven Echo, das die erneuerte Meßliturgie "bei der überwältigenden Zahl der Gläubigen" gefunden habe, so erklärt Erzbischof BERG: Man dürfe "vorerst mit Gelassenheit abwarten", inwieweit die durch das Indult ermöglichte "Ausnahmesituation zum Tragen kommen" werde. Der Erzbischof von Salzburg gab in diesem Zusammenhang eine beachtenswerte Empfehlung: "Insbesondere wird es ... notwendig sein, eine einheitliche Durchführung der römischen Bekannt- machung im gesamten deutschsprachigen Raum zu erreichen." Ob diese Empfehlung inzwischen so beachtet wird, ist bislang nicht zu erfahren und wahrzunehmen gewesen. Da das Indult in seiner Anwendungsmöglichkeit Fragen offen lasse, schließt Erzbischof BERG seine Erklärung wie folgt: "Die Bekanntmachung der vatikanischen Kongregation für den Gottesdienst veranlaßt mich, in der kommenden Woche in Rom an einer Tagung über Erfahrungen mit der erneuerten Liturgie teilzunehmen. Ich hoffe, daß dabei die weitere Vorgangsweise näher geklärt werden kann."

368 Vgl. Bischof SPITAL zum "Tridentinischen Ritus". "Von einschneidender Neuordnung kann nicht gesprochen werden", in: KNA Nr. 248, vom 22.10.84; Keine öffentlichen Messen in der alten Form. Bischof SPITAL verdeutlicht neues römisches Schreiben, in: KNA-Aktueller Dienst Inland Nr. 249, vom 23.10.84. Zu den bis dahin schon möglichen Ausnahmeregelungen vgl. Anm. 8.

369 Diese Erklärung wurde mir ohne Angaben über ihre Veröffentlichung von Prof. Dr. Franz NIKOLASCH, Salzburg, zur Verfügung gestellt (Photokopie). Von dieser Erklärung berichtet die Pressemitteilung der KNA, in: KNA Nr. 247, vom 20.10.84, Nachrichtennr. KNA-334/X/84.

3. REAKTIONEN AUF DEM INTERNATIONALEN LITURGISCHEN KONGRESS IM VATIKAN (23. bis 28. Oktober 1984)

An einem Internationalen liturgischen Kongreß, der im Vatikan vom 23. bis 28. Oktober 1984 stattfand, haben die Vorsitzenden der Liturgischen Kommissionen der nationalen Bischofskonferenzen und deren Sekretäre, die Leiter der Liturgischen Institute und Zeitschriften sowie die Vorsitzenden und Sekretäre der Internationalen Liturgischen Kommissionen teilgenommen. Hauptziele dieses Kongresses waren der Austausch von Erfahrungen mit der erneuerten Liturgie und der Ausblick auf kommende Aufgaben.[370] Neben einer überwiegend positiven Bilanz wurde auf diesem römischen Kongreß kritisch festgestellt, daß es Schwierigkeiten bei der Durchführung der Liturgiereform gegeben habe. Der Sekretär der Kongregation für den Gottesdienst, Erzbischof NOE, erklärte dazu: "Für die einen sei in der Liturgiereform die Tradition nicht gebührend geachtet worden, während sie für die anderen nicht genügend den Zeichen und Erfordernissen der Zeit Rechnung trage."[371] Bei einem Festakt zum Abschluß des Kongresses wiederholte Papst JOHANNES PAUL II. diese Aussage. Er verwies auf jene Gruppen, die - über die Liturgiereform hinaus - die gesamte Ausrichtung der Konzilsarbeiten mit Mißtrauen aufgenommen hätten. Der Papst nannte in diesem Zusammenhang jedoch auch jene, die willkürliche Reformen in ihren Gemeinden einführten oder gar eigene Liturgien schüfen, "wobei sie vergäßen, daß die Liturgie dem ganzen Volk Gottes gehöre."[372]

370 Vgl. U. FISCHER, Nötige Klarheit und Einheit bei angemessener Freiheit. Liturgiewissenschaftler ziehen Bilanz der Liturgie-Reform, in: KNA-Im Gespräch, Nr. 101, vom 19.10.84.

371 Liturgiekongreß in Rom zieht Bilanz: Liturgiereform brachte positive Ergebnisse, in: Kathpress Nr. 207, vom 25.10.84, 5a.

372 Kritik an Zulassung der "alten" Messe. Mehr als 200 Liturgie-Experten aus aller Welt bei Liturgie-Kongreß in Rom, in: Kathpress Nr. 213, vom 6.11.84, 8.

Die oft ausgesprochene Kritik am Indult vom 3. Oktober 1984 wird auch jene beachten müssen, die einem subjektivistischen Verständnis der liturgischen Feier huldigen und auf diese Weise traditionalistische Positionen geradezu herausfordern. Der vom Konzil beabsichtigte Fortschritt wird nicht erreicht, weder von "Traditionalisten" noch von "Progressisten", wenn die Treue zur liturgischen Ordnung, die zum Wesen der Liturgie als Feier der Kirche und ihres Glaubens gehört, mißachtet wird. Um den Fortschritt der Liturgiereform zu sichern, schreibt Kardinal MAYER der Kongregation für den Gottesdienst die Aufgabe zu, "Bestimmungen zu schaffen, die einerseits die nötige Klarheit und Einheit im liturgischen Vollzug herauszustellen, andererseits aber auch den örtlichen Bischofskonferenzen angemessene Freiheit lassen."[373] Ob das Indult den Bemühungen dieser Art zuzuordnen sei, ist auf dem Kongreß in Rom bezweifelt worden, da es kaum der Einheit im liturgischen Vollzug diene und die Bischofskonferenzen übergehe. Schließlich bleibe es dem einzelnen Ortsbischof überlassen, wie er mit dieser Möglichkeit umgeht. Die Bischofskonferenzen bleiben in dem römischen Dokument vom 3. Oktober 1984 unberücksichtigt. Sie haben in den anstehenden Fragen keine Befugnis. Das schließt jedoch nicht aus, daß sich die Diözesanbischöfe auf ein gemeinsames Vorgehen einigen.

Genau an diesem Punkt setzen die Liturgie-Kommissionen der 32 englischsprachigen Bischofskonferenzen mit ihrer Kritik am Indult an. Der südafrikanische Bischof Denis HURLEY (Durban) hat diese Kritik in Rom als Sprecher der Kommissionen vorgetragen. Es werde befürchtet, daß sich "diese Konzession", die das Indult biete, "in einer ganz anderen Richtung bewegt als die Lehre des II. Vatikanums über die Kirche, in der die Einbeziehung des ganzen Volkes Gottes in die Feier der Eucharistie betont wurde. Das Indult scheine außerdem diejenigen zu bestärken, die sich der liturgischen Erneuerung widersetzt hätten. Außerdem verletze es den Grundsatz der Kollegiali-

373 U. FISCHER, Nötige Klarheit (s. Anm. 370).

tät aller Bischöfe der Weltkirche; denn 98 % der Bischofskonferenzen hätten auf eine entsprechende Anfrage der vatikanischen Kongregation für den Gottesdienst geantwortet, die Tridentinische Messe sei 'kein Problem der Kirche, sondern die Sorge einer sehr kleinen Minderheit'. Schließlich halten die englischsprachigen Bischofskonferenzen dem Heiligen Stuhl geradezu eine Umkehrung seiner bisherigen Verfahrensweise vor: Obwohl er nach dem Kirchenrecht alle Entscheidungen der Bischofskonferenzen auf liturgischem Gebiet bestätigen müsse, lasse er in dieser wichtigen Frage sowohl die eigene Autorität als auch die der Bischofskonferenzen beiseite und überlasse die Zuständigkeit dem einzelnen Ortsbischof."[374]

Mit diesem rechtlichen Aspekt nehmen die englischsprachigen Liturgiekommissionen auf Canon 838 § 3 des CIC/1983 Bezug. In diesem Canon ist jedoch nur von dem Recht der Übersetzung der liturgischen Bücher die Rede, die der Heilige Stuhl zu überprüfen und zu bestätigen hat, damit sie dann von der Bischofskonferenz herausgegeben werden können. Im Falle des Indultes sind aber die Canones 76 § 1 - Gewährung eines Gunsterweises - und 835 § 1 - Ausübung des Heiligungsdienstes durch die Bischöfe - sowie 838 § 1, § 4 - Regelung der heiligen Liturgie und Erlaß von liturgischen Normen durch den Diözesanbischof - als einschlägig heranzuziehen.

Dennoch ist die Kritik der Liturgischen Kommissionen der englischsprachigen Bischofskonferenzen verständlich. Sie erwächst aus der Verwunderung und dem Bedauern darüber, daß das Urteil der Bischöfe unbeachtet geblieben ist und die Bischofskonferenzen vor der Veröffentlichung des Indultes weder befragt noch informiert worden sind. Unausgesprochen enthält die zitierte Kritik auch die Besorgnis, daß das Indult von den Diözesanbischöfen unterschiedlich und uneinheitlich genutzt wird. Diese Besorgnis klang schon bei Erzbischof BERG an, der - wie oben dargelegt - vorgeschlagen hat, in einheitlicher Weise innerhalb der deutschsprachigen Bischofskonfe-

374 Freimütiger Meinungsaustausch über Liturgie, in: KNA-Korrespondentenbericht Nr. 410, vom 31.10.84.

renzen von dem Indult Gebrauch zu machen. Deutlich ist auf dem Kongreß im Rom ausgesprochen worden, daß das Indult keineswegs "der Anfang eines Trends sei, der hinter die Beschlüsse des Zweiten Vatikanischen Konzils zurückführe. Das Bekenntnis des Pro-Präfekten und des Heiligen Vaters selbst zu den Konzilsbeschlüssen und zur Liturgiereform waren unmißverständlich."[375]

Seit der Promulgation der Liturgiekonstitution vor 20 Jahren - sie war der Anlaß des Internationalen Liturgischen Kongresses in Rom - ist die erneuerte Liturgie "weltweit ein lebenswichtiger Faktor des kirchlichen und religiösen Lebens"[376] geworden. Das bestätigen auch die Stellungnahmen einiger Liturgiewissenschafter aus dem deutschen Sprachgebiet, die sich kritisch mit dem Dekret der Kongregation für den Gottesdienst vom 3. Oktober 1984 auseinandergesetzt haben. Wie beurteilen sie die bedingte Ermöglichung einer Meßfeier nach dem Missale von 1962?

375 E. NAGEL, gd-Auf zwei Minuten (s. Anm. 208) 173.

376 Ebd.

4. STELLUNGNAHMEN VON LITURGIEWISSENSCHAFTLERN

Vier Liturgiewissenschaftler aus dem deutschen Sprachgebiet haben das Indult vom 3. Oktober 1984 kommentiert und zu ihm Stellung genommen: Theodor MAAS-EWERD[377], Hans Bernhard MEYER SJ[378], Franz NIKOLASCH[379] und und Otto NUSSBAUM[380]. Drei dieser Stellungnahmen sind noch im Jahre 1984 erschienen, zwei davon im Oktober, eine im Dezember 1984. Die vierte wurde im Mai 1985 greifbar.

Im folgenden sollen diese Äußerungen dargestellt werden. Ihnen kommt dank der Kompetenz der Autoren ein besonderes Gewicht zu. Sie liefern - über die im vorangegangenen Abschnitt wiedergegebenen Erklärungen von Bischöfen hinaus - wichtige Gesichtspunkte zu einer sachgemäßen Auseinandersetzung mit dem Dekret der Gottesdienstkongregation, um das es hier geht. Freilich werden in den Stellungnahmen der oben genannten vier Liturgiker unterschiedliche Akzentsetzungen erkennbar. Aber es treten in ihren Beurteilungen auch deutliche Gemeinsamkeiten hervor. In diesem Abschnitt folgen wir zunächst den Darlegungen jedes einzelnen der vier Liturgiewissenschaftler, um die jeweilige Position, die der einzelne bezieht, möglichst klar und deutlich herausstellen zu können. Erst im Anschluß daran heben wir im Vergleich hervor, was diesen Stellungnahmen gemeinsam ist.

377 In: KlBl 64 (1984) 323 - 326 (s. Anm. 241).

378 In: Präsent (Innsbruck) Nr. 43, vom 25.10.84, 7 (s. Anm. 253).

379 In: Die Furche (Wien) 40 (1984) Nr. 43, vom 24.10.84, 8 (s. Anm. 211).

380 In: Pastoralblatt für die Diözesen Aachen, Berlin, Essen, Hildesheim, Köln, Osnabrück 37 (1985) 130 - 143 (s. Anm. 180).

A THEODOR MAAS-EWERD

Der Ordinarius für Liturgiewissenschaft an der Katholischen Universität Eichstätt hat im Dezember 1984 einen Beitrag mit dem Titel "Sehnsucht nach dem früheren Missale?" veröffentlicht, der im Untertitel als Reaktion auf das Schreiben der Gottesdienstkongregation (Prot.-Nr. 1650/84) ausgewiesen ist. Der Untertitel ist eindeutig und lautet so: " Zum Indult der Kongregation für den Gottesdienst vom 3. Oktober 1984". Diese Stellungnahme erschien im "Klerusblatt", der vom bayerischen Klerusverband e. V. herausgegebenen Zeitschrift für den Klerus von Bayern und der Pfalz.[381] Mit diesem Hinweis ist zugleich die Zielgruppe benannt, an die sich der Verfasser wendet. Es geht ihm darum, seinen Mitbrüdern, die in der seelsorglichen Praxis stehen, eine Klarstellung zu bieten.

Das Schreiben der Kongregation habe "einiges Aufsehen" erregt, bemerkt MAAS-EWERD in der Einleitung. Dies liege - "unabhängig von vorzeitigen Agenturmeldungen und fragwürdigen Zeitungskommentaren, die mancherlei Mißverständnisse hervorgerufen haben" - in der "Natur der Frage", die der genannte Brief aus Rom behandle.[382]

Der Eichstätter Liturgiker klärt eingangs den Begriff "Indult", den er im Untertitel seiner Stellungnahme verwendet und konfrontiert seine Leser mit dem Wortlaut des Schreibens der Gottesdienstkongregation. Um dieses Schreiben angemessen werten zu können, beleuchtet er im zweiten Abschnitt seiner Stellungnahme zunächst den "Hintergrund". Damit sind "einige wichtige Dokumente" gemeint, "die in Verbindung mit dem erneuerten MISSALE ROMANUM (1970) erschienen bzw. mit der Einführung der authentischen Ausgabe des Meßbuchs für die Bistümer im deutschen Sprachgebiet (1975) veröffentlicht worden sind".[383] Von dieser Voraussetzung her wendet sich der Verfasser der Frage nach dem Motiv des Schreibens zu. Er zeigt die Bedingun-

381 S. Anm. 241 bzw. Anm. 377.

382 Ebd. 323.

gen genau auf, unter denen es die "Gunst",[384] das Missale in der Gestalt von 1962 benutzen zu dürfen, erweist und stellt dabei ebenso deutlich heraus, wem bzw. welcher Personengruppe sie erwiesen werden kann.

Der Frage nach dem Motiv folgt also bei MAAS-EWERD eine genaue Darstellung der Bedingungen, die das Dokument vom 3. Oktober 1984 nennt. Die kommentierenden Ausführungen, die man in diesem Teil findet, werden in einem weiteren Abschnitt vertieft, in dem der Verfasser acht "Feststellungen" trifft. Diese werten die Eigenart der römischen Konzession von der nachtridentinischen Liturgiegeschichte und der Rezeption der jüngsten Liturgiereform her. Immer steht dabei das Meßbuch im Mittelpunkt der Betrachtung. Die am Schluß gestellte Frage, wie "einschneidend" die Regelung vom 3. Oktober 1984 sei, beantwortet der Verfasser indirekt. Er legt den Finger auf "Wunden" oder Mängel in der Durchführung der Liturgiereform "vor Ort". Zu befürchten bleibe, so formuliert er zurückhaltend, daß "weniger gute Erfahrungen mit dem erneuerten Meßritus"[385] den Ausschlag dafür gegeben hätten, daß die "Sehnsucht nach dem früheren Missale" erwacht sei, in dem alles bis ins einzelne geregelt und dem Zugriff der Willkür entzogen gewesen ist. Als wie "einschneidend" der Eichstätter Liturgiewissenschaftler das

383 Der Verfasser nennt folgende Dokumente: "Missale Romanum" (s. Anm. 89); Dekret der Kongregation für den Gottesdienst zur Veröffentlichung der neuen offiziellen Ausgabe des Römischen Meßbuches vom 26. März 1970, abgedruckt in: Meßbuch I, 17*; Approbationsbeschluß der Bischöfe des deutschen Sprachgebiets zur deutschen Fassung des MISSALE ROMANUM vom 23. September 1974 (s. Anm. 92); Erklärung der deutschen Bischöfe zur Einführung des neuen deutschen Meßbuches vom 24. September 1975 (s. Anm. 94).

384 In seiner Stellungnahme hebt Th. MAAS-EWERD wiederholt und betont hervor, daß ein Indult - und somit auch das vom 3. Oktober 1984 - ein Gunsterweis ist. Diesen Wesenscharakter herauszustellen, ist hinsichtlich seiner Gewährung und Inanspruchnahme entscheidend.

385 Th. MAAS-EWERD, Sehnsucht (s. Anm. 241) 326.

mögliche Indult wertet, das tritt jedoch noch deutlicher - wenngleich wiederum indirekt - in seinen folgenden vier Erklärungen hervor.

Erstens: Dringlich werde die Sorge um eine Meßfeier, die durch den "Geist des Gebetes und der Hingabe" lebendig ist, um eine Feier der Meßliturgie, der "die Frömmigkeit der Feiernden innewohnt, die den Glauben vertieft und stärkt, die Frömmigkeit nährt und die Liebe wachsen läßt".[386]

Zweitens: Die Meßfeier sei von ihrem Wesen her "Feier der Kirche, nicht eine Feier bestimmter Gruppen, die - aus welchen Gründen auch immer - darauf bestehen, diese Feier nach ihrem Geschmack und Gutdünken zu vollziehen."[387]

Drittens: Was "von der Stiftung des Herrn her und im Verständnis der Kirche" Zeichen der Einheit sein solle, dürfe nicht "zum Zeichen des Streits oder der Trennung" werden. Eine solche Eucharistiefeier wäre ein Skandal. Dabei bliebe "völlig unbedeutend", welche Missale-Ausgabe man mißbrauche, die von 1970/75 oder die von 1962.[388]

Viertens: Die Erneuerte Liturgie dürfe - trotz des Indults vom 3. Oktober 1984 - nicht beeinträchtigt werden. Dieses Indult werde nicht immer und überall leicht zu handhaben sein. Denn jeder wisse: Auch ein "'Gunsterweis' aus Barmherzigkeit" könne "ein Fehler" sein.[389]

Theodor MAAS-EWERD hält es von der "Natur der Sache" her für"

386 Ebd. 326.

387 Ebd. 326.

388 Ebd. 326.

389 Ebd. 326.

schier unmöglich", daß ein Gunsterweis in der Frage der Verwendung des Meßbuchs von 1962 "die Befolgung der Liturgiereform im Leben der jeweiligen Gemeinschaften nicht beeinträchtige", wie das Dokument vom 3. Oktober 1984 verlangt. Das sei nur möglich, wenn man die Erlaubnis in einem Bistum in keinem einzigen Fall gewähre. Letzteres betrachtet er durchaus als realistisch; denn einen Gunsterweis, hier die Nachsicht von einer gesetzlichen Verpflichtung, die bestehe, weil das Meßbuch von 1970/75 rechtskräftig und verbindlich eingeführt worden sei, könne man weder verlangen noch einklagen, sondern nur erbitten. Die Entscheidung im konkreten Fall bleibe dem Bischof anheimgestellt. Kein Bischof könne in diesem Fall in Zugzwang versetzt werden. Ein Ordinarius könne ein Gesuch selbst dann ablehnen, wenn alle Bedingungen erfüllt seien, die das Schreiben der Kongregation nenne.[390]

Der Verfasser sieht die offizielle Möglichkeit, den Wünschen bestimmter Gruppen, die dem sogenannten "Tridentinischen Ritus" verbunden geblieben sind, entgegenzukommen, in dem Umstand, daß die Einführung des erneuerten Missale "im Grunde" abgeschlossen sei.[391] Unter dieser Voraussetzung sei jener "Akt der Barmherzigkeit" (Augustin Kard. MAYER[392]) für den Papst und die in seinem Auftrag handelnde Kongregation denkbar geworden. Eine andere Frage sei jedoch, ob dieser Akt zur rechten Zeit gesetzt worden sei. Bei größerem "Vertrauen in den Wert des erneuerten Missale" wären nach Ansicht von MAAS-EWERD von vornherein andere und großzügigere Übergangsregelungen bei der Einführung des nachvatikanischen Meßbuchs vorstellbar und auch realisierbar gewesen.[393]

390 Vgl. ebd. 325.

391 Vgl. ebd. 325.

392 Zitiert bei: E. NAGEL, gd-Auf zwei Minuten, in: GD 18 (1984) 173.

393 Th. MAAS-EWERD, Sehnsucht (s. Anm. 241) 325; er fragt an, ob nicht eine "Übergangsfrist von etwa zwanzig Jahren" möglich gewesen wäre.

Das nach dem Konzil vorgelegte Meßbuch, so meint der Eichstätter Liturgiker, ist "ohne Zweifel viel besser als das alte".[394] Leider habe man die Frage, wie "neu" das sogenannte "neue Meßbuch" sei, viel zu wenig erörtert.[395] In Wirklichkeit sei das Missale von 1970/75 "viel stärker in der gottesdienstlichen Tradition der Kirche verankert", als es das Meßbuch von 1570 angesichts der Quellenlage und des Standes der Forschung sein konnte. MAAS-EWERD wendet sich entschieden gegen die leichtfertige Rede vom "Tridentinischen Ritus", den es gar nicht gebe, weil das Missale als ein "gewordenes" und "wachsendes" Buch auf uns gekommen sei.[396] Sowohl das MISSALE ROMANUM von 1570 als auch seine Ausgabe von 1970 präsentiere sich "in der Einheit der Liturgiegeschichte". Das Meßbuch von 1970 sei nichts anderes als eine erneuerte Fassung des Missale von 1962. Das in seinem Textbestand reichere und in seinen Riten liturgiegerechtere Missale, so der Verfasser, hätte sich - auch bei fließenderen "Übergängen" von dem einen zum anderen Buch - mit seiner höheren Qualität auf jeden Fall durchgesetzt. Er spricht unter diesem Aspekt von einer "nachträglichen 'Korrektur'" durch das römische Dokument vom 3. Oktober 1984, bezweifelt aber, ob diese zu diesem Zeitpunkt noch opportun gewesen sei.[397].

In der Regelung vom 3. Oktober 1984 sieht Theodor MAAS-EWERD keinen Dauerzustand, sondern eine "Übergangsregelung", von der man "mit einigem Optimismus" hoffen dürfe, daß sie sich eines Tages

394 Ebd. 325.

395 Vgl. ebd. 325. Der Verfasser äußert a.a.O., daß man "leichtfertig von der "neuen Liturgie", sogar von der "neuen Messe" gesprochen und mit diesen Reden die Verankerung des Meßbuchs in seiner Ausgabe von 1970/75 in der gottesdienstlichen Tradition außer acht gelassen habe. Th. MAAS-EWERD läßt hier die Schwierigkeit in der Auseinandersetzung mit den Traditionalisten anklingen, die fortwährend von einer "neuen Meßordnung" sprechen und mit dieser Behauptung argumentieren.

396 Vgl. ebd. 325.

397 Vgl. ebd. 325.

von selbst erübrige. Er betont, wahre Tradition, das Weitergeben dessen, was der Herr seiner Kirche anvertraut habe, geschehe nicht in der Weise des Konservierens, sondern - "um der gesunden Tradition willen" - in "einem lebendigen Fortschreiten".[398] So sei "auch die erneuerte Meßliturgie nicht ein Produkt der Beliebigkeit, sondern eine Reform aus dem Geist ihres Ursprungs". Sie sei "nicht aus Konzessionen an einen vermeintlichen Modernismus hervorgegangen, sondern aus wieder freigelegten liturgischen Quellen". Angesichts des nachweisbaren Befundes, daß die Verantwortlichen sich bei der Erneuerung der Meßliturgie im Sinne von SC 50 an der pristina sanctorum patrum norma, am Richtbild der Väterzeit orientiert hätten, hinterlasse - so MAAS-EWERD - "die nostalgische Ausnahme", auch wenn sie aus Barmherzigkeit eingeräumt werde, ein "ungutes Gefühl".[399]

Unter Hinweis auf die Intention der Konzilsväter des Zweiten Vatikanums (vgl. SC 1) bezeichnet der Eichstätter Liturgiker das Schreiben vom 3. Oktober 1984 als ein "Signal".[400] Im Grunde stehe die Frage zur Debatte, wie man mit dem Meßbuch umgehe. Anspruch und Verantwortung seien beim erneuerten Missale größer. Es könne "nicht genügen, daß sich die Liturgie in der konkreten Gestalt ihrer Feier der Lebenswirklichkeit des Christen von heute öffnet, entscheidender dürfte sein, daß wir uns ihr anpassen, uns von ihrem Geist inspirieren und erfüllen lassen, daß die geistliche Aneignung dessen geschieht, was wir im liturgischen Vollzug feiern".[401] Wo das erkannt und immer neu versucht werde, "da könnten der Reichtum der der neuerten Meßliturgie und ihre größeren

398 Ebd. 325.

399 Ebd. 325. Das vom Verfasser geäußerte "ungute Gefühl" wird auch in seiner Kommentierung der Bedingungen des römischen Schreibens spürbar und artikuliert, da sie für ihn viele Fragen und Interpretationsmöglichkeiten offen lassen.

400 Ebd. 326.

401 Ebd. 326.

Möglichkeiten sich erst recht und und so sehr selbst empfehlen, daß eine 'Wende nach rückwärts' oder eine Desavouierung der Liturgiereform, die kein Einsichtiger beabsichtigt, ganz unmöglich ist".[402]

Für wie problematisch MAAS-EWERD die Bedingungen hält, die das Schreiben der Gottesdienstkongregation nennt, soll an einem Beispiel aufgezeigt werden:[403]
Die Feier der Messe nach dem Missale in der Ausgabe von 1962 ist nach dem Indult - wie bekannt - "ausschließlich den Gruppen vorbehalten, die darum ersuchen". Es muß jedoch - das ist die erste Bedingung - "eindeutig und öffentlich feststehen, daß der jeweilige Priester und die jeweiligen Gläubigen in keiner Weise die Position derjenigen teilen, die die Legitimation und Rechtgläubigkeit des Missale in Zweifel ziehen, das Papst PAUL VI. 1970 promulgiert hat". Der Verfasser bezweifelt, ob das, was hier verlangt wird, "eindeutig" festzustellen sei. Er befürchtet, daß der Ärger vorprogrammiert sei, zumal dann, wenn die Erlaubnis "in außerordentlichen Fällen" für Pfarrkirchen gewährt werde, und daß der "Schaden für die Kirche" am Ende größer sein werde als der "erhoffte Segen für eine bestimmte Pfarrei".[404]

Bei gutem Willen, so äußert sich MAAS-EWERD, werde jedoch manches im "Vorfeld" zu lösen sein.[405] Er sieht die Pfarrer und andere

402 Ebd. 326.

403 Th. MAAS-EWERD kommentiert auch die weiteren Bedingungen a.a.O. 324f. Wie bei dem angeführten Beispiel weist er auch dabei auf die ähnlichen Schwierigkeiten der Einhaltung und deren Überwachung hin.

404 Ebd. 324.

405 Vgl. ebd. 325. Der Verfasser versteht darunter: "Vielleicht müßte oder sollte es mehr Gemeinden geben, denen es gelingt, mit dem erneuerten Meßbuch die heilige Messe gelegentlich, vielleicht sogar in einem bestimmten Rhythmus, in lateinischer Sprache zu feiern. Das setzte nicht nur die Bereitschaft der Priester, sondern auch die Bemühung jener voraus, die den Gregorianischen Choral pflegen könnten" (325f).

Priester herausgefordert, dem Bischof Lasten zu ersparen, die im "Ernstfall" auf ihn zukommen,[406] weil das Dokument vom 3. Oktober 1984 - in der Interpretation und Anwendung - dem einzelnen Ordinarius und nicht der Bischofskonferenz einen weiten Ermessensspielraum einräumt, der "nicht immer und überall leicht zu handhaben ist.[407]

Außerdem gibt der Verfasser zu bedenken: "Die liturgischen Feiern, um die es hier geht, müssen nach dem Missale von 1962 und in lateinischer Sprache gehalten werden". Ältere Missale-Ausgaben sind also in keinem Fall gestattet. Es dürfte nicht leicht sein, mit Christen von heute die heilige Messe mit dem früheren Missale von A bis Z in

406 Vgl. ebd. 324. Die Aufgaben der Pfarrer und anderer Priester sieht der Verfasser im "Vorfeld" (s. Anm. 405) und darin, wie mit dem Meßbuch umgegangen (s. Anm. 401) und wie den Gemeinden der Geist der Liturgie und der Reichtum des erneuerten Missale entfaltet werden.

407 Ebd. 326. So befürchtet der Verfasser, daß man wohl nicht erwarten dürfe, "daß die Bischöfe in aller Welt mit dem Indult, das der Papst und seine Gottesdienstkongregation in ihre Hände gelegt haben, gleichermaßen klug und umsichtig umgehen werden - trotz aller restriktiven Bestimmungen, die das Schreiben der Kongregation enthält" (325). Die in der letzten Bedingung des Indults geforderten Berichte der Bischöfe über dessen Anwendung "nach Ablauf eines Jahres" werden, so MAAS-EWERD, seine Besorgnis bestätigen, daß das Schreiben der Gottesdienstkongregation zu Polarisierungen beigetragen haben wird, die dem "Sinn der Feier des Sakramentes" (325) als "Zeichen der Einheit", "Band der Liebe" (324) und "Feier der Kirche" widersprechen.

408 Ebd. 324. Zudem fragt der Verfasser an, ob bestimmte Mißstände, die einer von der Liturgiereform angestrebten lebendigen und tätigen Teilnahme der Gemeinde an der Meßfeier entgegenstehen, so das "Rosenkranzgebet während der Meßfeier" oder die "Meßandacht", wieder aufleben werden. Hinter dieser Anfrage steht die im Indult verlangte Voraussetzung, daß "die Befolgung der Liturgiereform im Leben der jeweiligen Gemeinschaften nicht beeinträchtigt" werden darf. Sollten die oben genannten Mißstände aber wieder aufleben, würden die Absicht der Konzilsväter und zugleich die erwähnte Bestimmung des römischen Schreibens vom 3. Oktober 1984 unterlaufen.

lateinischer Sprache zu feiern, vom Stufengebet bis zum 'Letzten Evangelium', mit lateinischer Epistel, mit lateinischem Evangelium ..."In einer Klammer fügt der Eichstätter Liturgiker angesichts dieses Sachverhaltes an: "Jüngere katholische Mitchristen werden eine solche Meßfeier vermutlich erleben wie einen syrisch-orthodoxen Gottesdienst: vielleicht beeindruckt, gewiß befremdet."[408]

B HANS BERNHARD MEYER SJ

Der Ordinarius für Liturgiewissenschaft an der Universität Innsbruck nimmt im Oktober 1984 zu dem Indult Stellung.[409] Entsprechend der Einordnung seines Kommentars seitens der Zeitschrift unter die Rubrik "Die aktuelle Frage" ist er mit einer Frage überschrieben "Soll der Bischof die vorkonziliare Messe erlauben?". Wie der Titel lenken auch der Untertitel und die Unterzeilen des Titels die Aufmerksamkeit des Lesers auf die Rolle der Bischöfe, wenn es heißt: "Neues Dokument - Gefahr der Abspaltung. Auch nach wohlwollender Prüfung des kürzlich veröffentlichten Dokumentes der vatikanischen Gottesdienstkongregation, das in bestimmten Fällen die vorkonziliare Meßfeier erlaubt, hat man Mühe, seinen Nutzen zu erkennen. Die betroffenen Bischöfe werden es schwerer haben als vorher". Daneben spricht Hans Bernhard MEYER SJ aber zugleich seine Befürchtungen hinsichtlich des Indultes aus, wenn er die "Gefahr der Abspaltung" nennt.

Aufgrund der Unterzeilen des Titels ist vorausgesetzt, daß MEYER das römische Schreiben vom 3. Oktober 1984 wohlwollend geprüft hat. Daß er dennoch Mühe hat, dessen Nutzen zu erkennen, entfaltet er in seiner Stellungnahme. Zu deren Beginn klärt er ab, um welches Schreiben es geht, wer sein Verfasser ist und welche Möglichkeit es den Diözesanbischöfen eröffnet: "Priestern und Gläubigen, die namentlich darum bitten, die Feier der Messe nach dem Ritus des

409 S. Anm. 253 bzw. Anm. 378.

Meßbuches von 1962 zu erlauben". Außerdem werden "die Sorge des Papstes 'für alle seine Söhne'" und der "Wunsch, jenen Gruppen entgegenzukommen, die nach der Meßfeier in der Form verlangen, die vor dem Zweiten Vatikanischen Konzil gültig war" als Grund für das Schreiben der Gottesdienstkongregation angegeben. Mit jener Umschreibung des ermöglichten Meßritus tritt der Verfasser den Bezeichnungen "tridentinisch" oder "Messe Pius V." entgegen. Er stellt heraus, daß diese Benennungen irreführend seien, "da von 1570 bis 1962 am Meßbuch zahlreiche Änderungen vorgenommen worden sind".

Hans Bernhard MEYER SJ führt hiernach die Bedingungen an, an die die gewährte Erlaubnis gebunden ist, und nennt darauf folgend als weiteres Motiv für das Indult: "Der Brief wurde zweifellos geschrieben, um Spannungen, die in manchen Gegenden Europas, Nordamerikas und Ozeaniens bestehen (in den übrigen Ländern Asiens, in Zentral- und Südamerika und in Afrika existiert das Verlangen nach der vorkonziliaren Meßfeier praktisch nicht), zu mildern". Ob aber dieses Ziel mit dem Indult erreicht werde? Dieser Frage wie weiteren, die der Brief offen lasse, geht er in seiner Stellungnahme nach, die er in ihrem zweiten Abschnitt mit "Offene Fragen" überschreibt.

Ausgehend von der Umfrage unter den Bischöfen 1980, die im Text des römischen Dokumentes genannt wird,[410] und derem eindeutigen Ergebnis, das er in seinen Zahlen belegt, gibt er im Blick auf das vorliegende Indult aus ihm die Befürchtung zahlreicher Bischöfe wieder, "eine derartige Erlaubnis gebe Anlaß zu neuen Spannungen oder gar Spaltungen und führe zu einem Autoritätsverlust der Kirchenleitung". Da die Gottesdienstkongregation dennoch mit ihrem Schreiben vom 3. Oktober 1984 die Möglichkeit geschaffen habe, daß um die Gewährung der vorkonziliaren Meßordnung für Meßfeier nachge-

410 Diese Umfrage wird in dieser Arbeit im Abschnitt II.2.B vorgestellt und erörtert.

sucht werden kann, werden - so MEYER - die "kleinen, aber aktiven Traditionalistengruppen" von ihr auch Gebrauch machen.

Dadurch werden auf die Bischöfe, in deren Entscheidungsbefugnis die Gunstgewährung gestellt ist, Schwierigkeiten zukommen, wie sie schon in den Antworten auf die Umfrage 1980 angeklungen sind. So befürchtet der Verfasser, daß das von ihm gewürdigte bisherige Bemühen der Bischöfe, "den Sinn der Alleingeltung des neuen Meßritus zu erklären und ihn gegen Angriffe zu verteidigen", durch das Indult erschwert werde. Fraglich ist für den Innsbrucker Liturgiker auch, wie die Bischöfe die Einhaltung der Bedingungen des römischen Schreibens vom 3. Oktober 1984 überwachen sollen. Für ihn lassen die Bedingungen überhaupt zuviele Fragen offen.[411]

Geht der Verfasser auch davon aus, daß sich diese offenen Fragen auch lösen lassen, so bleibt für ihn das schwerwiegende Problem einer möglichen Abspaltung bestehen, das die Bischöfe schon in ihren Antworten auf die Umfrage von 1980 sahen. Um dieser Gefahr zu entgehen, rät er von einer Gewährung des vorkonziliaren Ritus für Meßfeiern mit Sondergruppen an Sonn- und Festtagen sowie von der Nutzung von Pfarrkirchen ab. Zudem sieht MEYER durch eine Gewährung eine zusätzliche zeitliche Belastung auf die Priester zukommen.

So wenig wie den Bischöfen und Priestern mit dem Schreiben der Gottesdienstkongregation eine Hilfe geboten sei, so wenig werde es helfen, die "Anhänger der vorkonziliaren Liturgie" zu "bekehren",

411 So fragt der Verfasser an, wie die Bischöfe feststellen sollen, ob die Gläubigen, die um Gewährung der Meßfeier nach dem vorkonziliaren Ritus bitten, tatsächlich die Legitimation und Rechtgläubigkeit des nachvatikanischen Meßbuches nicht anzweifeln. Zudem stellt MEYER in Frage, ob die Erlaubnis einer vorkonziliaren Meßfeier ohne Beeinträchtigung der "Befolgung der Liturgiereform" überhaupt möglich ist. Weiterhin bleibt für ihn ungeklärt, welche Gläubigen und Priester den Ritus des Meßbuches von 1962 noch genau kennen, ob sie sich nach ihm ganz getreu richten wollen und werden, welche Ordnungen des Kirchenjahres und der Schriftlesungen gültig sein werden.

denn diese werden sich nur bestätigt sehen und das Indult als ein ihnen eingeräumtes Recht verstehen. MEYER hebt aber klar heraus, daß es nur ein "vermeintliches" Recht ist. Mit dieser Einschränkung kennzeichnet er zum einen das Indult als nicht einklagbaren Gunsterweis. Zum anderen gibt er dadurch zu verstehen: Die Traditionalisten werden sich durch das Indult berechtigt sehen, sich der "Befolgung der Liturgiereform" entziehen zu können. Da sie darin aber eine Bedingung des römischen Schreibens vom 3. Oktober 1984 mißachten, kommen sie für den Gunsterweis gar nicht in Betracht. Nach MEYER kann die Erlaubnis einer vorkonziliaren Meßfeier nicht so "erbeten und gebraucht werden", daß die "Befolgung der Liturgiereform" nicht beeinträchtigt wird.

Nachdem für ihn der Nutzen nicht erkennbar ist, den das Indult erbringen soll, fragt MEYER an, ob der Bischof die Meßfeier nach dem Meßbuch von 1962 erlauben solle. Im "Interesse des Friedens und der Einheit in den Gemeinden" sei diese Frage im allgemeinen "eher mit Nein zu beantworten". Hinter seiner ablehnenden Haltung steht auch das Anliegen, den Bischöfen, die es durch das Indult "schwerer haben als zuvor, die Einheit des Gottesdienstes in ihren Diözesen zu wahren und zu fördern", "die Ausübung ihres ohnehin schweren Amtes" nicht noch zusätzlich zu erschweren.

C FRANZ NIKOLASCH

Wie der Untertitel seiner Stellungnahme sagt "Was die erneute Zulassung der tridentinischen Meßordnung bedeutet", will der Ordinarius für Liturgiewissenschaft an der Universität Salzburg das Indult vom 3. Oktober 1984 seinen Lesern erläutern.[412] Mit dem Titel "Eine Reform der Reform?" stellt er schon zu Beginn die Absicht des Indults in Frage.

412 S. Anm. 379 bzw. Anm. 211.

Franz NIKOLASCH ordnet eingangs seines Kommentars das Schreiben der Gottesdienstkongregation den "schon vor einiger Zeit" beobachtbaren Bemühungen Roms ein, "die Traditionalisten Erzbischofs Lefebvres mit der Kirche auszusöhnen. Nach der Nennung der Gruppe, auf die das Indult abziele, bereitet er durch zwei Feststellungen den Boden für seine Bewertung des römischen Schreibens.

Erstens seien die Wünsche zu einer Reform "gewissermaßen so alt wie die tridentinische Meßordnung". Wiederholt sei der Wunsch nach einer Reform der Meßordnung laut und aber auch schon teilweise verwirklicht worden: "Was die nachkonziliare Meßordnung letztlich an Reformen brachte, ist schon unter PIUS XII. in vielen Teilbereichen vorbereitet worden". Damit entkräftet er das Argument, die Reform der Meßliturgie habe erst nach dem Konzil als dessen Frucht begonnen.

Zweitens sei es ein Irrtum, die Reform der Meßordnung sei ein Verrat an der Tradition und eine "neue Ordnung". NIKOLASCH hält fest, daß die erneuerte Meßliturgie "in weit höherem Maße der Tradition entspricht als die frühere", da sie im Gegensatz zum "Tridentinischen Ritus" die Tradition des ersten Jahrtausends berücksichtige.

Auf die im Titel seiner Stellungnahme erhobene Frage "Eine Reform der Reform?" gibt er in seiner Beurteilung Antwort: Die erneuerte Meßordnung habe mittlerweile so tiefe Wurzeln geschlagen, daß "die Zulassung der tridentinischen Meßordnung nicht zu einer 'Reform der Reform' führen wird". Auch sei in der Zulassung keine "Tendenzwende" zu erkennen, selbst wenn "Rom manche konziliare Aussagen und davon geprägte Entwicklungen mit Unbehagen verfolgt und bemüht ist, ihnen gegenzusteuern".[413] Für den Salzburger Liturgiker reicht das Indult als Beleg dafür nicht aus, wohl auch deshalb, weil es für ihn "in keiner Hinsicht sachlich begründbar, sondern nur aus emotionalen und irrationalen Motiven verständlich" ist.

413 Für F. NIKOLASCH ist diese Tendenz im neuen Kirchenrecht zu erkennen.

Schätzt er den Stellenwert des Schreibens der Gottesdienstkongregation auch nicht sehr hoch ein, so erkennt er doch Gefahren, die es auszulösen vermag. Zunächst nennt er den möglichen Rückfall in einen "Ritualismus", der im krassen Widerspruch zum nachkonziliaren Liturgieverständnis steht. Weiterhin führt er "eine tiefgehende Diskrepanz in der Ordnung der Schriftlesungen des Wortgottesdienstes, in der Gliederung des Kirchenjahres (...) sowie die Feier von Heiligenfesten zu verschiedenen Zeitpunkten" an, die sich aus dem "Vermischungsverbot" ergebe, so daß die traditionalistischen Gruppen, kämen sie in den Genuß des Indults, zu einer "eigenen Ritusgemeinschaft", zu einer "Kirche in der Kirche" würden.

Besonders schwerwiegend ist ihm, daß die Zulassung des vorkonziliaren Meßritus von den Traditionalisten als Bestätigung deren "Ablehnung der erneuerten Theologie der Eucharistiefeier interpretiert werden" kann. Daran ändere auch die verlangte Anerkennung der Legitimität und Recht- gläubigkeit des erneuerten Meßbuchs, wie sie das römische Schreiben als Bedingung für eine Erlaubnis voraussetzt, nichts.

Trotz dieser für möglich gehaltenen Stärkung der traditionalistischen Position durch das Indult glaubt NIKOLASCH: Ob "das vorgegebene Ziel einer Aussöhnung der Traditionalisten mit der Gesamtkirche erleichtert wird, kann man mit Recht in Frage stellen".

D KARL-OTTO NUSSBAUM

Der Ordinarius für Liturgiewissenschaft an der Universität Bonn weist im Titel seiner Stellungnahme "Die bedingte Wiederzulassung einer Meßfeier nach dem Missale Romanum von 1962"[414] sofort auf zwei Eigenarten des Indultes hin: Die Zulassung ist an Bedingungen geknüpft und beschränkt sich auf die Verwendung des Meßbuchs von

414 S. Anm. 180 bzw. Anm. 380.

1962. Damit tritt er irrigen Auffassungen entgegen, das Schreiben der Gottesdienstkongregation lasse den vorkonziliaren Meßritus einfachhin wieder zu, und die Erlaubnis betreffe das Meßbuch PIUS V., wie manche Traditionalisten meinten.

Was im Titel schon anklingt wird zu Beginn seiner Stellungnahme vom Verfasser ausdrücklich genannt, um einer Unkenntnis zu wehren, die mit verursacht habe, daß das Indult "bei einem verschwindend kleinen Teil der Gläubigen und bei wenigen Priestern" Anlaß zu einer großen Freude gewesen sei.[415] Von jenen sei es "als erster Erfolg eines langjährigen Wunsches, zum Teil auch heftiger Forderungen betrachtet und gelegentlich sogar als Durchbruch zu einer umfassenderen Rückbesinnung der Kirche auf ihre im Konzil von Trient formulierte Tradition verstanden" worden.[416] Dieser Betrachtungsweise stehen aber - so NUSSBAUM - "Befremden, Unverständnis, Bestürzung und Sorge" gegenüber, mit denen die Mehrheit der Priester und Gläubigen das Schreiben der Gottesdienstkongregation aufgenommen habe. Der Verfasser möchte in seinem Kommentar der Frage nachgehen, inwieweit die eine oder andere Wertung des Indults berechtigt sei. Seine Untersuchung des römischen Dokuments vollzieht sich in drei Schritten: Zunächst erhellt er dessen Vorgeschichte im ersten Abschnitt "Die Begründung für eine bedingte Wiederzulassung einer Meßfeier nach dem MISSALE ROMANUM von 1962". Im zweiten Abschnitt "Die Bedingungen für die Erlaubnis einer Meßfeier nach dem alten Ritus" stellt er dar, daß durch die Bedingungen unterstrichen wird, daß mit dem Indult eine Ausnahmeregelung geschaffen worden ist, die den Einhalt angegebener Bedingungen voraussetzt, die der Verfasser untersucht. Die Stellungnahme des Bonner Liturgikers schließt mit dem dritten Abschnitt "Zusammenfassende Bewertung". Bei der Vorstellung seiner Stellungnahme halten wir uns an die von ihm getroffene Vorgangsweise in diesen drei Schritten.

415 Ebd. 130.

416 Ebd. 130.

In der Darstellung der Vorgeschichte des Indults nennt NUSSBAUM zuerst die Umfrage unter den Bischöfen 1980.[417] Detailliert gibt er deren Ergebnis wieder. Dieser Bezug ist aufgrund der Nennung dieser Umfrage im Wortlaut des Schreibens der Gottesdienstkongregation vorgegeben. Was die Antworten der Bischöfe ergaben, daß "das Problem der Priester und Gläubigen, die dem sogenannten "Tridentinischen Ritus" verbunden geblieben waren, fast vollständig gelöst" sei, belegt der Verfasser zusätzlich mit dem Ergebnis einer Umfrage, die zur Vorbereitung des Europäischen Treffens der Liturgiekommissions-Sekretäre vom 28. Mai bis 2. Juni 1984 in Dublin stattfand.[418] Denn auch sie ergab, daß traditionalistische Bestrebungen nach einer vorkonziliaren Meßfeier nur eine geringe Bedeutung, dazu noch örtlich sehr eingegrenzt, haben. Auf die Fragen der Gottesdienstkongregation zur Vorbereitung des Internationalen Liturgischen Kongresses im Vatikan 1984 habe die Liturgiekommission der Deutschen Bischofskonferenz in ihrer Beantwortung darum gebeten, den Bestrebungen zu widerstehen, die nach einer Zulassung des vorkonziliaren Meßritus drängen, um der Aufweichung der Liturgiereform zu wehren.[419]

Diese Stimmen seien Zeugnis genug - so NUSSBAUM - dafür, daß eine bedingte Wiederzulassung des vorkonziliaren Ritus keineswegs einer Notwendigkeit der Gesamtkirche entspricht. Daß dennoch durch das Indult der Weg zu einer möglichen Erlaubnis eingeschlagen worden sei, begründet der Bonner Liturgiker damit, daß die kleinen traditionalistischen Gruppen "ihre Wünsche und Forderungen beharrlich und wortreich, sehr lautstark und offensichtlich auch mit Unterstützung einflußreicher Persönlichkeiten vorgetragen" hätten und

417 S. hierzu den Abschnitt II.2.B dieser Arbeit, in dem die Umfrageergebnisse detailliert wiedergegeben werden, so daß auf eine nochmalige Wiedergabe hier verzichtet werden kann.

418 S. Text zu Anm. 44 und das Umfrageergebnis unter Abschnitt II.2.B.

419 S. hierzu die Ausführungen unter Abschnitt III.3.

dadurch den Papst für ihr Anliegen gewinnen konnten, der mit dem Indult "diesen Gruppen entgegenkommen" möchte.[420]

Das Indult sei Ausdruck der pastoralen Sorge des Papstes für alle Gläubigen, um die Einheit der Kiche zu wahren. Darin sieht NUSSBAUM die entscheidende Begründung des römischen Dokuments, nicht aber in einer "Rücksichtnahme auf nostalgisches Denken vor allem auf seiten älterer Gläubigen"; erst recht gehe es "nicht um ein wertendes Urteil über die sogenannte Tridentinische Messe oder den Messordo PAULS VI.".[421]

Ausführlich belegt der Bonner Liturgiker, daß das Indult ein "Novum" sei, "für das man in der Geschichte der Liturgie vergeblich nach einem vergleichbaren Vorgang suchen wird", da bisher nie ein außer Kraft gesetzter Meßordo wieder zugelassen worden sei.[422] In diesem Zusammenhang verweist NUSSBAUM auf den ambrosianischen und auf den mozarabisch-westgotischen Ritus sowie auf die Liturgien, die sich noch in einigen Orden erhalten haben, weil sie bei der Einführung des MISSALE ROMANUM 1570 aufgrund ihrer nachweisbaren über zweihundertjährigen Gewohnheit fortbestehen durften. Sie in die Argumentation um die Wiederzulassung des vorkonziliaren Ritus einzubringen, weist der Verfasser von sich, denn bei ihnen handle "es sich nicht um einen nachträglichen Rückgriff auf ältere Traditionen, sondern um deren kontinuierlichen Fortbestand".[423]

Demgegenüber sei mit der Einführung der erneuerten Meßordnung und des MISSALE ROMANUM 1970 der bis dahin gültige Ritus außer Kraft gesetzt worden. Die vom Verfasser angeführten vatikanischen und

420 O. NUSSBAUM, Wiederzulassung (s. Anm. 180) 133.

421 Ebd. 134.

422 Ebd. 134.

423 Ebd. 134.

bischöflichen Dokumente bringen diese Verfügung eindeutig zum Ausdruck.[424]

Ist das Indult auch ein "Novum", so zeigt der Verfasser einige Sonderregelungen seit der Liturgiekonstitution auf, in denen kranken oder sehbehinderten Priestern sowie den Diözesen in England und Wales die Benutzung des Meßbuchs von 1962 einschließlich der Änderungen von 1965 und 1967 für die Meßfeier gewährt worden sei, "die man in gewissem Sinne als Wegbereiter für die nun vorliegende Entscheidung ansehen kann".[425] Diese Sonderfälle ändern aber nichts an der allgemeinen Verbindlichkeit des erneuerten MISSALE ROMANUM.

In dem zweiten Abschnitt seiner Stellungnahme stellt NUSSBAUM heraus, daß das Indult im Vergleich mit den zuvor angeführten Sonderregelungen eine gesamtkirchliche Ausweitung darstelle. Daß es aber eine Ausnahmeregelung darstelle, zeigen die Bedingungen, an die die Erlaubnis des vorkonziliaren Ritus geknüpft ist. Diese Bedingungen werden nunmehr vom Verfasser untersucht.

Zuerst hebt der Kommentar hervor, daß das Indult zwar eine Erlaubnis einer Meßfeier nach dem Meßbuch von 1962 ermöglicht, der Ortsbischof aber, in dessen Zuständigkeit eine solche Zulassung falle, hierzu nicht verpflichtet sei. NUSSBAUM geht davon aus, daß die Ortsbischöfe ihre Entscheidung "nur im Benehmen mit der zuständigen Bischofskonferenz treffen", glaubt aber, daß sich die Bischofskonferenzen "der Hirtensorge des gemeinsamen Vaters für alle seine Söhne und Töchter" anschließen werden "und von dem gewährten Indult auch praktischen Gebrauch machen müssen".[426] Dem Ortsbischof aber

424 Der Verfasser nennt vor allem folgende Dokumente: "Missale Romanum" (s. Anm. 89); AEM; Instruktion vom 20. Oktober 1969 (s. Anm. 91); Mitteilung vom 14. Juni 1971 (s. Anm. 91) auf S. 134 - 136 seiner Stellungnahme.

425 Ebd. 136f. Die angeführten Dokumente finden sich in Anm. 91.

426 Ebd. 137.

obliege es, die Erlaubnis zu erteilen, über die Einhaltung der Bedingungen zu wachen, Orte und Zeiten für die ersuchten Meßfeiern nach dem Missale von 1962 festzusetzen und über seine Zulassungen der Gottesdienstkongregation nach Jahresfrist ab der Veröffentlichung des Indults Bericht zu erstatten.

Nach der Zusammenfassung der bischöflichen Aufgaben und Rechte, die das Indult den Ortsbischöfen zuteilt, wendet sich der Verfasser den Priestern und Gläubigen zu, die nach dem vorkonziliaren Ritus verlangten. Klar stellt er heraus, daß es sich nur um schon bestehende und festumgrenzte Gruppen handeln kann, die um eine Erlaubnis nachsuchen können. "Das Indult verfolgt keineswegs die Absicht, ein Ansporn für die Neubildung derartiger Gruppen zu sein."[427] Ebenso schließt NUSSBAUM die Verwendung des vorkonziliaren Meßbuchs für Gemeindemessen und für "Gruppenmessen im herkömmlichen Sinne" aus. Die dadurch geschaffene Exklusivität sei seines "Wissens ein Novum in der Geschichte der Liturgie" und mache besonders deutlich, daß sich die Gruppen, die um eine Meßfeier im vorkonziliaren Ritus ersuchen, "am Rande des kirchlich-liturgischen Lebens" befinden.[428]

Der Bonner Liturgiker erklärt, daß das Indult nicht auf Gruppen abziele, "die sich etwa dem Erzbischof LEFEBVRE angeschlossen haben oder ihm nahestehen". Diese Trennungslinie sei deshalb zu ziehen möglich, da das Indult voraussetzt, daß die ersuchenden Priester und Gläubigen keine Gemeinschaft mit denen haben, die "die Legitimität und Rechtgläubigkeit" des erneuerten Meßbuchs anzweifeln. Für den Verfasser ergibt sich aber die Schwierigkeit, diese Trennungs- linie immer klar ziehen zu können, da bei den Priestern und Gläubigen, die nach dem vorkonziliaren Ritus verlangen, "doch eine gewisse Reserviertheit oder sogar Ablehnung gegenüber der erneuerten Liturgie mitschwingt oder mehr oder weniger deutlich vorhanden

427 Ebd. 138.

428 Ebd. 138.

ist."[429]

Setzt das Indult auch voraus, daß die Ersuchenden eine festumschriebene Gruppe bilden, so heißt das nach NUSSBAUM aber nicht, daß sie gleichsam eine eigenständige Gemeinde bilden dürfen, die nur die Meßliturgie nach dem Missale von 1962 feiern. Von ihnen werde erwartet, über eine Ausnahmeerlaubnis nach dem Indult hinaus an den Gemeindemessen nach dem erneuerten Meßbuch teilzunehmen.

Die schon zuvor vom Verfasser geäußerte Isolierung "der wenigen antragsberechtigten Priester und Gruppen" wird für ihn wiederum in den Bestimmungen deutlich, die dem Ortsbischof die Festlegung der Orte und Tage überlassen, an denen der vorkonziliare Ritus gefeiert werden darf. Der Ausschluß von Pfarrkirchen in der Regel sowie weitgehendst von Sonn- und Feiertagen soll nach NIKOLASCH verhindern, "daß Gläubige an diesen Meßfeiern teilnehmen, für die die Erlaubnis nicht eingeholt und gewährt wurde".[430]

Mußten bei den oben aufgeführten Sonderregelungen die Änderungen von 1965 und 1967 des Meßbuchs von 1962 beachtet werden, bleiben diese bei einer Meßfeier, die das Indult ermöglicht, unberücksichtigt. Das heißt, daß derartige Meßfeiern gänzlich in lateinischer Sprache zu vollziehen sind und sich so auch Vermischungen mit dem erneuerten Missale verbieten. Damit wolle aber "das Indult nicht einen allgemein gangbaren Weg zur Wiederbelebung der in bedauerlichem Maße verdrängten lateinischen Sprache in der Liturgie aufzeigen",[431] sondern nur konsequent an dem vorkonziliaren Ritus festhalten. Diese Konsequenz schließe auch die Befolgung des vorkonziliaren Calendariums, der Perikopenordnung und der Rubriken des

429 Ebd. 138.

430 Edd. 139.

431 Edd. 139.

Missale von 1962 ein.[432] Der Verfasser zählt die sich ergebenden Unterschiede detailliert auf und verdeutlicht auch damit, "daß hierdurch die liturgietheologischen Grundlagen der erneuerten Liturgie weithin ausgeklammert oder zumindest verdunkelt werden".[433]

NUSSBAUM weist - wie die anderen schon vorgestellten Stellungnahmen von Th. MAAS-EWERD, H. B. MEYER und F. NIKOLASCH - darauf hin, daß das MISSALE ROMANUM ein durch die Zeiten gewachsenes Buch ist, das fortwährend Änderungen unterworfen war. Was PIUS V. 1570 angestrebt habe, wäre durch die Zeiten fortgesetzt und vor allem durch das Zweite Vatikanische Konzil erreicht worden. Hierin stützt er sich vornehmlich auf den grundlegenden Artikel von Balthasar FISCHER "Vom Missale Pius' V. zum Missale Pauls VI.".[434] Es sei deshalb auch irreführend, dem erneuerten Ritus einen sogenannten Tridentinischen Ritus entgegenzusetzen. NUSSBAUM hofft, daß sich all dessen die um den vorkonziliaren Ritus ersuchenden Priester und Gläubigen bewußt sind und die Bedingungen des Indults auch einhalten.

Im dritten und letzten Abschnitt seiner Stellungnahme "Zusammenfassende Bewertung" hält er in vier Punkten fest:

Erstens intendiere das Schreiben der Gottesdienstkongregation "keine liturgietheologische oder dogmatische Korrektur am Ordo Missae und am MISSALE ROMANUM von 1970", auch werde keine "auch nur teilweise Rücknahme der Meßreform beabsichtigt oder vorgenommen".[435] Das Indult stelle in seinem Wortlaut selbst klar heraus, daß die durch die Liturgiereform ermöglichte liturgische

432 Die sich ergebenden Unterschiede werden von O. NUSSBAUM auf S. 139f aufgeführt.

433 Ebd. 140.

434 S. Anm. 31.

435 Ebd. 141.

Erneuerung durch den Gunsterweis nicht beeinträchtigt werden soll, so daß NUSSBAUM festhält: "Das vom II. Vaticanum herausgearbeitete neue Kirchenverständnis und die daraus resultierende ekklesiale Dimension der Liturgie und deren praktische Folgerungen für die liturgischen Ordines bleiben mithin unangetastet für alle kirchlichen Gemeinschaften."[436]

Zweitens könne aufgrund der Unterschiede im Calendarium, in den Texten der Meßformulare, in der Struktur der Meßordnung und vor allem in den liturgietheologischen Grundlagen zwischen der vor- und der nachkonziliaren Meßfeier "die Meßfeier nach dem alten Ritus nicht innerhalb der vom II. Vaticanum inaugurierten erneuerten Liturgie angesiedelt und kann folglich auch nicht als ein weiteres Beispiel für deren Pluralität und Vielfalt gewertet werden."[437]

Drittens hebt NUSSBAUM heraus, daß die Bedingungen zwar sehr einschränkend seien und bezeugen, "daß der Heilige Vater sich diese Entscheidung nicht leicht gemacht" habe. Er hofft aber, daß die um Gewährung des Indultes ersuchenden Priester und Gläubigen diesem Entgegenkommen des Papstes gemäß auch die Bedingungen tatsächlich einhalten. Aber selbst ein Ersuchen innerhalb des von den Bedingungen abgesteckten Rahmens ändere nichts daran, daß sich "die Anhänger des alten Ritus" dennoch "am Rande des gottesdienstlichen Lebens der Kirche" bewegen, "das vor allem in der Feier der hl. Messe als dem tiefsten Ausdruck kirchlicher Einheit und der Einheit der Kirche mit Jesus Christus seinen Mittel- und Höhepunkt besitzt."[438]

Der Bonner Liturgiker schließt seine Stellungnahme als vierten Punkt seiner Bewertung mit der sich stellenden und bleibenden Aufgabe liturgischer Erneuerung. Nennt er das Indult auch nicht mehr

436 Ebd. 141.

437 Ebd. 141.

438 Ebd. 142.

darin, so zeigt doch der Zusammenhang, daß für NUSSBAUM in der Art und Weise, wie diese Aufgabe wahrgenommen oder vernachlässigt worden sei, eine Mitursache für das Verlangen nach dem vorkonziliaren Ritus. Für ihn sollten Priester und Gläubige sich mehr um die Aneignung der "theologischen Grundlagen der Liturgie" bemühen, statt ihr Interesse "vordergründig auf die Rubrizistik" zu erstrecken. Erst die von ihm geforderte Aneignung und deren Vermittlung an die Gemeinden werde die participatio actuosa der Gläubigen verstärken. Hier sieht der Verfasser einen echten und dringenden Nachholbedarf, eine sich fortwährend stellende Aufgabe, deren Erfüllung allein den Gläubigen, "die der erneuerten Liturgie noch etwas fremd gegenüberstehen, in dieser Liturgie der Kirche ihr eigenes Heimatgefühl und die Quelle ihrer persönlichen Frömmigkeit" schenken kann. Statt sie durch die Gewährung des Indults in eine Isolation geraten zu lassen, rät NUSSBAUM, jene Gläubigen durch die "Ausschöpfung aller legitimen Möglichkeiten", in "würdiger und feierlicher Weise" die Liturgie zu feiern, vom Rand des gottesdienstlichen Lebens wieder in die volle Teilhabe daran zurückzuführen.[439]

E ZUSAMMENFASSUNG

In den vier vorgestellten Stellungnahmen lassen sich neben den eigenen Akzentsetzungen der jeweiligen Liturgiker viele Gemeinsamkeiten erkennen. Sie sollen hier in aller Kürze, da sie schon ausführlich behandelt worden sind, dargestellt werden:

1. Gemeinsam ist die Heraushebung, daß ein Indult ein Gunsterweis ist, der zwar gewährt werden kann, auf den aber selbst bei Erfüllung und Beachtung aller gestellten Bedingungen kein Rechtsanspruch besteht.

439 Der Verfasser sieht z. B. darin eine Möglichkeit, dem Wunsch mancher Gläubigen nach einem lateinischen Choralamt o. ä. nachzukommen: ebd. 139.

2. Das erneuerte Meßbuch steht in der liturgischen Tradition der Kirche. Aufgrund des besseren Quellenzugangs ist es von höherer Qualität als seine Vorgänger. Es ist so wenig "neu" wie das Konzil eine neue Meßordnung geschaffen hat. Ritus und Meßbuch sind "nur" erneuert worden, indem die Quellen, die bei der Herausgabe des Missale 1570 noch nicht zur Verfügung standen, berücksichtigt worden sind. Diese Reform gleicht dem Bemühen, das PIUS V. bei der Edition seines Meßbuchs bewog.

3. Die Stellungnahmen dieser Liturgiewissenschaftler heben klar heraus, daß sich - trotz des Indultes - an der Erneuerung der Liturgie als bleibender Aufgabe nichts ändern wird. Jedoch wird dieses pastorale Bemühen, das eine geistliche Erneuerung der Liturgiefeiernden beabsichtigt, durch das Indult, durch die Auseinandersetzungen und Spannungen, die es ausgelöst hat, eher erschwert. Einheit und Frieden sind - unnötig? - in Gefahr gebracht worden. Deshalb wäre es klug, um der Gemeinschaft aller Gläubigen willen, von einem Gebrauch des Indultes möglichst abzusehen und das Werk des Konzils verstärkt und vertieft fortzusetzen. Hier geht es nicht um rubrizistische und sprachliche Fragen. Die Liturgiewissenschaftler legen nahe: Ein umsichtiges pastoralliturgisches Handeln, in nachkonziliarer Zeit zuweilen etwas vernachlässigt, ist vonnöten, um den Mißverständnissen und Angriffen von traditionalistischer Seite wehren zu können, die über die Liturgie hinaus die gesamte konziliare Erneuerung in Frage stellen. Die Mißdeutungen äußern sich in den Beurteilungen des Indultes in traditionalistischen Publikationen.

5. BEURTEILUNGEN IN TRADITIONALISTISCHEN PUBLIKATIONEN

Die unterschiedlichen Reaktionen auf das Indult, greifbar in traditionalistischen Zeitschriften und Mitteilungsblättern, sind in erster Linie durch die voneinander abweichenden Positionen zur nachkonziliaren Kirche bedingt.[440] Die Publikationen von Gruppierungen, die ihre Beziehung und Zugehörigkeit zur Kirche trotz deren Entwicklung nach dem Zweiten Vatikanischen Konzil nicht aufgeben wollen, zielen darauf ab, jedem "progressiven" oder gar "progressistischen" Übergewicht in der Kirche zu wehren.

440 Die Anzahl der traditionalistischen Gruppen in allen Ländern - vornehmlich in Europa und Nordamerika - ist unübersehbar. Eine Übersicht findet sich in: E. GERSTNER, Die katholische Traditionalistenbewegung. Eine Selbstdarstellung (Kritische Texte 5), Zürich-Einsiedeln-Köln 1970; E. WEINZIERL, Gegenreformation (s. Anm. 51); Der Kampf für die "Tridentinische Messe", in: BiLi 49 (1976) 124 - 126; L. KOZELKA, LEFEBVRE. Ein Erzbischof im Widerspruch zu Papst und Konzil. Aschaffenburg 1980, 165 - 185; Sauerteig oder Sekten?; Zu neueren Konzentrationsbewegungen in der katholischen Kirche, in: LS 25 (1974) 65 - 156; H. B. MEYER, Una Voce - Nunc et semper? Konservative Bewegungen nach dem Konzil, in: StdZ 180 (1967) 73 - 90.
Hier möchte ich nur jene Gruppen aufzählen, mit denen ich um der vorliegenden Untersuchung willen Kontakt aufgenommen und auch Antwort, vorwiegend in ihren Veröffentlichungen, erhalten habe.
Diese Kontaktaufnahme geschah brieflich und telefonisch und ist, soweit Antwortschreiben vorliegen, belegbar.
Ein Teil der noch vor Jahren bestehenden traditionalistischen Gruppen scheint nicht mehr existent zu sein, da alle postalischen und telefonischen Bemühungen erfolglos waren; auch Informanten aus anderen Traditionalistengruppen wußten nicht mehr um jene.
Eine Auflistung aller Gemeinschaften und Organisationen müßte demnach ständig neu- bzw. fortgeschrieben werden. Von daher versteht sich die mir selbst für diese Arbeit auferlegte Beschränkung.
Außer acht habe ich zudem die traditionalistischen Vereinigungen im fremdsprachigen Ausland gelassen, da sich hier die Ermittlungen von Adressen und Bezugspersonen noch schwieriger darstellen. Aufgrund der übernationalen Beziehungen der traditionalistischen Gruppen, die sich

In den Veröffentlichungen extremistischer Traditionalisten wird der konziliaren Erneuerung jegliche Identität mit der römisch-katholischen Kirche abgesprochen. Darum bekämpfen diese Gruppen die durch Konzil und schon in dessen Vorfeld durch Papst JOHANNES XXIII. eingeleitete Reform.

auch in den Veröffentlichungen niederschlagen, gibt die Eingrenzung auf den deutschsprachigen Raum dennoch einigermaßen ein Gesamtbild jener Opposition und ihrer Argumentation wieder.
Aus den mir zugesandten und hier angegebenen Publikationen habe ich - soweit möglich - notwendige Informationen und Materialien für diese Arbeit entnommen. Die Adressen der einzelnen Gruppen sind teilweise nur als Redaktionsadresse ihrer Veröffentlichungen greifbar.

1) Actio spes unica. Adresse: Pfarrer Hans MILCH (verst.), ehemals: Oranienstraße 38, 6200 Wiesbaden. Unregelmäßiger Rundbrief von Hans MILCH selbst.
2) Arbeitsgruppe der Sammlung glaubenstreuer Katholiken: CH - 4011 Basel, Postfach 51. Veröffentlichung elfmal jährlich: "SAKA-Informationen. Römisch Katholische Monatsblätter". 1985 10. Jahrgang.
3) Freundeskreis e. V. der UNA VOCE - Gruppe Maria. Adresse: 8000 München 1, Postfach 610. Unregelmäßig erscheinende Publikation: "Einsicht. Credo ut intellegam. Römisch-Katholische Zeitschrift". 1985 15. Jahrgang.
4) Internationale Föderation UNA VOCE. Zweimonatlich erscheint:
"UNA VOCE-Korrespondenz". Redaktionsadresse: Dr. Rudolf KASCHEWSKY, Postfach 62 02 75, 5000 Köln 62. 1985 15. Jahrgang.
5) Liga katholischer Traditionalisten e. V. Adresse: Am Lehnshof 16, 5063 Overath-Immekeppel. Mehrmals jährlich erscheint: "Kyrie eleison. Organ der Liga kath. Traditionalisten e. V."
Redaktionsadresse: Dr. Elisabeth GERSTNER, unter gleicher Anschrift. 1985 14. Jahrgang.
6) Mysterium fidei, P. Josef BOXLER sel. Monatszeitschrift: "Mysterium fidei". Redaktionsanschrift: CH - 4622 Egerkingen. 1985 11. Jahrgang.
7) Theologische Arbeitsgemeinschaft Beda-Kreis mit gleichnamiger Monatspublikation. Redaktionsadresse: Ilvesheimer Straße 81, 6800 Mannheim, Jahrgang nicht feststellbar.
8) Vereinigung St. Pius X. e. V. und Priesterbruderschaft St. Pius X. Monatliche Publikation: "Mitteilungsblatt der Priesterbruderschaft St. Pius X. für

In diesen Publikationen herrschen "vielfach Kreuzzugsstimmung, scharfe persönliche Polemik und Denunziation"[441] vor, zugunsten einer selbst festgelegten "Wahrheit", die in jedem Fall höher zu rangieren scheint als die Nächstenliebe.

den deutschen Sprachraum". Redaktionsadresse: P. Josef BISIG, Regens des Priesterseminars Herz Jesu, Zaitzkofen, 8306 Schierling. 1985 13. Jahrgang.

9) VOX FIDEI - Stimme des Glaubens. Gemeinschaft für christliche Verkündigung e. V. Adresse: Postfach 2370, 7980 Ravensburg. Gleichnamige mehrmals monatlich erscheinende Zeitschrift. 1985 12. Jahrgang.

Weitere traditionalistische Veröffentlichungen bzw. Publikationen, in denen teilweise traditionalistische Standpunkte vertreten werden können, ohne erkennbare organisierte Gruppe als Herausgeber:

1) "Der Fels: Katholische Monatszeitschrift". Verlagsadresse: Der Fels - Verlag GmbH, Stahlzwingerweg 12, 8400 Regensburg. 1985 16. Jahrgang.
2) "Theologisches. Beilage der "'Offerten-Zeitung für die katholische Geistlichkeit Deutschlands'". Herausgeberadresse: Prof. Dr. Joh. BÖKMANN, Frankenweg 23, 5340 Bad Honnef-Rhöndorf. Erscheint monatlich. Im März 1985 Nr. 179.

Weiter sind die Veröffentlichungen der Stiftung "Lumen gentium", Adresse: Schaan/Liechtenstein, die von H. H. Msgr. DDr. Klaus GAMBER, Postfach 240, 8400 Regensburg 11 (vornehmlich seine Reihe "Liturgie heute") und die Zeitschrift der Katholischen Pfadfinderschaft Europas "PFADFINDER MARIENS", Redaktionsadresse: Claus P. CLAUSEN, Postfach 1327, 4780 Lippstadt, zu nennen.

Durch diese Gruppen und in ihren Publikationen werden im deutschen Raum am intensivsten traditionalistische Forderungen verbreitet und für die Organisationen geworben. Ihnen ist wohl der stärkste Einfluß zuzurechnen. Anhand der Artikel, die teilweise ganz oder gekürzt in mehreren Publikationen erscheinen, sind Querverbindungen unter den Gruppierungen festzustellen. Gleiches gilt für die vielseitige Behandlung des Indultes der bedingten Wiederzulassung des sogenannten Tridentinischen Ritus. Über die Mitgliedsstärke der Gruppen sind mit Ausnahme der Vereinigung Pius X. e. V. - die LEFEBVRE-Bewegung -, die in der Bundesrepublik Deutschland nach eigenen Angaben 3 310 Gottesdienstteilnehmer umfaßt, keine Auskünfte zu erfahren.

Die periodisch erscheinenden Veröffentlichungen - nur diese sollen im folgenden in ihren Kommentaren und Stellungnahmen zum Indult berücksichtigt werden, spiegeln die Polarisierungen innerhalb der Gruppen der Traditionalisten wider. Die Unterschiede zwischen ihnen werden durch den selbst gewählten Abstand von der Kirche in ihrer konziliaren Erneuerung bestimmt. Werden von derartigen Vereinigungen sehr extreme Standpunkte vertreten, so verstehen sie ihre Zeitschrift als "Kampfblatt". Wenn nun diese regelmäßig erscheinenden Publikationen in ihren Stellungnahmen oder öffentlichen Erklärungen zum Indult kommentiert werden, so versuchen wir, in der Einteilung und Zuordnung schon den Grad ihrer noch oder nicht mehr bestehenden Kirchlichkeit anzudeuten. Bei der Durchsicht und Überprüfung der dreizehn zur Verfügung stehenden Zeitschriften und Mitteilungsblätter hat sich eine Untergliederung in fünf Gruppen ergeben, die in den jeweils vorangestellten Zwischenüberschriften genannt ist.

Zu den Zeitschriften von Traditionalisten, die ihren Standpunkt innerhalb der Kirche vertreten und die Beziehung zu ihr pflegen, zählen wir "Theologisches", "Der Fels", "Stimme des Glaubens", "Pfadfinder Mariens" und "UNA VOCE-Korrespondenz". Eine eigene Gruppe bilden jeweils das "Mitteilungsblatt der Priesterbruderschaft Pius X. für den deutschen Sprachraum" und die Rundbriefe des ehemaligen Pfarrers Hans MILCH. Unter den Mitteilungen extrem tra-

In einem Schreiben vom 11.10.1985 an alle deutschen Diözesanbischöfe teilte das Priorat St. Athanasius Stuttgart (Distrikt für Deutschland) der Priesterbruderschaft St. Pius X. mit, wieviele Gläubige in den von der Priesterbruderschaft betreuten Niederlassungen innerhalb des deutschen Distrikts an Sonn- und Feiertagen den Meßfeiern beiwohnen. Der unterzeichnende Distriktsobere P. Paul NATTERER möchte mit diesem Rundschreiben die Bischöfe aufrufen, "der ursprünglichen Intention des römischen Dokumentes und damit der der Heiligen Vaters selbst zum Durchbruch zu verhelfen." Das Schreiben nennt zu den insgesamt 25 Gottesdienststellen der Bruderschaft in der Bundesrepublik Deutschland die jeweiligen Gottesdienstteilnehmerzahlen, insgesamt pro Sonn- und Feiertag 3 310. Dieses Schreiben ist nicht veröffentlicht.

441 A. GROSSE SUERMANN, Traditionalistenvereine, in: HPTh V 578.

ditionalistischer Gruppen sind "Beda-Kreis", "Mariendienst" und "Einsicht" zusammengefaßt. Als Periodika der Sedisvakantisten werden "Kyrie eleison", "Mysterium fidei" und "SAKA" in ihrer Position zum Indult vorgestellt.

A. ZEITSCHRIFTEN DER TRADITIONALISTEN

Daß "Theologisches", die Beilage der "Offerten-Zeitung für die katholische Geistlichkeit Deutschlands", in unseren Darlegungen den traditionalistischen Zeitschriften zugerechnet wird, ist darin begründet, daß einzelne Artikel traditionalistisches Gedankengut verbreiten, vor allem solche von Eric M. de SAVENTHEM, dem Präsidenten der UNA VOCE-Föderation, wie der "Bewegung für Papst und Kirche e. V.", . Auch Johannes BÖKMANN, der Herausgeber von "Theologisches", kommentiert das Indult mit Bezugnahme auf die UNA-VOCE-Föderation und vielen Verweisen auf Fehlentwicklungen bei der Durchführung der Liturgiereform, ob es sich nun um liturgische Eigenmächtigkeiten handelt oder um die "Purifizierung" bilderreicher Kirchenräume. Die Verantwortlichen nennt BÖKMANN in seiner Interpretation der Entstehungsgeschichte des Indultes.

"Daß dieser Akt des Papstes, den er sogar seiner eigenen Kongregation abtrotzen mußte - von dem zähen, erbitterten Widerstand der Liturgie-Funktionäre ganz zu schweigen -, von großer grundsätzlicher Bedeutung ist, steht außer Frage".[442] Das Feindbild, das der Verfasser aufbaut, untermauert er dadurch, daß er die Ausdeutung der Umfrage unter den Bischöfen 1980 seitens der Kongregation für den Gottesdienst und die Deutung der Umfrage der UNA VOCE-Föderation (im gleichen Jahr) durch deren Präsidenten de SAVENTHEM kritiklos übernimmt. Darin werden die Ergebnisse der vatikanischen Umfrage der Unrichtigkeit und der Ungültigkeit bezichtigt. Die strikte Trennung, die angeblich zwischen dem Papst und den "Liturgikern" besteht, drängt BÖKMANN, dem Heiligen Vater für seinen "nachhaltigen Willen" zu danken. Ihm "bleibt zunächst nur die dankende Hinwendung zum Pontifex Maximus",[443] wobei er seine Einschränkung ("zunächst nur") aufgrund der im Indult gestellten Bedingungen macht. Für BÖKMANN sind die Bestimmungen, die die Anwendung des Indultes regeln, das Werk jener, die das päpstliche Bemühen zugunsten der von ihnen erneuerten Liturgie "minimalisiert" haben. "Die ohnehin diskriminierenden Auflagen machen überhaupt den Eindruck, als müsse sich der kerngesunde Leib der Kirche sorgfältig und mit peniblen Sicherheitsvorkehrungen vor einer eminent ansteckenden, seuchenartigen Erkrankung durch rigorose Quarantänemaßnahmen schützen".[444]

Der Zynismus dieser Aussage läutet bereits die anschließende Verurteilung der erneuerten Liturgie ein: "Wer ... noch wahrnehmungsfähig ist für die mehr oder weniger den Glauben der Kirche durch die eine oder andere Form der Messe entweder sichernde und stützende oder teilweise verändernde bzw. verunklärende Wirkung, wird die beiden Ritus-Formen eher gegenteilig einschätzen." BÖKMANNS Urteil über die erneuerte Meßliturgie, sie habe für den Glauben "verändernde bzw. verunklärende Wirkung", läßt ihn aufrufen, "miteinander vor Gott zu beten um eine Bewahrung des heiligen Erbes der durch so viele Jahrhunderte hindurchgetragenen immerwährenden Messe in wenigstens friedlicher Koexistenz mit dem korrekt gefeierten Novus Ordo Missae".[445] Zwar übernimmt BÖKMANN hier die bei extremistischen Traditionalisten gebräuchliche Wendung "Novus Ordo Missae" (oftmals abgekürzt: NOM), mit der der erneuerte Meßordo disqualifiziert werden soll, spricht sich aber dennoch für eine Koexistenz beider "Riten" aus.

442 J. BÖKMANN, Missale Romanum 1962. Für die Hl. Messe ist der alte Ritus wieder bedingt zugelassen, in: Theol Nr. 179, März 1985, 6315.

443 Ebd. 6320.

444 Ebd. 6317.

445 Ebd. 6320.

Wie BÖKMANN bekundet auch Heinz FROITZHEIM, der zweite Redakteur der Monatsschrift "Der Fels", dem Papst seinen Dank. Auch er macht die Kongregation für den Gottesdienst für die "diskriminierenden" Bedingungen verantwortlich.[446] In seinem Kommentar zum Indult umreißt er die heutige Situation im Bereich der Liturgie so: "Viele wissen ja wegen all der vielen Reformen in den letzten Jahren überhaupt nicht mehr, was die hl. Messe ist. Man muß hier - wie auch anderswo in der Kirche - wieder ganz von vorne anfangen."[447]

Was für ihn die heilige Messe ist, und wie man "von vorne anfangen" kann, das zeigt er in seiner Auslegung der Bedingung, "in keiner Weise die Position derjenigen" zu teilen, die die Legitimität und Rechtgläubigkeit des Missale Romanum in Zweifel ziehen, das Papst PAUL VI. 1970 promulgiert hat."

"Was heißt das?", fragt FROITZHEIM. "Sicher nicht", daß der Antragsteller "an der neuen Liturgie alles gut finden muß. Er muß auch die neue Liturgie nicht für besser halten als die alte, könnte auch umgekehrter Überzeugung sein. Ohne aus dem Rahmen der Bedingung zu fallen, könnte er sogar überzeugt sein, daß die Liturgiereform aufgrund des 'historischen Kontextes', aufgrund also der zeitlichen Umstände häresiefördernd und glaubensschädlich war. Die Bedingung fordert nur, daß er die neue Liturgie als rechtmäßig und an sich als rechtgläubig anerkennt".[448]

Die in dieser Antwort enthaltene Widersprüchlichkeit und Aufforderung zum Lippenbekenntnis lassen den Vorwurf des Verfassers gegen-

446 H. FROITZHEIM, Bedingte Zulassung (s. Anm. 296) 310.

447 Ebd. 311. FROITZHEIM versteht unter "von vorne anfangen", allein die Liturgie nach dem sog. "Tridentinischen Ritus" wieder einzuführen und bindend vorzuschreiben.

448 Ebd. 311.

über allen, die sich um die Durchführung der erneuerten Liturgie mühen, auf ihn zurückfallen. Wie zwiespältig und unglaubhaft der dem Heiligen Vater erstattete Dank ist, wird darin deutlich, daß FROITZHEIM nicht zur Nutzung des Indultes im Einklang mit der Befolgung der Liturgiereform auffordert, sondern zur Mißachtung der Intention des Indultes.

Auch weitere Artikel der Zeitschrift "Der Fels" zum Indult, sind von solcher Widersprüchlichkeit gezeichnet, zum Beispiel folgende Information über die Jahrestagung 1984 der "Bewegung für Papst und Kirche e. V.", die zu den Bedingungen des Indultes sagt: "Die mit dem Indult verknüpften Bedingungen wurden jedoch allerseits als dem Toleranzgedanken des Konzils widersprechend bezeichnet."[449] Einerseits wird der "Toleranzgedanke" des Konzils verurteilt, andererseits wird er - um der eigenen Position willen - beansprucht.

In der Mitgliederzeitschrift "Pfadfinder Mariens" der Jugendorganisation "Katholische Pfadfinderschaft Europas" nimmt ihr Bundeskurat, Pater Andreas HÖNISCH SJ, in einem Aufsatz über Fragen der eucharistischen Verehrung auch zum Indult Stellung:

"Ich vertrete die Auffassung, daß dieses Schreiben, so unscheinbar es nach außen hin erscheinen mag, einen wichtigen Markstein für die katholische Kirche nach dem 2. Vatikanischen Konzil bedeutet. Und dies nicht deshalb, weil der lateinische Ritus der Zukunft der tridentinische in seiner reinen Form sein wird. Sondern deshalb, weil mit diesem Dokument der Hl. Vater einen eindeutigen Hinweis gegeben hat, wie er das Reformwerk PAULS VI. verstanden wissen will. JOHANNES PAUL II. hat ein eindeutiges Halt ausgesprochen gegenüber allen eigenwilligen und modernistischen Experimentieren und gar Umfunktionieren bei der Feier der hl. Liturgie. Wahrscheinlich wird es nach einigen Jahren - dies kann ich noch nicht beweisen, ich spüre

449 T. KURRUS, Jahrestagung 1984 der "Bewegung für Papst und Kirche", in: Der Fels 15 (1984) 361.

nur, daß es richtig ist - eine endgültige Reform der Liturgiereform geben. Das Beste der tridentinischen Form und das Beste des Novus Ordo werden zu einem harmonischen Ganzen verschmolzen werden ... Ich werde auch meine Vorgesetzten bitten, mir unter strikter Einhaltung der Bedingungen unseres Hl. Vaters für bestimmte Gruppen von Fall zu Fall die Meßfeier in der tridentinischen Form zu erlauben; und ich empfehle meinen geistlichen Mitbrüdern, ähnliches zu tun, damit die Jugend den ganzen Reichtum der katholischen Kirche kennenlernt."[450]

Hier kehren vier traditionalistische Grundaussagen wieder: Das Indult stellt erstens die Liturgiereform in Frage; das Indult ist zweitens alleiniges Werk des Papstes, der damit hinter das Konzil zurücktritt; die erneuerte Liturgie birgt drittens nicht den ganzen Reichtum der Kirche; das Indult markiert viertens den Beginn einer neuen Phase. Für die traditionalistischen Kreise, die dies innerhalb der Kirche zu vertreten versuchen und ihre Beziehung zur Kirche nicht abbrechen wollen, kommt zu diesen vier Aussagen noch der Wunsch einer Koexistenz beider Riten hinzu. Diese Standpunkte vertritt auch die "UNA VOCE-Korrespondenz".

Von allen traditionalistischen Publikationen weist die "UNA VOCE-Korrespondenz" die größte Anzahl von Artikeln zum Indult, zu den Reaktionen auf das Indult und zu seiner Handhabung auf. Seit der Veröffentlichung des Indultes geht diese Zeitschrift in insgesamt 42 Abhandlungen, Informationen und Aufrufen auf das Indult ein[451]: Sei es der theologische und der kirchenrechtliche Hintergrund, sei es die Inanspruchnahme des Indultes, oder die Handhabung seitens

450 A. HÖNISCH, Der ganze Reichtum unserer Kirche. Gedanken zur hl. Messe. Der ganze Reichtum unserer Kirche, in: Pfadfinder Mariens Nr. 9, 4. Quartal 1984, 3.

451 Vom Heft 6 des 14. Jahrgangs 1984 bis einschließlich Heft 1 des 16. Jahrgangs.

der Bischöfe, seien es die Kommentierungen in Tagespresse und Kirchenzeitungen. Die vielen Erörterungen entfalten, was de SAVENTHEM in seinem Vortrag auf der Jahresversammlung der UNA VOCE-Deutschland e. V. am 28. Oktober 1984 in Düsseldorf als erste Stellungnahme vorgelegt hatte.

Er erklärte namens der UNA VOCE: "Bei der ersten Lektüre dieses janusköpfigen Dekrets dürften vor allem Enttäuschung, ja Empörung Kopf und Herz jedes rechtlich denkenden Katholiken erfüllen. Der Zielkonflikt zwischen dem Papst auf der einen und dem liturgischen 'Establishment' auf der anderen Seite wurde von letzteren gnadenlos auf dem Rücken der alten Messe ausgetragen".[452]

Für de SAVENTHEM gibt es zwei mögliche Lesarten des Indultes, die der "konziliatorischen Zielsetzung des Papstes" und die "diskriminatorische der Liturgie-Beamten". In dieser Unterscheidung ist zugleich seine Wertung des Indultes als "janusköpfigen Erlaß" begründet. Die Schilderung der Vorgeschichte des Indultes ist bei de SAVENTHEM geprägt von Widerständen, anti-päpstlichen Kampagnen, Agitationen der Bischöfe und der Kongregation für den Gottesdienst. Von der Kongregation behauptet er, sie fungiere "seit vielen Jahren nicht mehr als Vollzugsbehörde päpstlicher Willensentscheide, sondern als römische 'Lobby' der Liturgie-Funktionäre und ihrer professionellen Erneuerungs-Manie".[453]

In seiner Kommentierung des Indultes "in diskriminatorischer Lesart" spart der Verfasser nicht mit Verdächtigungen und Unterstellungen. Von den Bischöfen wie den liturgischen Kommissionen erwartet er nach dem Indult "eine eher noch verschärfte ideologische

452 E. M. de SAVENTHEM, Die Rückkehr (s. Anm. 194) 329.

453 Ebd. 328.

454 Ebd. 330.

Tyrannisierung der konservativen Schichten des Kirchenvolkes."[454] In seiner "konziliatorischen Lesart" nimmt de SAVENTHEM für sich die ganz genaue Kenntnis des päpstlichen Willens in Anspruch. In diesem Deutungsversuch gibt er präzise Anleitungen, wie die Bedingungen des Indultes zu umgehen bzw. zu unterlaufen seien. Der Vorwurf, die Gottesdienstkongregation sei spalterisch tätig, trifft wegen dieser Interpretation des Indultes durch den UNA VOCE-Präsidenten auf ihn selbst zu. Bezeichnend für seine Polemik ist der Kommentar zu den Ausführungsbestimmungen des Bischofs von Genf-Lausanne-Fribourg, die er als "einen mit den römischen Gegnern des Dekrets vorher abgestimmten Versuch zu scharfmacherischer Weichenstellung" wertet.[455]

Aus dem Indult zieht Eric M. de SAVENTHEM fünf "praktische Folgerungen" für UNA VOCE:

Erstens sollen alle Mitglieder dem Papst ihren Dank abstatten.

Zweitens sollen sie Kontakte mit den Ortsbischöfen aufnehmen und Gesprächsprotokolle anfertigen, die für die eigene Organisation wie auch für die Weiterleitung an den Vatikan bestimmt seien.

Drittens wolle das Präsidium der Internationalen UNA VOCE-Föderation in Rom vorstellig werden, damit diese Organisation eine Generalerlaubnis erhalte und von den Ortsbischöfen unabhängig werde. Dies würde den Bischöfen die Zuweisung von Priestern erleichtern, wie der Heilige Vater selbst es wünsche.[456]

Viertens solle die Handhabung des Indultes durch die Bischöfe laufend dokumentiert werden - im Blick auf Verhandlungen mit der römischen Kurie.

455 Ebd. 336.

456 Ebd. 338.

Fünftens sei es "das Recht, ja die Pflicht, für diese Messe 'aller Zeiten' regelrecht zu werben". In dieser Tätigkeit werde man angespornt durch "die innere Dynamik dieses ersten, zwar bescheidenen, aber dennoch entscheidenden Schrittes auf dem Weg liturgischer Restauration".[457]

Bei der Betrachtung dieser fünf Konsequenzen, die de SAVENTHEM zieht, fällt es nicht schwer, sein Urteil über die Bedingungen des Indultes auf ihn zu beziehen: Das Urteil, sie seien "inquisitatorisch" und "denunziatorisch".[458] Alle weiteren Veröffentlichungen in der UNA VOCE-Korrespondenz sind vom Tenor dieser Ausführungen bestimmt. Sie lassen das Indult keineswegs dem Frieden und der Einheit in der Kirche dienen, sondern ermuntern zu spalterischen Bemühungen und zur Mißachtung des intendierten Entgegenkommens.

In dem vierzehntägig erscheinenden Mitteilungsblatt "Stimme des Glaubens", dem "Organ der Gemeinschaft für christliche Verkündigung", kommentiert der verantwortliche Redakteur Dr. Philipp KÜBLE das Indult in der Ausgabe vom 1. November 1984. Wiederum ist von vatikanischen Auseinandersetzungen die Rede, bei denen sich der Papst durchgesetzt habe, während der damalige Präfekt der Kongregation für den Gottesdienst, Kardinal CASORIA, seine Unterschrift verweigert habe. Mit diesen nicht nachprüfbaren Vermutungen diskreditiert KÜBLE die Kongregation für den Gottesdienst. Für ihn reicht die Geschichte der heiligen Messe in ihrem Ritus "bis zu Petrus und Paulus" zurück.[459] Deshalb, so meint KÜBLE, sei die Bezeichnung "Tridentinische Messe" auch unrichtig, wenngleich PIUS V. für die Verbreitung des nachtridentinischen MISSALE ROMANUM in der gesamten Kirche gesorgt habe. Über das Zweite Vatikanischen Konzil, das er als "Vatikanisches Pastoralkonzil" bezeichnet, sagt der hier zi-

457 Ebd. 339.

458 Ebd. 330.

459 Ph. KÜBLE, Der alte römische Ritus (s. Anm. 271) 4

tierte Verfasser: "Das Konzil habe weder die Volkssprache eingeführt noch eine neue Liturgie geschaffen oder gewollt, sondern in beiden Fällen das genaue Gegenteil" gewollt.[460]

Ausgehend von dieser Behauptung beurteilt er die nachkonziliare Entwicklung in der Kirche: "Rom war die Führung der Kirche aus den Händen geglitten. Um diese wieder zu erlangen, stellte es sich selbst an die Spitze der Reform, legalisierte sie, und um auf der Basis der Reform wieder die Einheit herzustellen, wurde der alte römische Ritus gegen eigene Konzilsbeschlüsse verboten."[461] Da das Konzil für KÜBLE nicht eine Liturgiereform anstrebte, sondern den alten Ritus beibehalten wollte, folgert er hinsichtlich des Indultes: "Was die jetzige Entscheidung des Papstes betrifft, so ist sie ein erster Schritt zur Verwirklichung der wirklichen Beschlüsse des vatikanischen Pastoralkonzils".[462] Die lateinische Liturgiesprache ist für ihn alleingültige Sakralsprache. Sie ist gnadenvermittelnd. Deshalb erklärt er zur Wirksamkeit der lateinischen Messe: "Solche Erlebnisse mit der Messe sind natürlich Gnaden. Das Problem mit dem alten römischen Ritus ist in erster Linie eine Frage der Gnade."[463] Den Meßfeiern nach vorkonziliarem Ritus traut er zu, daß durch sie die traditionalistischen Gemeinschaften, "die überall in der Welt Stützpunkte und Mitglieder haben", "zu einer größeren Einheit kommen" können. Er regt an, daß neben Pfarrgottesdiensten auch Brautmessen, Firmgottesdienste, die Spendung der Krankensakramente sowie die Beerdigung im alten Ritus vollzogen werden.[464] In seiner Beurteilung der erneuerten Liturgie verweist KÜBLE auf die "participatio actuosa" der Gläubigen, die nach seiner Auffassung von der

460 Ebd. 6.

461 Ebd. 10.

462 Ebd. 10.

463 Ebd. 11. Für ihn ist die Verweigerung des alten Ritus eine Verweigerung möglichen Gnadenempfangs.

464 Vgl. Ph. KÜBLE, Leitartikel, in: StdGl 11 (1984) H. 19, 2.

erneuerten Liturgie als äußerliches Tun vorgeschrieben sei. Daß aber tätige Teilnahme keineswegs nach außen sichtbar sein muß, versucht er dadurch zu beweisen, daß "Christus am Kreuz kaum eine äußere Tätigkeit" ausgeübt habe - er konnte nicht einmal seine Hände und Füße bewegen,"dennoch sei Christus tätig gewesen für das Heil[465] der Menschen. In dieser Mißdeutung der "participatio actuosa" ist für KÜBLE die Rückkehr zum vorkonziliaren Ritus, die dank der Initiative des Papstes durch das Indult ermöglicht worden sei, stichhaltig begründet.

Von den Kommentaren der anderen Zeitschriften in dieser Gruppe unterscheidet sich die Interpretation des Indultes in "Stimme des Glaubens" vor allem dadurch, daß sie fast jeder Sachkenntnis entbehrt. Andererseits werden gerade dadurch Mängel bei der Durchführung der Liturgiereform offenbar, sei es in der Begründung der Liturgiereform, sei es im Nachweis, daß das erneuerte Missale ganz in der Tradition römischer Liturgie steht. In seinen Vermutungen über die Vorgeschichte des Indultes versucht KÜBLE den Heiligen Vater als "Alleinverursacher" des Indultes herauszuheben. Da er aber auf jegliche Polemik, auch in anderen Ausgaben von "Stimme des Glaubens", verzichtet, fehlt bei ihm ein Element, das anderen traditionalistischen Periodika eigen ist. KÜBLE stellt die erneuerte Liturgie nicht rigoros in Frage, vielmehr wünscht er, daß der alte Ritus - um der Beheimatung entfremdeter Gläubiger willen - neben der erneuerten Liturgie seine Berechtigung erhalte. Seine durch Mißverständnisse und Unkenntnis bedingte Beurteilung des II. Vatikanischen Konzils ist letztlich doch positiv. Er bedauert zwar, daß aus diesem Konzil eine erneuerte Liturgie hervorgegangen ist, doch lehnt er die Liturgiereform deshalb nicht ab. Für ihn ist eine Koexistenz des vor- und nachkonziliaren Ritus vorstellbar. Die Art und Weise eines solchen Nebeneinanders konkretisiert KÜBLE jedoch nicht näher.

465 Vgl. Ph. KÜBLE, Leitartikel, in: StdGl 11 (1984) H. 21, 9f.

B "MITTEILUNGSBLATT DER PRIESTERBRUDERSCHAFT PIUS X. FÜR DEN DEUTSCHEN SPRACHRAUM"

Das monatlich erscheinende Mitteilungsblatt der von Alt-Erzbischof LEFEBVRE gegründeten "Priesterbruderschaft Pius X." veröffentlichte im Dezember 1984 den Wortlaut des Indultes mit einem Kommentar. Die in der Tagespresse gemeldete Reaktion LEFEBVRES, er sei "glücklich" über dieses Schreiben, wird allerdings nicht erwähnt. Man stößt in dieser Quelle auf Formulierungen, die an die Ausführungen von de SAVENTHEM in der UNA VOCE-Korrespondenz erinnern (z. B. "Quarantänestationen") und auf eine einigende und solidarisierende Wirkung des Indultes unter den traditionalistischen Gruppen schließen lassen. Das Indult wird in seinen Auswirkungen auf die LEFEBVRE-Bewegung untersucht.

Wie in anderen Publikationen wird in diesem Organ auf das "persönliche Eingreifen des Papstes" angesichts einer angeblichen " Pattsituation" im Vatikan verwiesen. Sie ergebe sich daraus, daß "sich im Vatikan zur Zeit ein progressiver und ein konservativer Flügel die Waage halten".[466] Die Bedingungen des Indultes werden als "vom progressiven Flügel erzwungen"[467] beurteilt. Es komme jetzt, so das Mitteilungsblatt, darauf an, "den Papst auf dem eingeschlagenen Weg zu bestärken, denn die progressiven Kreise würden keine Mühe scheuen, dem Papst mit großer Energie von der Schädlichkeit dieses Dekretes zu überzeugen".[468]

Die Intention des Papstes, die im Indult hervortrete, sei mit den Absichten der Priesterbruderschaft und ihres Gründers LEFEBVRE identisch. Von dieser fragwürdigen Voraussetzung her werden Ziele

466 P. NATTERER, Schreiben der Kongregation (s. Anm. 215) 4.

467 Ebd. 6.

468 Ebd. 7.

formuliert: "Ein Nahziel, das darin besteht, die Freiheit für die katholische Tradition und die traditionelle Messe zu erreichen, ein Fernziel, das in der Rückbesinnung der ganzen Kirche auf die authentische Tradition besteht. Das Nahziel soll dabei der Motor des Fernziels sein: Die traditionellen Kräfte, insbesondere das eigene Werk der Bruderschaft, sollte freie Hand für die Arbeit der katholischen Erneuerung haben, um so nach und nach als Sauerteig die ganze Kirche übernatürlich zu durchdringen und eine neue katholische Bewußtseinsbildung zu realisieren".[469]

In diesem Bekenntnis schläft sich ein Selbstbewußtstein übernatürlicher Sendung nieder. Deutlich wird, daß der Kampf um die Wiederzulassung des vorkonzilaren Ritus nur der Beginn ist - nur der "Motor" - für die Rückkehr hinter das Zweite Vatikanische Konzil, um die Tradition, wie sie LEFEBVRE versteht,[470] wiederzuerlangen. So unannehmbar das Indult für die Priesterbruderschaft in seinen Bedingungen auch ist, es wird doch als "erster Schritt zu dem oben genannten Nahziel" beurteilt.[471] Daß das Dekret für unser Werk nicht direkt annehmbar ist, ist hier zunächst einmal zweitrangig".[472] Entsprechend erklärt der Generalobere Franz SCHMIDBERGER in einem Brief, der für die Verlesung in allen "Meßzentren der Priesterbruderschaft" bestimmt gewesen ist: "Wer das Dekret liest, wird verstehen, daß die darin formulierten Bedingungen für uns unannehmbar sind und somit der Inhalt der Verlautbarungen nur schwer für unser Werk anwendbar ist. Trotzdem freuen wir uns über die Entscheidung des Hl. Stuhles, da sie einerseits einen ersten Schritt zu einer deutlichen Wende darstellt, andererseits Priester und Gläubige, die bisher durch einen falschen Gehorsamsbegriff der neuen Messe anhingen, nunmehr ohne allzugroße Schwierigkeiten zum

469 Ebd. 5.

470 M. SCHIFFERLE, Ärgernis (s. Anm. 167) 56 - 89.

471 P. NATTERER, Schreiben der Kongregation (s. Anm. 215) 6.

472 Ebd. 6.

überlieferten Meßopfer aller Zeiten zurückkehren können. In diesen Tatsachen sehen wir einen großen Gewinn für das kirchliche Leben und das ewige Heil der Seelen".[473]

Diese Deutung verstärkt sich noch in der Charakterisierung der erneuerten Liturgie als "häresiefördernd und glaubensschädlich",[474] in den Feststellungen: "Mit der Messe steht und fällt tatsächlich die Entscheidung über katholisch oder progressistisch. Es gilt jetzt diese Chance zu nutzen: durch intensives Gebet und Opfer, durch verdoppelten Eifer, durch noch größere Treue und Konsequenz in unserer katholischen Überzeugung. Der katholische Wiederaufbau geschieht niemals durch Kompromisse, sondern durch entschiedenes, unüberhörbares, konsequentes Eintreten für die katholische Liturgie, für den katholischen Glauben, für die katholische Moral".[475] Eindeutig gibt SCHMIDBERGER an, wie, womit und wogegen der "Feldzug" geführt werden muß, damit "unser Jahrhundert nicht nur eine Verfallszeit war und ist, sondern auch eine Zeit des Wiederaufbaues werden könnte. Noch sind es nur erste Zeichen, kleine Schritte, aber immerhin ist es Bewegung hin zu den überlieferten Werten der Kirche".[476]

In der Erklärung des "Generaloberen", daß immer mehr Gläubige zu ihnen stoßen, findet die Siegesgewißheit eines nicht mehr aufzuhaltenden Anbruchs der Reaktion auf die nachkonziliare Entwicklung der Kirche ihren Ausdruck. Das Indult wird in Frage gestellt und als "taktischer Winkelzug kirchlicher Behörden" charakterisiert, "um die Priesterbruderschaft zur Ader zu lassen, indem in größeren

473 Datiert vom 18. Okt. 1984, in: Mttbl. Pius X. Nr. 73, Jan. 1984, 4.

474 P. NATTERER, Schreiben der Kongregation (s. Anm. 215) 6.

475 Ebd. 6.

476 J. BISIG, Leitartikel, in: Mttbl. Pius X. Nr. 73, Jan. 1985, 2 - 4, hier: 2.

Städten sozusagen Auffangstellungen errichtet werden, wo der tridentinische Ritus zelebriert wird, um die Gläubigen von den Niederlassungen, z. B. der Priesterbruderschaft, abzuziehen".[477] Hinter diesen "Kampfparolen" verbirgt sich die Furcht vor einer spalterischen Wirkung des Indulte zu Ungunsten der Priesterbruderschaft und anderer traditionalistischer Zentren, mit denen man sich zu verbünden sucht. Diese Furcht ist sicherlich nicht ganz unbegründet. Sie beweist, daß der zur Debatte stehende Gunsterweis die Gläubigen traditionalistischer Prägung zur Entscheidung zwingt, ob sie den Weg der Erneuerung der Kirche (mit dem bedingten Zugeständnis des vorkonziliaren Ritus) mitgehen wollen, oder ob sie sich gegen den "Fortschritt" der Kirche - in angeblicher Treue zur Überlieferung stellen und das Indult als "Waffe" oder "Kampfmittel" für die von der Priesterbruderschaft heraufbeschworenen Auseinandersetzungen mißbrauchen wollen.

Sich in diesem "Kampf" der päpstlichen Zustimmung gewiß zu sein, ist eine Selbsttäuschung der Traditionalisten. Die "dankbare" Bezugnahme auf den Heiligen Vater soll offenbar bei den Gläubigen den Eindruck einer Kluft zwischen ihm und der Kongregation für den Gottesdienst bzw. den Bischöfen erwecken. Die Rede vom "Unterlaufen des Dekrets seitens einzelner Bischöfe" und von "restriktiven Maßnahmen der Bischöfe bzw. Bischofskonferenzen"[478] dient der Diffamierung, mit der die Amtsträger der Kirche, zumal die Bischöfe, in Mißkredit gebracht werden sollen, um deren Autorität zu untergraben. Zudem klingt in der Nennung von "Nahziel" und "Fernziel" die beabsichtigte Zersetzung und Auflösung kirchlichen Lebens und kirchlicher Strukturen an.[479]

477 P. NATTERER, Schreiben der Kongregation (s. Anm. 215) 7.

478 Ebd. 7.

479 LEFEBVRE hofft wohl darauf, in und mit einer derartig demoralisierten Gläubigengemeinschaft seine Ziele und Interessen bei selbst zugesprochenem Autoritäts- und Wahrheitsbesitz besser verwirklichen zu können.

C RUNDBRIEF DES PFARRERS HANS MILCH

Der ehemalige und mittlerweile (durch eine Mordtat) verstorbene Pfarrer Hans MILCH, der seine Anhänger um sich in Hattersheim bei Frankfurt sammelt, hat sich mit seiner Bewegung "spes unica" der Priesterschaft assoziiert. In seinen unregelmäßig versandten Rundbriefen greift er immer wieder - wegen der vermeintlichen Leugnung des Opfercharakters der heiligen Messe durch die Liturgiereform - die erneuerte Meßfeier an: "Jede 'Eucharistiefeier', in welcher die Vorschrift des NOM (Neuen Meßordo) getreulich erfüllt wird ohne Eigenmächtigkeit, ist bereits ein himmelschreiender Skandal".[480] Daß MILCH weder das II. Vatikanische Konzil noch die von ihm beschlossene Liturgiereform anerkennt, wird in seinen Ausführungen deutlich: "Das II. Vatikanum war ein vom Subjekt (seiner päpstlich-bischöflichen Trägerschaft) her gültiges Konzil, in seiner tatsächlichen Funktion dagegen ein ungültiges, ein nicht zustande gekommenes".[481] Alle "Neuerungen seit dem 'II. Vatikanischen Konzil' leiten sich von einer einzigen antichristlichen Doktrin ab, die da lautet: Die 'gottmenschliche Wahrheit', in sich unerkennbar, nur im gemeinsamen Suchen mit allen humanen Weltanschauungen ertastbar, kann nur begriffen werden im Sinne einer solidarischen, allgemeinmenschlichen Verpflichtung, als katholische Kirche den durch das Vorbild des Jesus von Nazareth geprägten Beitrag für den Fortschritt der Menschheit zu immer besserer Menschlichkeit zu leisten".[482] MILCH greift die Kirche in ihrer nachkonziliaren Entwicklung, ihr Lehr- und Hirtenamt und vor allem die Liturgiereform

480 H. MILCH in seinem Rundbrief vom 7.2.85, 3.

481 Ebd. 5.

482 Ebd. 4; vgl. DERS., Folgende Stellungnahme des römischen Dekretes über die Wiederzulassung der heiligen Messe aller Zeiten fordern die Tatbestände und unsere katholische Überzeugung, in: Beda-Kreis Nr. 249, März 1985, 28.581 - 28.584.

an. Er beruft sich auf Erzbischof LEFEBVRE, dessen "Manifest" (die "Glaubenserklärung") vom 21.11.1974[483] er jedem seiner Rundbriefe beilegt. Seit 1985 fügt er die Erklärung zum Indult bei, die LEFEBVRE in seinem Brief vom 19.12.1984 an Rudolf KRÄMER-BADONI[484] abgegeben hat: "Die Bedingungen sind unannehmbar und dem heiligen Opfer der Messe aller Zeiten verhaßt. Es kann nicht in Frage kommen, den neuen Ritus, diese ökumenische Erfindung, nicht mehr zu kritisieren. Solange der Papst und seine Umgebung liberale, schon von den Vorgängern verurteilte Ideen verkünden, können wir allen Handlungen und Reden, die von seiner Person und seinen Mitarbeitern kommen, nur mißtrauen. Die mäßigenden Akte der Revolution ändern nicht ihre Prinzipien. Der Papst und die römische Kurie müssen zur Tradition zurückkehren, zu den antiliberalen und antirevolutionären Prinzipien. Das ist der einzige von Gott gewollte Weg für die Vitalität der Kirche".

Das Indult wertet MILCH negativ als "vorübergehende Straflosigkeit". Zu Bedingungen, die es enthält und die eine allgemeine Wiederzulassung des vorkonziliaren Ritus einschränken, schreibt er: "Alles, was kein völliger Sieg ist, muß logischerweise für die katholische Sache, um die es geht, eine Niederlage sein. Jubelrufe angesichts von 'Teil'-Erfolgen - also Mißerfolgen - sind nicht etwa 'kluge Taktik', sondern enteilte Dummheit, weil sie die Gewährer solcher fragwürdiger Erfolge zu süffisantem Behagen reizt".[485] Um der Verdeutlichung seiner Position willen greift Hans MILCH den Präsidenten der Internationalen UNA VOCE-Föderation, de SAVENTHEM,

483 Abgedruckt in: J. ANZEVUI, Das Drama von Ecône. Analysen und Dokumente, Sitten 1976: Dokument Nr. 1, Die Glaubenserklärung von LEFEBVRE,90 f; vgl. M. SCHIFFERLE, Ärgernis (s. Anm. 167) 56 - 65.

484 Vgl. H. MILCH in seinen Rundbriefen vom 7.2.85, 7 und vom 1.4.85, 2; vgl. (Red.), "Unerhörte Unterstellung" (s. Anm. 63).

485 H. MILCH, Rundbrief vom 7.2.85, 6.

an. Dieser sei der "Objektivitäts-Schablone" verfallen, er mache "auch in 'Taktik'" und arbeite gegenüber LEFEBVRE mit "unerhörter Unterstellung".

Die Ausführungen von MILCH zeigen, daß das Indult für ihn wie für LEFEBVRE nicht angewandt werden kann. Die bei MILCH zitierte Äußerung LEFEBVRES, die im Gegensatz zu dessen ersten eigenen Kommentaren sowie zu den Kommentaren des Mitteilungsblattes der Priesterbruderschaft PIUS X. steht, läßt - nach einer anfänglichen Euphorie - auf eine Erkenntnis schließen: Das Indult kann nicht in der von LEFEBVRE und seinen Anhängern gewünschten Zielsetzung mißbraucht werden.

D MITTEILUNGEN EXTREM TRADITIONALISTISCHER GRUPPEN

Unter dieser Gruppierung werden die Monatsschriften "Beda-Kreis" der gleichnamigen "Theologischen Arbeitsgemeinschaft BEDA-KREIS", "Mariendienst", herausgegeben von Rudolf EGGER in Innsbruck, und "Einsicht. Credo ut intelligam. Römisch-Katholische Zeitschrift", die mehrmals jährlich vom "Freundeskreis e. V. der UNA VOCE-Gruppe Maria in München" herausgegeben wird, zugesammengefaßt. In ihnen spiegelt sich eine extrem traditionalistische Haltung wider, die keine Anleihen bei LEFEBVRE oder bei den "Sedisvakantisten" macht. Der "Mariendienst" wird an dieser Stelle berücksichtigt, weil der Herausgeber über einen festen Adressatenkreis verfügt, der aber nicht in erkennbarer Form organisiert ist.

Wie bei anderen Publikationen und Gruppen besteht hier die Schwierigkeit, Organisationsformen, Treffen und Mitgliederzahlen zu erfassen. Diese Daten werden bewußt geheimgehalten. Telefonische, briefliche und persönliche Kontaktversuche führten zu keinerlei Auskünften. Das Mißtrauen gegenüber jeder informativen Frage hat seinen Grund wohl darin, daß die Bedeutung des Adressatenkreises oder der Gruppe durch eine Bekanntgabe der Modalitäten gemindert würde. Von traditionalistischer Seite sucht man das Mißtrauen mit dem Hinweis zu erklären, daß man mit der Geheimhaltung jeder amtskirchlichen Kontrolle und - dem "allgemeinen Meinungsterror"[486] gegenwirken möchte. Die Angst vor der Kirche als dem "großen Gegenüber" pflanzt sich bei den einzelnen Gruppen auch untereinander fort. Sie sind durch "Polarisierungen zerklüftet".[487]

Die Zeitschrift "Einsicht" macht diese Polarisierungen in ihren Angriffen auf LEFEBVRE und auf das Organ "Kyrie eleison" besonders deutlich. Der Redakteur dieser Zeitschrift, Eberhard HELLER, bezeichnet sein Blatt als "Kampfblatt". Entsprechend ist auch der Tenor der Stellungnahmen zum Indult gehalten.

Da dieses Dokument als eine "Hinterlist" oder "Falle" gewertet wird, erklärt HELLER: "Entgegen den Bekräftigungen verschiedener sog. 'traditionalistischer' Blätter muß man sich kategorisch weigern, sich dieser Instruktion anzupassen und vom Privileg PIUS V., das jeden exkommuniziert, der es wagt, Änderungen einzuführen, weiter seinen Vorteil ziehen. Die vorerwähnte Instruktion muß als toter Buchstabe betrachtet werden, als nicht existent, damit wir katholisch bleiben - was auch immer die Konsequenzen sein können."[488]

In einer zweiten Stellungnahme des Organs "Einsicht" heißt es: "Mitte Oktober brachte die Presse einen von der Konzilskirche stammenden Artikel, gemäß welchem die hl. Messe nach dem Missale JOHANNES XXIII. in bestimmten gottesdienstlichen Räumen, an Tagen und Stunden, die vom Ortsbischof bestimmt werden, wieder gelesen

486 E. GERSTNER, Die militanten, traditionsorientierten römischen Katholiken, in: LS 25 (1974) 122 - 125, hier 122.

487 A. FISCHER, Leitartikel, in: LS 25 (1974) 66.

488 R. ROUCHETTE, Der letzte Betrug Roms (s. Anm. 203) 18.

werden kann - vorausgesetzt, daß erwiesenermaßen die Gültigkeit des Novus Ordo anerkannt worden ist. Dies ist eine Art, um ihren Betrug zu legitimieren, sich durch ein Plebiszit eine gewisse Autorität für ihre liturgischen Schöpfungen zu erwerben, indem man durch die Erlaubnis, die hl. Messe wieder lesen zu dürfen, damit zugleich ihre Häresien zudecken würde. Beten wir, daß dieses Manöver rechtzeitig von den verantwortlichen Traditionalisten durchschaut wird, denn der Dämon ist genial."[489]

Ebenso kommentiert HELLER in einem Brief vom 26. November 1985 das Indult: "Bei dem sog. Indult hinsichtlich der Zelebration der von PIUS V. (bzw. dem Ritus, den JOHANNES XXIII. daraus gemacht hat) kodifizierten hl. Messe handelt es sich mitnichten um eine Kehrtwende, sondern vielmehr um ein Beruhigungsmaöver, um die alten Querelen mit den (Pseudo)Traditionalisten im Sinne von Mgr. LEFEBVRE (mit dem wir n. b. nichts zu tun haben (wollen)) aus dem Weg zu räumen und den Rest zu isolieren."[490]

Die Ablehnung des Indultes erfolgt bei HELLER vor allem mit drei Einwänden:

- Die Katholizität wird der Kirche bis zu Papst JOHANNES XXIII. zugesprochen, danach ist zwischen der katholischen und der "Konzilskirche" zu unterscheiden.

- Das Missale von 1962 ist nicht mit dem des Papstes PIUS' V. identisch.

- Das Indult hat spalterische Absichten (innerhalb der Reihen der Traditionalisten) und will die erneuerte Meßfeier legitimieren.

489 E. GOLLA, Die friedliche Koexistenz (s. Anm. 307) 19.

490 Dieser Brief ist bei mir niedergelegt und einsichtig.

Alle diese Aussagen offenbaren, daß die Ablösung von der Kirche mehr oder weniger vollzogen ist, auch wenn sich "Einsicht" nicht ausdrücklich als sediskantische Publikation bekennt. Von daher kann eine Anerkennung des Indultes für den "Freundeskreis e. V. der UNA VOCE-Gruppe Maria" in München nicht in Betracht kommen, zumal diese Gruppe die ausgestreckte Hand bisher nicht als solche erkennt.

Der "Beda-Kreis" nimmt im Oktober 1984 sowie in den Monaten März und Juli 1985 zum Indult Stellung. In einer ersten Reaktion wird die Bedeutung des Indultes "nicht in dem unmittelbaren praktischen Wert für eine grundlegende Änderung der progressiven Verseuchung des kirchlichen Denkens, Gebarens und Darstellens"[491] gesehen. In ihm werde "erstmals ein konziliares Tabu gebrochen." Rom gestehe ein, "daß eine der wichtigsten Reformen des Konzils nicht erreicht" worden ist.[492]

Der "Beda-Kreis" verspricht sich vom Gunsterweis, der kein "Durchbruch" hinsichtlich einer Rückkehr der Kirche zur vorkonziliaren Liturgie und Theologie sei, nichts. Wie in "Einsicht" wird auch vom "Beda-Kreis" das Indult als Entgegenkommen gegenüber dem amtsenthobenen Erzbischof Marcel LEFEBVRE beurteilt. Da die Zulassung des "Tridentinischen Ritus" jedoch an eine Zustimmung zur erneuerten Liturgie gebunden sei, könne man ein Einlenken LEFEBVRES nicht erwarten. "Der Schritt zielt dahin, die 'Konservativen', die 'Traditionalisten' daran zu hindern, sich Bewegungen wie der des Erzbischofs anzuschließen und den katholischen Protest und Widerstand im Anfang zu unterbinden. Denn wer von diesen Angeboten Gebrauch macht, zieht sich damit in eine exotische Enklave zurück, wird darin eingegrenzt, ist jederzeit unter Kontrolle, und seiner Wirkung

491 Die tridentinische Messe (s. Anm. 200) 28.571.

492 Ebd. 28.571.

nach außen ist ein Riegel vorgeschoben. Wem es 'nur' um die Messe geht, der mag zufrieden sein. Er mag vielleicht zu den 'Ästheten' zählen ... Er dient aber nicht der notwendigen katholischen Reform, die unsere große Aufgabe sein muß."[493]

In dieser Erklärung kommen die Absichten des Indultes, wie sie der "Beda-Kreis" unterstellt, und auch das eigentliche Ziel dieser Gruppe zur Sprache. Das Indult will jene isolieren, die sich der Erneuerung der Liturgie widersetzen. Es will über jene, die sich der Liturgiereform nicht verweigern, für sich aber den vorkonzilia-ren Ritus vorziehen, Kontrolle ausüben. Offenbar weiß der "Beda-Kreis" nicht mehr, daß Liturgie wesensgemäß Feier der Kirche ist und kirchlicher Ordnungsbefugnis unterliegt. Der Kommentar brand-markt diejenigen, deren Verlangen ausschließlich auf die Meßfeier im alten Ritus begrenzt bleibt, als "Ästheten", die nicht erkennen wollen, daß es in dieser Frage um theologische Inhalte und damit um die gesamte "Reform" der Kirche geht. Der Begriff "Reform" wird nicht allein auf die "progressiv-ökumenistische Messe"[494] bezogen, sondern auf das ganze Zweite Vatikanische Konzil und seine Ergeb-nisse ausgeweitet. Für den "Beda-Kreis" gilt, "die sog. Reformen auszutilgen und den katholischen Glauben und daher die katholische Messe wieder in ihr legitimes Recht einzusetzen,"[495] "den Raum der katholischen Kirche von den progressistischen Ungeistern zu befre-ien und den Spuk der sog. konziliaren Reformen zu beseitigen."[496]

Die Wiedergewinnung des vorkonziliaren Ritus sei, so heißt es, als der erste Schritt in das Gesamtwerk der "Gegenreformation" der Kir-che eingebunden. Da das Indult aber die Wiederzulassung an die An-

493 Ebd. 28.562.

494 Ebd. 28.563.

495 Ebd. 28.571.

496 Ebd. 28.574.

erkennung der Liturgiereform binde, sei es der Zielsetzung des "Beda-Kreises" nicht hilfreich. Das Dokument vom 3. Oktober 1984 biete keinen Gunsterweis an, sondern eine Kontrollmaßnahme. Es diene der Verfestigung der erneuerten Liturgie. Folglich beginne mit ihm keine "katholische Erneuerung" in traditionalistisch-restaurativem Sinn[497], wie man sehr richtig erkennt.

Im Gegensatz zu anderen traditionalistischen Versuchen, das Indult als Akt des Papstes in Frontstellung zur Kurie, zu den Bischöfe und den "Liturgie-Funktionären" zu deuten und zu propagieren, nimmt der "Beda-Kreis" eine kritische Haltung zum Papst ein: "Strenge Fragen des Glaubens, also des Dogmas spielen bei ihm nur beiläufig eine Rolle ... Das wirkt sich auch auf die Meßfrage aus", so daß "der Papst die Sache lediglich als eine disziplinäre ansieht ... Vermutlich ist ihm der Streit lästig."[498] Vom Papst sei auch keine andere Haltung zu erwarten. Denn "bezüglich des Vaticanum II ist er völlig auf die sogen. Konzilstheologie eingeschworen."[499] Aus dieser Einstellung erwächst für den "Beda-Kreis" die Absicht und Aufgabe, ohne und gegen die Hierarchie weiterhin für die "Reform" der Kirche zu kämpfen.

Die gleiche Erwartungslosigkeit kennzeichnet auch den "Mariendienst". Der Herausgeber, Rudolf EGGER, reagiert resignierend auf die Veröffentlichung des Indultes: "Ich habe es satt, immerfort die gleichen Schwafeleien als Neuigkeiten zu lesen und mich darüber zu ärgern."[500] In seiner Stellungnahme zum Indult zeigt EGGER, daß

497 Vgl. Noch einmal - und immer wieder (s. Anm. 206) 28.578.

498 LEFEBVRE und Rom, in: Beda-Kreis Nr. 254/255, Juli 1985, 25.91 - 25.94, hier: 25.93.

499 Ebd. 25.94.

500 R. EGGER (ohne Titel), in: Mariendienst, November 1985, 1 - 4, hier: 1.

er in diesem Dokument ein "Werk der Freimaurer" sieht. Diese Unterstellung ist in seiner Beurteilung kirchlichen Geschehens wiederholt anzutreffen. Ein zweiter Angriffspunkt ist für ihn die Handkommunion, wie folgendes Zitat erkennen läßt, in dem vom Indult gesagt wird:

"Gezeichnet war dieses vielversprechende Schreiben - man beachte sein erstes Urteil - aus Rom von Erzbischof Augustinus Mayer und Erzbischof Virgilio NOE als Sekretär. Letzterer hat zwar sogleich argen Unwillen erregt, war er es doch, der anläßlich der Pastoralreise JOHANNES PAUL II. durch Deutschland diesen durch einen zauberähnlichen Trick gezwungen hat, den Gläubigen die Handkommunion zu reichen. Experten dieser Kunstgriffe haben frohlockend behauptet, dies sei ein gekonnter Freimaurertrick gewesen. Wenn man die zum o. a. Schreiben beigefügten Bedingungen für dieses Indult liest, dann mag man zumindest ohne Schwierigkeiten annehmen, daß es sich wahrscheinlich um eine abermalige, vielleicht um die letzte Frotzelei der gutgläubigen katholischen Christen handelt! Die vielen 'mißlungenen' Versuche für eine Erlaubnis der Wiedereinführung der SANCTA MISSA SECUNDUM TRIDENTINUM aber scheinen doch voll der freimaurerischen Hindernisse."[501]

EGGER unterstellt Erzbischof NOE, Freimaurer zu sein. Deshalb disqualifiziere sich das Indult selbst. Das Indult ist für ihn auch deshalb kein Entgegenkommen, weil es die Benutzung des Meßbuches von 1962 vorschreibt, nicht aber den Ritus PIUS' V.: "Das hochheilige Meßopfer Papst' PIUS V. in seiner lateinischen Fassung! Denn nur es allein bietet Gewähr für die gültige Konsekrierung von Brot und Wein in den Leib und das Blut unseres Herrn und Heilandes Jesus Christus!"[502]

501 Ebd. 1.

502 R. EGGER, in: Mariendienst, November 1979, 1 - 4, hier: 4.

In dieser Behauptung offenbart der Verfasser eine Verwirrung, die sich auch im weiteren Verlauf seiner Ausführungen dokumentiert: "Wenn wir wieder unser gültiges, gottwohlgefälliges heiliges Meßopfer haben werden, dann mögen alle Geschlechter der Erde wehklagen, dann mag der Menschensohn kommen, wie ein Blitz vom Aufgang ausgeht und bis zum Niedergang leuchtet. Dann wird meine große Sehnsucht nach dem heiligen Meßopfer erfüllt und gestillt sein!"

E PERIODIKA SEDISVAKANTISTISCHER GRUPPEN

Unter der Überschrift "Neuer Vatikanischer Entscheid (Angriff) auf überliefertes hl. Meßopfer" kommentiert die Zeitschrift "Mysterium fidei" der sedisvakantistischen Gruppe "Mysterium fidei, P. Josef Boxler selig" das Indult im November 1984. Die nachfolgenden Ausgaben greifen Formulierungen dieser Stellungnahme wieder auf. Sie verschärfen sie, so zum Beispiel in der Polemisierung gegen die erneuerte Meßfeier als "die neue Freimaurermesse PAUL's des VI."[503] Vor der Inanspruchnahme des Indultes wird gewarnt.

Um die Position dieser Gruppe aufzuweisen und zu belegen, sei im folgenden der Kommentar zum Indult ganz wiedergegeben:

"Die neueste Bestimmung, datiert vom 3. Oktober 1984, die katholische hl. Messe* nur dann feiern zu dürfen, wenn man auch die neue (notabene verprotestantisierte) Messe PAUL's des VI. annehme und billige, widerspricht dem wahren hl. Glauben! - Wir widersagen dem Teufel und seinen Werken ... Die neue Messe (NOM) ist ein neuer, falscher Glaube! Wir beharren auf der unverbietbaren, immergültigen, vollkommenen und vollständigen tridentinischen hl. Messe, vorgeschrieben und einheitlich festgelegt für alle Zeiten im römischen

503 H. SÜESS, Briefkasten der Redaktion, in: MystF 11 (1985) Nr. 3, 8.

Ritus durch den hl. Papst PIUS V., 1570, ausgestattet bis zum hl. Papst PIUS X. mit allen Kommemorationen, Oktaven, zweiten und dritten Gebeten (Orationen), Festen und Heiligengedächtnissen, und ergänzt bis zum heutigen Tag mit neu eingesetzten (nicht abgeschafften!) Festen und Heilgsprechungen seit PIUS X.

*Auch wollen wir keine im Vorfeld des fatalen Konzils (1962-65) bereits vergiftete Liturgie JOHANNES XXIII., die der Vatikan nun, unter absolut unannehmbaren Bedingungen noch, gar als einen dritten, die Verwirrung wohl vollends besiegelnden Ritus (= nach sog. Meßbuch 1962; Kipa-Meldung 'Vaterland' 17.10.84) nebst dem in der Konzilskirche heute praktizierten NOM (= Messe PAUL's VI., dat. 3.4.1969) auch noch einführen will. Nein, nein, wir bleiben beim traditionellen, über 400 Jahre alten reinen, römischen Ritus von 1570, dem hl. Meßopfer aller Zeiten treu; treu den heiligen PIUS V. und X. Bitten wir innig und demütig Priester und Bischöfe um diese Treue."[504]

Aufgrund dieser Selbstdarstellung kann das Indult der Gruppe "Mysterium fidei" wohl kaum hilfreich sein. Neben der Polemik dieser Erklärung bleibt unbegründet, wieso die seit Papst PIUS X. eingeführten Feste und Heiligsprechungen Gültigkeit haben sollen, wenn hinsichtlich des Missale bei der Rubrikenreform unter Papst JOHANNES XXIII. eine Zäsur gemacht und alles Folgende, einschließlich der eingeführten Feste und Heiligsprechungen, verworfen wird. Die ganze Argumentation ist mehr als konfus.

Die "Sammlung glaubenstreuer Katholiken" nimmt erstmals in ihren "SAKA-Informationen" im Dezember 1984 zum Indult Stellung. Für die "SAKA" ist mit dem Indult "keineswegs" die überlieferte katholische Messe wieder erlaubt worden. Dieses Schreiben, so wird dargelegt, richte sich "nur an die konziliaren Bischöfe", zudem handle es sich "nicht um die überlieferte katholische Messe", die unter bestimm-

504 H. SÜESS, Neuer Vatikanischer Entscheid (s. Anm. 202).

ten Bedingungen gefeiert werden dürfe, "sondern um die Liturgie JOHANNES XXIII."[505]

Die SAKA unterscheidet drei Riten: Den "Tridentinischen" Papst PIUS'V., dessen Bestand bis zur Rubrikenreform unter Papst JOHANNES XXIII. gewährleistet sei; den Ritus ab der Rubrikenreform 1962 und schließlich den Ritus nach dem Meßbuch, das Papst PAUL VI. 1970 promulgiert hat.

Ein weiterer Unterschied bestehe zwischen den katholischen Gläubigen und Priester, die dem "Tridentinischen Ritus" im Verständnis von der SAKA anhängen, und den konziliaren Bischöfen, die die Reformen des II. Vatikanischen Konzils durchsetzen wollen. Diese Bischöfe seien für die Bedingungen des Indultes als "Form der Knebelung durch die modernistische Amtskirche" verantwortlich.[506]

Im Blick auf Äußerungen anderer traditionalistischer Gruppen, die im Indult ein Signal für ein mögliches Einlenken Roms zu erkennen glauben, warnt die SAKA: Dieses Indult begründe "keinerlei Grund zur Freude". Vielmehr sei jetzt "um so mehr Vorsicht im Hinblick auf die weiteren Entwicklungen am Platz."[507] Diese Vorsicht sei deshalb geboten, weil Rom mit dem Indult versuche, "ein liberaleres Bild" zu bieten und "sich den Anstrich der 'Großzügigkeit'" zu geben. Rom sei bemüht, "Hoffnungen für weitere Verhandlungen bei einigen Traditionalisten zu wecken", so daß dort "entschiedenes Handeln" verhindert werde. - Das Indult - so die "SAKA" - "stärkt die blinden Traditionalisten," die "nicht zugeben wollen, daß das katholische Rom durch ein modernistisches Rom ersetzt wurde. Sie werden die Zeit des 'Anschlusses' für bald gekommen erachten."[508] Das Indult verweise auf ein politisches, taktisches Handeln der

505 Kein Grund zur Freude. Überlieferte Messe wieder erlaubt?, in: SAKA 9 (1984) Nr. 12, 5 - 6, hier: 5.

506 Ebd. 5.

507 Ebd. 5.

Kongregation für den Gottesdienst, auf ein "Täuschungsmanöver", durch das die traditionalistischen Gruppen gespalten und in ihrem Engagement gegen die Reform der Kirche behindert werden sollen. In dieser Situation sei ein einheitlicher Widerstand gegen das Indult und dessen Inanspruchnahme ebenso gefordert wie die Fortsetzung der Ablehnung der seit 1962 eingeführten "unkatholischen liturgischen Neuerungen". Für die SAKA ist die Meßfeier nach dem Meßbuch von 1962 ungültig. Deshalb stelle sich hinsichtlich des Kommunionempfangs in einem Kirchenraum, in dem neben "dem heiligen Meßopfer" auch die erneuerte Liturgie von 1962 gefeiert werde, die Frage: "Empfangen Sie den Leib des Herrn, wenn die Hostien dem Tabernakel entnommen werden? Was dann, wenn da nur Hostien aufbewahrt werden, die aus der neuen Liturgie stammen?"[509]

Diese Interpretation der SAKA wird in weiteren Mitteilungsblättern nur noch bekräftigt. Beim Indult dürfe "vor allem das psychologische Moment nicht übersehen werden". Denn dieses hätten "die römischen Instanzen in erster Linie vor Augen gehabt ..." Man wolle und werde die sogenannten weichen Traditionalisten weiter hinhalten, sie in der Illusion nähren, es würden positive Schritte in die rechte Richtung getan."[510]

Ein Aufsatz von Wigand SIEBEL in diesem Informationsblatt bringt dieselbe Deutung: "Hinter dem Indult stehe "nur ein politisches Kalkül". "Man sucht Hoffnungen auf einen nächsten Schritt zu wecken, um damit ein entschiedenes Handeln zu lähmen ... Alle Hoffnungen auf Rom sind eitel." SIEBEL versucht, der Resignation unter den "katholischen Gläubigen" zu wehren, die aus einer (durch das Indult erwachsenden) Isolierung der Traditionalisten kommen könne: "Wenn wir den Glauben haben, ist stets Gott mit uns ... Unter der Fahne der Macht marschieren viele, und da fühlt man sich selber

508 Ebd. 5.

509 Ebd. 5.

510 Zur römischen Erlaubnis (s. Anm. 203) 11.

auch erhoben und gestärkt durch die Menge. Das ist menschlich gedacht. Wer aber zur Wahrheit hält, wird im Geist höher erhoben. Das ist göttlich gedacht."[511]

SIEBEL erhebt die Ablehnung der Kirche in ihrer "Sedisvakanz", die Verweigerung der "Johannesmesse" und der Liturgiereform des "neuen, des römisch-ökumenischen Roms" zum gottgefälligen Werk, das sich des Segens Gottes erfreuen könne.[512] Für ihn und seine Gruppe gilt: "Das neue Rom ist nicht mehr katholisch".[513] Darum kann das Indult für die SAKA nur ohne Relevanz und wirkungslos sein.

Diese Position teilt auch die "Liga der katholischen Traditionalisten e. V." in deren Erklärung zum Indult vom 25. November 1984. Verfasserin der Erklärung ist die Vorsitzende Dr. Elisabeth GERSTNER. Für sie und ihre sedisvakantistische Gruppe "ist die Konzilskirche - so wie sie aus dem 2. Vatikanum mit allen seinen 1000 Reformen und dem Bruch mit der fast 2000-jährigen Tradition hervorging, - nicht mehr identisch mit der einen, heiligen, katholischen und apostolischen Kirche, der wir angehören. Wir haben von den Bischöfen und Päpsten der Konzilskirche nichts zu erhoffen und erbeten, solange diese nicht zur katholischen Wahrheit und Tradition zurückkehren und Vatikanum II revozieren."[514]

GERSTNER faßt zusammen, wem nach ihrer Meinung das Indult entgegenkommt: "Nur Ästheten, Nostalgiker und liberale 'Konservative', die die Tragweite der Konzilsreformation nicht durchschaut und erkannt haben, begrüßen das Angebot aus Rom, die Messe betreffend, als einen gewissen Erfolg ihrer Bemühungen, innerhalb der Konzils-

511 W. SIEBEL, Priester (s. Anm. 203) 4.

512 Ebd. 3.

513 Ebd. 3.

514 E. GERSTNER, Erklärung (s. Anm. 201).

kirche als mit berechtigten Wünschen berücksichtigt und geduldet zu werden."[515]

Das schon in der SAKA zu Tage getretene Bewußtsein, die Sedisvakantisten bildeten "den heiligen Rest" der katholischen Kirche, äußert sich auch bei Frau GERSTNER: "Die katholische Kirche lebt in all denjenigen weiter, die trotz Diffamation, Verfolgung und sogar Exkommunikation am alten Glauben festhalten"[516]

Dieser Einstellung entspricht ein weiterer Kommentar zum Indult: "Darin steht, daß diejenigen, die das Gesuch machen, 'nullam partem' mit uns Katholiken haben dürfen! Dieser Ungeist beherrscht heute unsere Kathedralen. Er ist vom Teufel."[517] Nicht nur Traditionalisten als die eigentlichen Katholiken und die Mitglieder der "Konzilskirche" stehen in dieser Sicht einander gegenüber. Auch diejenigen werden nicht mehr zu den "Katholiken" gerechnet, die vom Indult Gebrauch machen wollen.

Diesen "Auserwählungsgedanken" stützt Joachim MAY, der die von GERSTNER umrissenen "Katholiken" in folgender Unterscheidung abgrenzt: "Der Christ ist ein Elitärer", dem eine "große Kommune von Primitiven" gegenübersteht.[518] In ihrem Anspruch, allein und einzig im Besitz der Wahrheit zu sein und den Glauben zu bewahren, wirft die "Liga" in "Kyrie eleison" LEFEBVRE und UNA VOCE hinsichtlich des Indultes gegenseitige Absprachen und Verrat an der "wahren Messe" vor.[519]

515 Ebd.

516 Ebd.

517 E. GERSTNER, Die Vandalen kommen, in: KyrEl 13 (1984) Okt. - Dez. 1984, 43 - 47, hier: 47.

518 J. MAY, Kapitulation vor Hinz und Kunz, in: KyrEl 13 (1984) Okt. - Dez. 1984, 3 - 4, hier: 4.

519 Vgl. E. GERSTNER, Tagebuchnotizen, in: KyrEl 14 (1985) Nr. 1, 43 - 65, hier: 46.

Ob eine Meßfeier gültig ist oder nicht, hängt für GERSTNER von der Einhaltung der Bestimmungen der Bulle "Quo Primum" PIUS' V. ab. Daß aber PIUS V. die Feier der heiligen Messe in lateinischer Sprache vorgeschrieben hat, verschweigt sie, wenn sie sagt: "Lieber die echte Messe in Deutsch und mit Volksgesang, als ein sogenanntes Meßformular in Latein mit Choral, wenn keine Sicherheit mehr besteht, ob überhaupt eine Konsekration zustande kommt ... Wenn wir Gläubige damals und bis 1962 durch PIUS V. ihn - Jesus Christus - gehört haben, wozu benötigen wir dann 'heute' (H. KÜNG) ein Indult, eine Petition für das Allerheiligste, was es auf Erden je gab und gibt?"[520] Eine gültige Konsekration ist nach GERSTNER nur in einer Meßfeier nach dem bis 1962 geltenden Ritus möglich.

Wertet die Verfasserin das Indult auch nicht als "Wende in den für die Kirche lebensentscheidenden Bereichen"[521], so betrachtet sie es doch als "eine Art administrativer Exkommunikation"[522] derer, die der "echten Messe" anhangen und "der auf Vatikanum II neugegründeten Religion"[523] absagen. Um der "Rechtgläubigkeit" willen nimmt die "Liga" diese "Apartheit" in Kauf, denn "man kann nicht 'kirchentreu und konservativ' sein und gleichzeitig die NOM-'Messe' feiern". Als gültig gilt für die "Liga" nur "die Messe des heiligen Papstes PIUS' V. - und aller römisch-katholischen Heiligen."[524]

Während die sedisvakantistische Gruppe "Mysterium fidei" in den Festkalender des Kirchenjahres noch alle Heiligen einfügt, die bis heute heiliggesprochen worden sind, stellt die "Liga" auch alle

520 Ebd. 47.

521 A. GROSS, Beginnt in Rom die Wende?, in: KyrEl 14 (1985) Nr. 1, 3 - 41, hier: 3f.

522 E. GERSTNER, Tagebuchnotizen (s. Anm. 519) 65.

523 E. GERSTNER, Wichtiger Hinweis, in: KyrEl 13 (1984). Okt. - Dez. 1984, 18.

524 H. SCHULZE, Kardinal J. RATZINGER (s. Anm. 248) 42.

neueren Heiligsprechungen in Frage. Diese Abgrenzung zu "Mysterium fidei" ist ein weiteres Zeugnis für die Polarisierung und Uneinigkeit der traditionalistischen Gruppen untereinander.

Die oben genannten sedisvakantistischen Gruppen kann das Indult kaum beeinflussen und zur Besinnung bewegen. Daß sie dennoch zu unserem Dokument Stellung beziehen, erklären sie damit, daß das Indult als "römische Taktik" die traditionalistische Sache gefährde. Um einer möglichen Spaltung der Traditionalisten durch die Inanspruchnahme des Indultes zuvorzukommen, befinden die Sedisvakantisten darüber, wer den Traditionalisten angehört und wer nicht. Die "Liga" greift LEFEBVRE, UNA VOCE sowie "Ästheten, Nostalgiker und 'liberale' Konservative" an, weil sich jene auf eine inhaltliche Auseinandersetzung mit dem Indult und seinen Bedingungen einlassen. Die Sedisvakantisten sprechen der "Neukirche" ganz einfach das Recht ab, den Traditionalisten überhaupt entgegenzukommen.[525]

525 Sprechen die Sedisvakantisten dem Indult auch jede Bedeutung für sie ab, so hat es aber bewirkt, daß sie ihren Standpunkt und ihre Ablösung von der Kirche eindeutig definiert haben.

6. INANSPRUCHNAHME DES INDULTES

Es ist schwer, in Erfahrung zu bringen, ob und wie oft die deutschen Bischöfe gebeten worden sind, aufgrund des Dekrets vom 3. Oktober 1984 die Meßfeier nach dem Missale von 1962 zu gestatten. Man kann sich - unabhängig von den nicht nachprüfbaren Angaben in traditionalistischen Publikationen - kaum ein Bild davon machen. Inwieweit entsprach oder entspricht das Indult einem realen Bedürfnis? Läßt sich das an der Höhe entsprechender Eingaben an die Bischöfe ablesen?

Folgendes kann ich dazu sagen: Das von seiten der Traditionalisten behauptete vielfache Verlangen nach dem "Tridentinischen Ritus" wird durch Angaben aus den Bistümern, um die ich mich mit einigem Erfolg bemüht habe, sehr relativiert. Mit dieser Andeutung muß ich es bewenden lassen; denn ich möchte kein Öl ins Feuer gießen. Die teilweise sehr polemischen Kommentare in traditionalistischen Periodika zu bestimmten Entscheidungen und Aussagen einiger Bischöfe raten zu dieser Zurückhaltung.

Da die Gesuche, die an einzelne Bischöfe gerichtet worden sind, und deren Antwortschreiben nur aus dem Abdruck in traditionalistischen Veröffentlichungen nachweisbar sind, möchte ich auf eine Wiedergabe verzichten. Denn eine Möglichkeit, diese Dokumente bezüglich der Vollständigkeit ihres Wortlautes zu überprüfen, ist nicht gegeben. Deshalb beschränke ich mich im folgenden auf die Unterschriftenaktionen, die einzelne Gruppen als Reaktion auf das Dokument vom 3. Oktober 1984 durchgeführt haben.

A DIE AKTION "MISSALE ROMANUM 1962"

Seit der Promulgation des erneuerten MISSALE ROMANUM durch Papst PAUL VI. im Jahre 1970 führen Traditionalisten fortwährend Aktionen mit dem Ziel durch, die Wiederzulassung des vorkonziliaren Ritus zu erreichen.[526] Mit Bezug auf die Liturgiekonstitution wird dabei die Koexistenz von "Tridentinischem Ritus" und erneuertem Ritus angestrebt.[527] Diese Aktivitäten dürften das Indult mitverursacht haben. Nach der Veröffentlichung des Dokumentes der Gottesdienstkongregation nehmen die Unterschriftensammlungen zu. Die Zeitschriften UNA VOCE-Korrespondenz, "Der Fels" und "Theologisches" rufen zu einer gemeinschaftlichen Unterschriftenaktion unter dem Namen "MISSALE ROMANUM 1962" auf, die von der Stiftung LUMEN GENTIUM in Schaan/Liechtenstein zentral gesteuert wird.

Als Präsident des Stiftungsrates fungiert S. D. Prinz Emanuel von LIECHTENSTEIN. Die Adresse der Aktion heißt: Aktion MR 62, CP 18, CH-1815 Clarens.[528] Die drei Rücksendungstermine für die Unterschriftenlisten, der 15., der 20. und der 31. März 1985 lassen auf eine Verlängerung der "Aktionszeit" (nach dem Ersttermin) schließen. In den Vordrucken weichen die Texte, die unterschrieben werden sollen, teilweise voneinander ab, ebenso die der Rücksendeadressen. "Der Fels" nennt für Deutschland, Österreich und die

526 Vgl. Unterschriftensammlung gegen neuen Ordo Missae, in: Gd 3 (1969) 132; Rosenkranz-Novene gegen neuen Ordo Missae, in: Gd 3 (1969) 141; Protestmarsch gegen Liturgiereform, in: Gd 4 (1970) 73; Unterschriftenliste zu Händen unseres hl. Vaters Papst JOHANNES PAUL II., in: StdGl 7 (1980) H. 20, 7 - 10; H. 21, 11f.

527 Vgl. SC 36 § 4. Die Dokumentation im Quellenverzeichnis D am Ende dieser Untersuchung belegt in fünf Dokumenten die Aktivitäten der Aktion MR 62.

528 Belegbar anhand des mit mir geführten Schriftverkehrs im März 1985 (datiert vom 23.3.85). Die Aufrufe sind im Quellenverzeichnis D als Dokumente 1 und 2 wiedergegeben.

Schweiz jeweils eigene Adressen, die Beilage "Theologisches" nur eine deutsche, die UNA VOCE-Korrespondenz nur eine schweizerische.

"Theologisches" druckte den Aktionstext innerhalb der Zeitschrift einmal ab. Die beiden anderen Publikationen legten ihren Januar- und Februarausgaben Unterschriftenlisten mit dem "Aktionstext" als Einzelblätter bei. Die Unterzeichner schließen sich einer Dankadresse an den Heiligen Vater für die bedingte Wiederzulassung des alten Meßbuches von 1962 an. Das Beiblatt der Zeitschrift "Der Fels" nennt als Urheber der Aktion die internationale Föderation UNA VOCE, die in den beiden anderen Aufrufen unerwähnt bleibt. Jedem Mißverständnis beugt das Beiblatt mit dem Hinweis vor, die Unterschriftenaktion sei kein Antrag auf Erlaubnis zur Feier der hl. Messe nach dem alten Meßbuch. Wörtlich heißt es: "Diese Anträge müssen die interessierten Gruppen oder Einzelpersonen an den zuständigen Bischof richten."[529] Alle Aufrufe der Aktion MR 62 bestätigen, daß die Listen mit Name, Vorname, Wohnort, Postleitzahl und Diözese als Angaben dem Papst Ende März 1985 persönlich ausgehändigt werden sollen. Das Beiblatt der UNA VOCE-Korrespondenz und der Aktionsaufruf in "Theologisches" ermuntern zur Unterschrift mit dem Zusatz: "Gegen größte Widerstände kämpft der Heilige Vater um entschiedene 'Abkehr von einer übertriebenen, wahllosen Öffnung zur Welt'. Gerade jetzt gebührt ihm daher unsere spürbare Unterstützung."[530]

Die Zeitschrift "Stimme des Glaubens" führt mit der Europa-Bruderschaft eine eigene Unterschriftenaktion durch. Dennoch weist sie auf die Aktion MR 62 werbend hin. Sie gibt die österreichische und schweizerische Adresse für Unterschriftenlisten an.

529 S. Dokument 1 (Quellenverzeichnis D).

530 Aktion MISSALE ROMANUM 1962 (MR 62), in: Theol Nr. 179, März 1985, 6319f. S. Dokument 2 (Quellenverzeichnis D).

Die Aktion MR 62 verschickte im Laufe des Jahres 1985 (bei mir am 7. Juni 1985 eingetroffen) einen Rundbrief ohne Datum, in dem für 10 952 Unterschriften gedankt wird, "die am 16. April nach Rom gebracht wurden."[531] Von einer persönlichen Übergabe an den Heiligen Vater ist nicht die Rede.

Dieses Schreiben verfolgt aber noch ein zweites Ziel: Es muß "jetzt darum gehen, den 'Aufschiebe-, Verhinderungs-, Erschwerungswiderstand' der meisten Ordinariate zu überwinden." Um dieses Zieles willen wird eine "Aktion 500" als zweite Phase ins Leben gerufen. Die neue Aktion beabsichtigt, "im Laufe der nächsten drei Monate nicht weniger als 500 gültige Gesuche an die Bischöfe der deutschsprachigen Diözesen richten zu lassen ... ad maiorem Dei gloriam et salutem animarum." Diesem Ziel dient ein "Mustertext" für Anträge um Gewährung des Indultes auf der Rückseite des Schreibens.[532]

Nach diesem Vordruck wird das Gesuch wie folgt gestellt: "Zu Gunsten der vorstehend näher bezeichneten Gläubigen möge Ew Exzellenz gestatten, daß diese 'tridentinische' heilige Messe von nun an regelmäßig zu gewohnten Tageszeiten, vor allem an Sonn- und Feiertagen, in einer oder mehreren der größeren Kirchen von ... gefeiert werde."

Zwar erwähnt der "Mustertext", daß der Papst kundgetan habe, "jenen zu Hilfe zu kommen, die aus Gründen echter Frömmigkeit und ohne jede Mißachtung des 1970 von Papst PAUL VI. promulgierten neuen römischen Meßbuchs, der sogenannten tridentinischen Messe weiterhin anhangen oder sich zu ihr hingezogen fühlen." Der Antragsvordruck bekennt sich aber nicht zum MISSALE ROMANUM von 1970. Der Unter-

531 Vgl. Unterschriften zu Händen des Heiligen Vaters, in: StdGl 12 (1985) H. 1, 3. S. Dokument 3 (Quellenverzeichnis D).

532 S. Dokument 4 (Quellenverzeichnis D).

zeichner des "Mustertextes" übernimmt nur die Verpflichtung, daß die erbetenen Meßfeiern in lateinischer Sprache und nach dem Missale von 1962 gefeiert werden. Weiterhin wird der Bischof, an den das Gesuch gerichtet ist, unter Bezug auf "cc 213 und 214 CIC" gebeten, er möge die Zelebration der Messen in vorkonziliarem Ritus Priestern übertragen, die sich dafür zur Verfügung stellen und ihnen sein wohlwollendes Einverständnis zum Ausdruck bringen.

Trotz der abschließenden Beteuerung: "Der Wortlaut dieser Gesuchsform wurde vom Präsidium der FOEDERATIO INTERNATIONALIS UNA VOCE in Abstimmung mit der höchsten zuständigen römischen Autorität erstellt. Es darf daher davon ausgegangen werden, daß unser Antrag den im römischen Indult genannten Anforderungen an eine gültige 'petitio' voll entspricht," werden die Ausführungen des "Mustertextes" einigen Bedingungen des Indultes nicht gerecht. Daran ändert auch die Berufung auf die "höchste zuständige römische Autorität" nichts, mit der das Gesuchsformular autorisiert werden soll.

Dem "Mustertext" der Aktion MR 62 ergänzen auf einem beigefügten Blatt die "Erläuterungen zum neuen 'Mustertext' für Anträge auf Meßfeiern nach dem MISSALE ROMANUM von 1962".[533] Sie verstärken den Eindruck, daß das Indult in seiner Intention und in seinen Bedingungen unterlaufen werden soll. So bestätigen sich die z. B. von Bischof SPITAL und von den Liturgiewissenschaftlern geäußerten Bedenken.[534]

Die Aktion MR 62 hat nach ihrem "Kommuniqué der Aktion MISSALE ROMANUM 1962" in Rom 21 131 Unterschriften übergeben, die dem Heiligen Vater "durch einen Kurienkardinal" Ende April überreicht worden seien.[535] Die Höhe der Anzahl der Unterschriften will unter-

533 S. Dokument 5 (Quellenverzeichnis D).

534 S. Abschnitte III. 2. bis 4.

535 Vgl. Kommuniqué der Aktion Missale Romanum 1962, in: UVKorr 15 (1985) 376f.

mauern, "daß die Sehnsucht nach der 'alten' Messe in breiten Schichten des katholischen Volkes verwurzelt ist." Das Kommuniqué nennt die Herkunft der Unterzeichner und interpretiert die Listen der Aktion MR 62 so: "Die zu über 90 Prozent in den Diözesen der Bundesrepublik Deutschland, Österreichs und der Schweiz beheimateten Unterzeichner legen stellvertretendes Zeugnis ab für die vertrauensvolle und dringliche Hoffnung einer wahrhaft unübersehbaren Zahl kirchen- und papsttreuer Katholiken, die 'Messe der Jahrhunderte' möge bald - mit gleichem Recht und gleicher Ehre - in alle Kirchen dieser Herzländer des abendländischen Christentums zurückkehren."[536] Die beiden Ansprüche, daß die Unterzeichner eine "unübersehbare Zahl" von Gleichgesinnten vertreten und die deutschsprachigen Länder den anderen christlichen Ländern des Abendlandes gegenüber einen Vorrang besitzen, dokumentieren ein eigenartiges Selbstbewußtsein. Dieses soll offenbar die in der Aktion MR 62 vertretenen Traditionalisten in ihrer Bedeutung hervorheben, der aber die in Wirklichkeit geringe Unterschriftenanzahl aus drei europäischen Ländern widerspricht.

B WEITERE UNTERSCHRIFTENSAMMLUNGEN

Die "Stimme des Glaubens", das "Organ der Gemeinschaft für christliche Verkündigung", führte parallel zur Aktion MR 62 zusammen mit der "Europa-Bruderschaft", die ihren Sitz in Gossau/Schweiz hat, von Mitte November 1984 bis Ostern 1985 eine eigene Unterschriftenaktion durch, um "gemäß Indult des Papstes für bestimmte Orte und Personen vom jeweils zuständigen Bischof die Genehmigung der Liturgiefeier nach dem MISSALE ROMANUM von 1962 zu erbitten."[537]

536 Ebd. 376; vgl. 21 000 Unterschriften für Missale Romanum 1962, in: StdGl 12 (1985) H. 17, 3.

537 Unterschriften (s. Anm. 531).

Die Zeitschrift will ermitteln, wieviel Gläubige die Teilnahme an Meßfeiern im vorkonziliaren Ritus anstreben. Sie bietet sich an, die Gesuche an den jeweiligen Bischof weiterzuleiten. Der Vordruck lautet: "Gesuch um Zulassung des römischen Ritus von 1962. Gemäß Indult unseres Heiligen Vaters Papst JOHANNES PAUL II. über die Möglichkeit der Zulassung der Liturgie nach dem römischen Ritus von 1962 durch den jeweiligen Diözesanbischof für bestimmte Gruppen und Orte, bitten Unterzeichnete den Hochwürdigsten Herrn Bischof/Erzbischof .... (Namensangabe des Ersuchten) diese Liturgie in/für .... (Ortsangabe) zu gewähren."[538]

Dieser Vordruck erfüllt in seiner Formulierung nicht die Bestimmungen des Indultes. Im Juli 1985 bittet die "Stimme des Glaubens" alle, die "in dem Anliegen aktiv geworden sind", die Zusendung von Unterlagen, die eine unterschiedliche Handhabung des Indultes in den einzelnen Diözesen belegen, um diese international zu werten.[539] Das Ergebnis dieser beiden Aktionen hat die Zeitschrift bisher nicht veröffentlicht.

Eine Gebetsnovene vom 14. bis 22. Februar 1985 begleitete die weltweite Unterschriftenaktion der "Priesterbruderschaft PIUS X." des Alt-Erzbischofs LEFEBVRE vom 20. Januar bis 17. Februar 1985. Sie wurde von den einzelnen Prioraten als Reaktion auf das Indult vorbereitet und von der Jugendorganisation der Priesterbruderschaft, "Katholische Jugendbewegung e. V.", durch Aktionen mitgetragen.[540] Die Zustimmung zum "Bittgesuch an den Heiligen Vater"[541] war mit

538 Gesuch um Zulassung des römischen Ritus von 1962, in: StdGl 11 (1984) H. 20, 7 - 10.

539 Vgl. Was denken die Gläubigen über den römischen Ritus von 1962, in: StdGl 12 (1985) H. 14, 8.

540 Vgl. A. GALLAI, Unterschriftenaktion, in: Der gerade Weg. Zeitschrift der katholischen Jugendbewegung e. V., Schierling (Zaitzkofen) 8 (1985) Nr. 4, 24f.

541 S. Dokument 6 (Quellenverzeichnis D). In: Mttbl. Pius X. Nr. 74, Febr. 1985, 6 - 7, hier: 6.

den Angaben von Name, Vorname, Postleitzahl, Straße, Wohnort und Diözese zu bekunden. Die Rücksendung wurde an das Priesterseminar Herz Jesu, Zaitzkofen bei Regensburg, erbeten.

Bemerkenswert ist vor allem dies: Das "Bittgesuch" verknüpft mit der Bitte um die Erlaubnis, nach dem Ritus von 1962 die hl. Messe feiern zu dürfen, die Bitte um Anerkennung der Priesterbruderschaft PIUS X. als "Gesellschaft päpstlichen Rechtes" und als "Personalprälatur". Außerdem zielt die im Bittgesuch gewünschte "Wiederherstellung des Königtums Jesu Christi" auf die Revision des Zweiten Vatikanischen Konzils ab.

Auch diese Aktion, die vom 17. Februar bis zum 10. März 1985 verlängert worden ist,[542] läßt Intention und Bestimmungen des Indultes außer acht. Das im Mai 1985 von der Priesterbruderschaft PIUS X. veröffentlichte Ergebnis ihrer Unterschriftensammlungen umfaßt 124 576 Unterschriften aus zwölf Staaten.[543] Der Generalobere SCHMIDBERGER übergibt sie mit einem Bittgesuch am 26. März 1985 in Rom Joseph Kardinal RATZINGER. Aus zwei Diözesen stammen die meisten Unterschriften. Das Bistum Sitten/Schweiz ist mit über 5 000 Unterschriften vertreten, gefolgt von Rottenburg-Stuttgart mit 3 568 Unterschriften. Die im Ergebnisbericht nach Ländern aufgeführten Zahlen ergeben für die Bundesrepublik Deutschland, Österreich und die Schweiz die Summe von 47 596 Unterschriften.[544] Da hier zusammen mit der Aktion MR 62 die einzigen veröffentlichten, aber nicht nachprüfbaren Zahlen vorliegen, ergibt die Summe für die deutschsprachigen Länder zusammen mit den 21 131 Unterschriften der Aktion MR 62 - eine Gesamtzahl von 68 727 Unterschriften. Die Fehlerquote liegt bei der Aktion MR 62 nach eigenen Initiatoren-An-

542 Mitgeteilt in: Mttbl. Pius X. Nr. 75, März 1985, 16.

543 In: Unterschriftenaktion der Priesterbruderschaft St. Pius X. erzielte 130 000 Unterschriften, in: Mttbl. Pius X. Nr. 77, Mai 1985, 9 f.

544 Ebd. 9 f.

gaben bei 10 %. Für die Aktion der Priesterbruderschaft ist eine solche Quote nicht errechenbar.

Von der Gesamtzahl der Katholiken aller drei Staaten haben sich also - die Richtigkeit der Angaben vorausgesetzt - noch nicht einmal 0,2 % der Katholiken an den Unterschriftensammlungen beteiligt. Dieses Ergebnis relativiert. Das gilt erst recht, wenn man weiß, daß es vor Domen und Wallfahrtskirchen mit fragwürdigen Methoden erzielt worden ist. Zum Beispiel so: "Ich sammle Unterschriften, daß die alte, tridentinische Messe, d. h. die lateinische heilige Messe wieder in den Kirchen zugelassen wird."[545] Die Priesterbruderschaft PIUS X. spricht trotzdem von "der Existenz einer Zahl traditionsverbundener Katholiken, die sich nach Millionen bemißt." Sie ergebe sich aus der statistischen Hochrechnung des vorliegenden Ergebnisses.[546] Wie bei der Aktion MR 62 wird den gesammelten Unterschriften eine Stellvertreterfunktion zugemessen. Daß dies ein ganz vages Unterfangen ist, liegt auf der Hand.

Ein an alle Bischöfe der Bundesrepublik Deutschland versandtes Schreiben des Distriktsoberen Paul NATTERER von der Priesterbruderschaft PIUS X., Priorat St. Athanasius, Stuttgart-Feuerbach, vom 11. Oktober 1985 nennt für die einzelnen Priorate und Kapellen die Zahlen der Gottesdienstteilnehmer.[547] An Sonntagen nehmen in der Bundesrepublik insgesamt 3 310 Gläubige an den Meßfeiern der Priesterbruderschaft teil. Dieser Zahl stehen die von der Priesterbruderschaft in der Bundesrepublik gesammelten 23 727 Unterschriften gegenüber. Das Mißverhältnis zwischen beiden Angaben kann hier nicht analysiert werden, wirft aber Fragen auf.

545 A. GALLAI, Unterschriftenaktion (s. Anm. 540) 24.

546 Vgl. Unterschriftenaktion (s. Anm. 543) 9.

547 Dieses Schreiben ist mir zur Auswertung verfügbar gemacht worden.

Die von NATTERER genannte Gesamtzahl von 3 310 Sonntagsgottesdienstteilnehmern schließt auch die 400 Gläubigen der assoziierten "Actio spes unica" des ehemaligen Pfarrers MILCH bei ihren Gottesdiensten in Hattersheim ein. Dieser Pfarrer versucht, mit folgendem

Aufruf jede Beteiligung an Unterschriftenaktionen zugunsten einer bedingten Wiederzulassung des "Tridentinischen Ritus" zu unterbinden: "Wer die offizielle Erlaubnis, die heilige Messe aller Zeiten feiern zu dürfen, in sich und um der heiligen Messe willen anstrebt, der möge beim Ortsbischof den Antrag stellen - selbstverständlich ohne den Preis des Verrates an der katholischen Wahrheit. Dieser unverantwortliche Preis würde gezahlt, wenn die Bedingung erfüllt würde, die 'Legitimation' des Neuen Ordo anzuerkennen."[548]

C ABLEHNUNG DER UNTERSCHRIFTENAKTIONEN

Die "Sedisvakantisten" lehnen jegliche Unterschriftensammlungen an. Ihr Organ "Mysterium fidei" nimmt dazu wie folgt Stellung: "Es wäre Verrat an der wahren hl. Tradition der Kirche, Verrat an den Pius-Päpsten, jetzt für geänderte Bücher und Vorschriften (Modernismus) von JOHANNES XXIII. etc. zu unterschreiben."[549] Im Januar 1985 warnt die SAKA vor den Unterschriftensammlungen der Aktion MR 62 und vor der Initiative "Stimme des Glaubens": "Zur Zeit werden Gesuchslisten 'um Zulassung des römischen Ritus von 1962' herumgereicht. Bitte unterschreiben Sie diese nicht! ... Wir dürfen uns nicht an eine abgefallene Hierarchie binden, denn das wäre Verrat an Christus und an Seinem Testament in der wahren heiligen Messe.

548 H. MILCH, Folgende Beurteilung (s. Anm. 439) 28.583.

549 Zu den laufenden Unterschriftensammlungen verschiedener Gemeinschaften, in: MystF 11 (1985) Nr. 2, 8.

Lassen wir uns nicht mit schönen Worten, Scheinargumenten und halben Wahrheiten verführen!"[550]

Die SAKA greift auch die Aktion der Priesterbruderschaft PIUS X. an: "Das vom Irrtum durchseuchte Rom wird als Dialogpartner gesucht. Man drängt sich um Verhandlungen, man biedert sich an, man setzt Laien mit Unterschriftenaktionen ein, man bittet den für all die Irrtümer Verantwortlichen kniefällig und scheut sich nicht, diesen Mann gar mit 'Heiligkeit' anzureden, ein Titel, der allein dem Papst vorbehalten ist."[551] Neben den sedisvakantistischen Positionen treten in diesen Stellungnahmen auch die Gegensätze innerhalb der Traditionalisten in aller Schärfe zutage. Ähnlich reagiert Elisabeth GERSTNER, die Vorsitzende der "Liga Katholischer Traditionalisten e. V.", in "Kyrie eleison" auf diese Aktionen. Sie wittert in ihnen "Betrug" und warnt davor, sich an ihnen zu beteiligen. Diese "pragmatistisch-utilitaristischen Methoden" seien dort inopportun, "wo es einzig darum geht, der Wahrheit zum Siege zu verhelfen und Gottes hl. Willen zu tun."[552] Als warnende Beispiele führt GERSTNER die Unterschriftsammlungen von "Stimme des Glaubens" und die der Europabruderschaft Gossau an, besonders aber die Aktion der Priesterbruderschaft PIUS X.: "Diese Unterschriftensammlung entpuppt sich mehr und mehr als eines der übelsten Spiele mit dem Wohl der Gläubigen und um die Wahrung der Rechtgläubigkeit."[553] Die Verfasserin vermutet dahinter den Präsidenten Eric M. de SAVENTHEM von UNA VOCE. Sie möchte diesen "Komplott in ausgeklügelter Weise" einschließlich der "Hintermänner" entlarven. Die Angriffe auf die "Neukirche" werden bei ihr auf andere nichtsedisvakanti-

550 Mahnung und Warnung, in: SAKA 10 (1985) Nr. 1, 14.

551 Verhandeln mit dem Irrtum?, in: SAKA 10 (1985) Nr. 4, 11.

552 E. GERSTNER, Wir unterschreiben das nicht!, in: KyrEl 13 (1985) Okt. - Dez. 1985, 2; vgl. H. SCHULZE, Die (Seelen-)Mörder sind mitten unter uns ..., in KyrEl 14 (1985) Nr. 3, 76: "Das 'Indult' ist satanisch inspiriert."

553 E. GERSTNER, Tagebuchnotizen (s. Anm. 519) 46f.

stische Gruppen ausgedehnt. Dies dient offenbar der eigenen Selbstbehauptung sowie der Untermauerung des Anspruchs, allein die Wahrheit zu besitzen. Zugleich äußert sich bei GERSTNER aber auch die Sorge, daß die "Liga" in Gefahr sein könne, ihre radikale Position aufzugeben, was sie bei den anderen traditionalistischen Gruppen beobachten zu können glaubt.

D DIE DEMOSKOPISCHE UMFRAGE "KATHOLIKEN 1985"

Trotz der im Vergleich zur Gesamtzahl der Katholiken in den deutschsprachigen Ländern geringen Anzahl von Unterschriften, die bei der Aktion MR 62 und den Bemühungen der Priesterbruderschaft PIUS X. sich ergeben hat, läßt die UNA VOCE-Föderation nicht davon ab zu behaupten, eine Vielzahl der Katholiken wünsche den "Tridentinischen Ritus". So nennt Eric M. de SAVENTHEM in seiner Auswertung der im Sommer 1985 zwischen dem 27. Juni und 11. Juli von der UNA VOCE in Auftrag gegebenen Umfrage "Katholiken 1985", die das "Institut für Demoskopie Allensbach"[554] durchgeführt hat, die Summe von über acht Millionen Katholiken, die an lateinischen Messen im vorkonziliaren Ritus teilnähmen. Da die Umfrageergebnisse nur fragmentarisch wiedergegeben werden, erscheint diese Zahlenangabe sehr fragwürdig.[555] De SAVENTHEM begründet ein Nachlassen des "erklärten Unmuts über die neuen Formen der Meßfeier"[556], das er zugibt, mit dem Verlust katholischer Identität. Ebenso verfährt

554 Vgl. E. M. de SAVENTHEM, Katholiken 1985. Verlust katholischer Identität. Eine neue "Katholikenumfrage" des "Instituts für Demoskopie Allensbach" (BR Deutschland), in: Theol Nr. 189, Jan. 1986, 6843 - 6848.

555 Vgl. D. A. SEEBER, Wie seriös? Die Umfrage "Katholiken 1985", in HerKorr 40 (1986) 5f.

556 E. M. de SAVENTHEM, Katholiken-Umfrage 1985 II (s. Anm. 320) 6910.

Johannes BÖKMANN, der Schriftleiter der Beilage "Theologisches".[557] Mit der eigenwilligen Behauptung, das Indult habe "die mehrheitlich zustimmende Aufnahme bei der Gesamtheit der Katholiken"[558] gefunden, einer Behauptung, die im Widerspruch zu allen "Aktionsergebnissen" der Traditionalisten steht, will de SAVENTHEM alle anderen Schlußfolgerungen als "massive Fehleinschätzung der pastoralen Wirklichkeit" disqualifizieren.[559] Die Interpretation der Umfrage "Katholiken 1985", deren gesamtes Zahlenmaterial vorzulegen die UNA VOCE - wie schon bei der Umfrage von 1980 - ablehnt, ist mehr als fragwürdig, weil sie von Vorurteilen bestimmt ist. Sie wird vom Verlangen nach dem vorkonziliaren Ritus geprägt, das mit der Veröffentlichung ausgewählter Umfrageermittlungen nur bestätigt werden soll.

Allein der Wunsch nach dem "Tridentinischen Ritus" führt zu folgenden sieben Schlußfolgerungen, die Eric M. de SAVENTHEM in bezug auf das Indult aus der Umfrage zieht:[560]

1) Das Indult gehe an der "realen pastoral-liturgischen 'Bedarfslage'" vorbei.

2) Entgegen den "bürokratisch-komplizierten Einzelbestimmungen des Indultes" und der mit ihnen "legalisierten" Ghettoisierung traditionalistischer Gläubigen müßten diese Christen wieder in die Pfarreien eingegliedert werden.

3) Die Bischöfe hätten den Traditionalisten und ihren "legitimen Wünschen aus pastoraler Verantwortung von sich aus" entgegenzu-

557 In seiner Einleitung zu: E. M. de SAVENTHEM, Katholiken (s. Anm. 554) 6843.

558 E. M. de SAVENTHEM, Katholiken-Umfrage 1985 II (s. Anm. 320) 6911.

559 Ebd. 6911.

560 Vgl. ebd. 6911 - 6913.

kommen, statt Gesuche abzuwarten und erst dann auf diese zu reagieren.

4) Die Meßfeiern nach vorkonziliarem Ritus müßten in den Pfarrkirchen gefeiert werden. Dies entspräche den Wünschen der "wahrhaft pastoral erfahrenen Seelenhirten."

5) Diese Meßfeiern sollten - trotz gegenteiliger Verfügungen der Bischöfe - regelmäßig oder gelegentlich an Sonn- und Feiertagen vollzogen werden können.

6) Als Vorbild für die Priester sollten die Ortsbischöfe und der Papst selbst die "'tridentinische' Messe" feiern, um "noch bestehende psychologische Hemmungen und ekklesiologische Vorbehalte entscheidend überwinden" zu helfen. Die älteren Priester, die den vorkonziliaren Ritus noch kennen, sollten sich "diesem 'neuen' pastoral-liturgischen Dienst zur Verfügung stellen", damit für diese Zelebrationsweise in ausreichendem Maße Priester verfügbar seien. In den Priesterseminaren solle dem Priesternachwuchs der "tridentinische Ritus" nicht nur rubrizistisch, vor allem mit der "ihm voraus- und zugrundeliegenden Glaubenslehre" nahegebracht werden. Dabei gehe es um jene lex credendi, die im tridentinischen Ritus als lex orandi ungebrochen ihren Niederschlag gefunden habe.

7) Das Indult müsse "gründlich überarbeitet werden", damit das vorkonziliare Meßbuch gleichberechtigt neben dem reformierten von 1970 verwendet und die lateinische Messe nach dem MISSALE ROMANUM von 1962 gefeiert werden könne.

Diese sieben "Schlußfolgerungen" stehen völlig im Widerspruch zur Intention des Indultes und zu seinen Bestimmungen. Sie interpretieren das Indult - wie das schon bei den Unterschriftenaktionen der Fall gewesen ist - in einer Weise, die nur den eigenen Interessen entspricht. Statt im Indult eine Gunstgewährung zu sehen, die nicht einklagbar ist, leitet de SAVENTHEM aus ihm ein Recht auf den vorkonziliaren Ritus ab. Die Bedingungen des Indultes hingegen läßt der UNA VOCE-Präsident völlig außer acht. Wie de SAVENTHEM verkennen fast alle von traditionalistischer Seite veröffentlichten Stellungnahmen, Unterschriftensammlungen und Umfrageergebnisse, daß das Indult die erfolgte Liturgiereform nicht beeinträchtigen will.

IV. VERSUCH EINER WERTUNG

Allein das Faktum, daß das Indult vom 3. Oktober 1984 von höchster Stelle als sinnvoll und notwendig erachtet worden ist, weist schon darauf hin, daß sich die Hoffnung nicht ganz erfüllt hat, von der Papst PAUL VI. in der Apostolischen Konstitution "Missale Romanum" vom 3. April 1969 gesprochen hatte. Ich meine die Hoffnung, daß das erneuerte Meßbuch "von den Gläubigen als eine Hilfe zur gegenseitigen Bezeugung und Stärkung der Einheit angenommen werde".[561]

Wie sowohl die Eigenart des Indultes als auch die Reaktionen, die es hervorgerufen hat, zeigen, ist das erneuerte Missale nicht überall begeistert aufgenommen worden. Zwar ist das Meßbuch in seiner erneuerten Gestalt - aufs Ganze gesehen - lebhaft begrüßt worden, aber nicht überall ist seine Rezeption in angemessener Weise erfolgt. Der zweite und dritte Teil dieser Arbeit haben gezeigt, welche Fragen, Probleme und Widerstände mit der Umsetzung der erneuerten Meßliturgie in eine entsprechende gottesdienstliche Praxis verbunden waren und nach wie vor verbunden sind.

Hat es je Reformmaßnahmen gegeben, die keine Gegenbewegungen ausgelöst haben? Man sollte diese Vorgänge weder dramatisieren noch unterschätzen. Es wird zu unterscheiden sein zwischen dem erneuerten Missale und seiner Qualität und dem, was man in den Pfarreien und anderen Gemeinden mit ihm anstellt. Ohne Zweifel ist das Schreiben der Gottesdienstkongregation vom Herbst 1984 und der Gunsterweis, den es unter bestimmten Bedingungen ermöglicht, so etwas wie ein Signal. Wie ist das Dokument vom 3. Oktober 1984 zu werten? Und welche Konsequenzen ergeben sich aus dem Indult? Darum geht es in diesem vierten Teil.

561 Missale Romanum (s. Anm. 89).

1. GRUNDSÄTZLICHES

Zunächst soll etwas Grundsätzliches aufgezeigt und festgehalten werden. Die Zeit der Reform aller liturgischen Bücher im Rahmen der Durchführung der Beschlüsse des Zweiten Vatikanischen Konzils ist - so paradox das auch klingen mag - mit einer Phase zusammengefallen, in der die Grundlagen gottesdienstlichen Lebens immer mehr in Frage gestellt worden sind. Die offizielle Reform der Liturgie geriet in den "Streit der Meinungen"[562], obwohl diese nachkonziliare Reform - ganz im Sinne von SC 23 - aus dem Bewußtsein einer ungebrochenen inneren Einheit und Gegenwärtigkeit der Liturgiegeschichte hervorgegangen ist. Gewiß ereignet sich jede Reform in Aktion und Reaktion, gewiß ruft jede Reform Gegenbewegungen hervor. Das ist an sich nicht verwunderlich. Obwohl aber die Verantwortlichen bei der Umsetzung der Konzilsbeschlüsse sehr darauf bedacht gewesen sind, daß die Liturgie durch all ihre Wandlungsprozesse hindurch ihre Identität wahrte, hat sich in den Jahren nach dem Konzil im gottesdienstlichen Leben der Kirche eine Störung des Gleichgewichts gezeigt, die - vor allem in der gottesdienstlichen Praxis - ein Suchen nach neuem Gleichgewicht notwendig gemacht hat[563], ein Bemühen, das bis zur Stunde andauert. Extreme Positionen sind immer leichter durchzuhalten als ausgewogene oder ausgeglichene. Mit anderen Worten: Die Mitte ist kein harmloser geometrischer Punkt. Sie verlangt Einsicht und Kraft. Willkür - nach der einen oder anderen Seite hin - kann und darf jene tragende, theologisch verankerte Ordnung nicht ersetzen, welche die Liturgie als Feier der Kirche[564] von ihrem Wesen her verlangt.

562 Vgl. F. HENRICH (Hrsg.), Liturgiereform im Streit der Meinungen (SBKAB 42), Würzburg 1968.

563 Vgl. Th. MAAS-EWERD, Verlorenes Gleichgewicht? Not und Segen der Liturgiereform. in: N. J. FRENKLE/F. J. STENDEBACH/P. STOCKMEIER/Th. MAAS-EWERD, Zum Thema Kult und Liturgie. Notwendige und überholte Ausdrucksform des Glaubens, Stuttgart 1972, 105 - 147.

564 Vgl. SC 26.

War nicht fast all das, was die Liturgiereform hinsichtlich der Meßliturgie gebracht hat, hierzulande durch eine längere innerkirchliche und theologische Entwicklung - ich denke besonders an die Liturgische Bewegung, der ein ekklesiologischer Aufbruch entspricht - vorbereitet? Daß das Missale in seiner erneuerten Fassung und die mit ihm gefeierte Meßliturgie jene teils heftigen Auseinandersetzungen hervorrufen konnten, von der der zweite und dritte Teil dieser Arbeit direkt oder indirekt sprechen, dürfte sich nicht allein mit dem "natürlichen" und immer wirksamen Kräftespiel von Tradition und Reform erklären lassen.

Klaus SCHATZ, Kirchenhistoriker an der Phil.-Theol. Hochschule St. Georgen in Frankfurt/Main, hat in seinem jüngsten Werk, das den Titel "Zwischen Säkularisation und Zweitem Vatikanum" trägt.[565], eine Reihe von Faktoren genannt, die jene "nachkonziliare Krise" herbeigeführt und mitbestimmt haben, die sich - unerwartet - auch bei der Einführung des erneuerten Meßbuches ausgewirkt hat. In seinem "Ausblick auf die Konzils- und Nachkonzilszeit"[566] spricht SCHATZ von folgenden Faktoren: von der "inneren Spannung der Konzilstendenzen und Konzilsaussagen selbst", von der "westlichen 'Kulturrevolution' des Endes der sechziger Jahre", vom "liberal-individualistischen Konsumdenken" und schließlich - "speziell" im Blick auf den "deutschen Raum" - von der "Differenz zwischen dem nach wie vor erhobenen volkskirchlichen Anspruch und der faktisch fortschreitenden Zersetzung von Volkskirche und 'katholischem Milieu'".[567]

Diese Faktoren sehr verschiedener Art, urteilt SCHATZ, seien "meist bei den innerkirchlichen Auseinandersetzungen nach dem Konzil mit-

565 K. SCHATZ, Zwischen Säkularisation und Zweitem Vatikanum. Der Weg des deutschen Katholizismus im 19. und 20. Jahrhundert, Frankfurt/Main 1986.

566 Ebd. 312 - 326.

567 Vgl. ebd. 318 - 321.

einander verflochten"[568]. Wörtlich erklärt er: Aus der Verbindung all dieser Elemente entsteht ein explosives Gemisch, welches sich in der 'nachkonziliaren Krise' entlädt."[569]

Aufschlußreich ist in diesem frühen Versuch einer Analyse, daß der Ordinarius für Kirchengeschichte in St. Georgen folgende Ansicht vertritt: Die oben genannte "innere Spannung der Konzilstendenzen und Konzilsaussagen selbst" habe dazu geführt, daß "das Ringen zwischen kirchlich-konservativen und sich stärker auf die Neuansätze des Konzils berufenden Richtungen" durch die Entscheidungen des Konzils nicht gelöst worden sei, sondern nach dem Konzil weitergehe.[570] Beide Richtungen könnten sich auf Konzilsaussagen und -texte berufen. Dazu gehöre auch die "ungelöste Spannung zwischen zwei Kirchenbildern", die bei den "nachkonziliaren Autoritätskonflikten" eine wichtige Rolle spiele. Mit den beiden "Kirchenbildern" meint SCHATZ die "Ekklesiologie der 'Jurisdiktion'" und eine Ekklesiologie, die um das Stichwort "Communio" kreist.[571]

Die Verschärfung und Polarisierung der innerkirchlichen Gegensätze, die - neben anderen Faktoren - aus dieser Spannung zu resultieren scheint, erreichte in den Jahren 1968 - 1971 ihren Höhepunkt. Sie wirkte sich auch in der Art und Weise der Rezeption der offiziellen Bemühungen um die Erneuerung der Meßliturgie aus, die unglücklicherweise gerade in diese Zeit fiel und zudem schrittweise vonstatten gehen mußte und ging. Die Praxis war hierzulande in dieser Phase bekanntlich auf allerlei Provisorien (sog. "Studientexte") angewiesen, die im Hinblick auf das definitive Meßbuch für die Bistümer im deutschen Sprachgebiet aber nicht nur Nachteile, sondern auch Vorteile mit sich gebracht haben.

568 Ebd. 321.

569 Ebd.

570 Vgl. ebd. 318.

571 Vgl. ebd. 319.

Die Jahre um 1970 waren gekennzeichnet durch einen "Traditionsbruch" (Kard. HÖFFNER), der sich schwächend auf die religiöse Praxis ausgewirkt hat, die noch in den fünfziger Jahren relativ stabil gewesen war. Diese Phänomene mit ihren Begleiterscheinungen dürften entscheidend dazu beigetragen haben, daß - über das übliche oder in Übergangsphasen normale Maß hinaus - sich konservative Gegenbewegungen bildeten.[572] Wenngleich nach SCHATZ die "eigentlich 'heiße' Zeit der Polarisierung"[573] seit 1975 abgeklungen ist, so bleibt das Dokument der Gottesdienstkongregation vom 3. Oktober 1984 dennoch eine Maßnahme, die nur aufgrund der nachkonziliaren Polarisierungen zu verstehen ist, die in bestimmten Kreisen noch andauern.

Die Regelung, die Rom angesichts dieser Gegebenheit als angemessen betrachtet und mit dem Dokument vom 3. Oktober 1984 getroffen hat, wird offiziell als "kennzeichnend" für die "Sorge" des Papstes gewertet. Das Dokument scheint im deutschen Sprachgebiet bei der großen Mehrheit der Gläubigen nur ein schwaches Echo gefunden zu haben, während es, wie der dritte Teil dieser Arbeit zeigt, in extrem konservativen und traditionalistischen Gruppen oder Kreisen eine sehr heftige Resonanz hervorgerufen hat.

Wir halten an dieser Stelle fest: Das Indult, das in bestimmten Fällen und unter festgelegten Bedingungen gewährt werden kann, darf nicht isoliert betrachtet und gewertet werden. Es bliebe unverständlich ohne den Kontext der dargelegten Zusammenhänge und wäre bei einem anderen Verlauf der jüngsten Entwicklungen vermutlich wohl auch überflüssig gewesen.

572 Vgl. D. MENOZZI, Das Antikonzil (s. Anm. 120) 403 - 431; H. J. POTTMEYER, Vor einer neuen Phase der Rezeption des Vaticanum II (in: s. Anm. 120) 47 - 65.

573 K. SCHATZ, Säkularisation (s. Anm. 565) 326.

Nach diesen eher grundsätzlichen Darlegungen, die davon ausgehen, daß der Schritt, für den sich der Papst und die Kongregation für den Gottesdienst entschieden haben, letztlich in der umfassenderen "nachkonziliaren Krise" wurzelt, soll zunächst eine Stellungnahme zur traditionalistischen Kritik des Dokumentes vom 3. Oktober 1984 versucht werden. Sie lenkt den Blick auf die Mängel, die bei der Einführung und der Rezeption des erneuerten Meßbuches in den Gemeinden sichtbar geworden sind, und verweist auf eine bleibende Aufgabe, von der weiter unten die Rede sein wird.

2. STELLUNGNAHME ZUR TRADITIONALISTISCHEN KRITIK

Das Indult ist dazu angetan, die Traditionalisten zu einer Entscheidung zu führen. Es ruft sie auf, die Liturgiereform und mit ihr das Meßbuch von 1970 als gültig und rechtgläubig anzuerkennen und sich von kurzsichtigen Verurteilungen der konziliaren Erneuerung loszusagen. Gemeint sind u. a. Verurteilungen wie diese: "Der sogenannten 'konziliaren' Kirche dürfte es ... schwerfallen, nachzuweisen, daß sie die eine wahre und katholische Kirche ist."[574]

Darüber hinaus läßt das Dokument vom 3. Oktober 1984 fragen: Was hindert die Traditionalisten, die erneuerte Meßliturgie anzunehmen? Sind in dem Meßbuch, das Papst PAUL VI. promulgiert hat, theologische Mängel gegeben? Oder ist die traditionalistische Kritik in einer mangelhaften Durchführung der Liturgiereform begründet? Haben liturgische Feiern, die von den Normen der Liturgiereform abweichen, die Ablehnung des nachkonziliaren Ritus erst heraufbeschworen?

1. Der in den traditionalistischen Argumentationen immer wieder anzutreffenden Berufung auf die Bulle "Quo primum", mit der PIUS V. festgelegt hat, daß nichts an dem von ihm promulgierten Missale geändert werden dürfe, steht entgegen, daß die Päpste immer wieder das Missale PIUS' V. erweitert, verbessert und so verändert haben.[575] Auch das nachtridentinische Meßbuch erweist sich bei genauerer Prüfung als wachsendes und gewachsenes Buch.[576]

574 W. SIEBEL, Katholisch oder konziliar. Die Krise der Kirche heute, München-Wien 1978, 5 und 415.

575 Entsprechend ihrer Erlässe, die in den Missale-Ausgaben bis 1962 abgedruckt sind, haben folgende Päpste Änderungen vorgenommen: CLEMENS VIII. (1604), URBAN VIII. (1634), PIUS X. (1911), PIUS XII. (1951) und JOHANNES XXIII. (1960); vgl. hierzu Anm. 199, 227, 261 - 268.

576 Vgl. hierzu: A. HÄUSSLING, Das neue Meßbuch (s. Anm. 31) 248 - 256.

2. Mit dem "Tridentinischen Ritus", der von einigen Traditionalisten irrtümlich auf die apostolische Zeit zurückgeführt wird, hat PIUS V. den liturgischen Wildwuchs - soweit dies damals von der Quellenkenntnis her möglich war - bereinigt. Er hat auf das "Missale ad usum Romanae Curiae" des 13. Jahrhunderts zurückgegriffen, das die Umgestaltung der römischen Liturgie im fränkisch-germanischen Raum im 8. bis 12. Jahrhundert beendete, und hat mit dem Tridentinischen Missale eine vielschichtige Entwicklung vorläufig abgeschlossen.[577] Dank des in viel größerem Umfang zur Verfügung stehenden Quellenmaterials konnte man bei der Erarbeitung des Missale von 1970 dann aber weit besser auf die ursprüngliche römische Liturgie und ihre Entwicklungsschichten zurückzugreifen. Man ist nach dem Zweiten Vatikanischen Konzil mit dem erneuerten Meßbuch der Intention PIUS' V. gefolgt. Was er zu erreichen suchte, hat man mit heutigen Möglichkeiten erreicht. So ist ein Missale entstanden, das ungleich stärker in der liturgischen Tradition verankert ist, als dies im Jahre 1570 der Fall sein konnte. Die Reformarbeit war keineswegs von einem "blinden Haß gegen die 'Tridentinische Messe'"[578], sondern von Respekt vor dem MISSALE ROMANUM PIUS' V. bestimmt, wie PAUL VI. in der Apostolischen Konstitution "Missale Romanum" vom 3. April 1969 ausdrücklich erklärt hat.[579] Das Reformziel bestand darin, "das Missale noch 'römischer' werden zu lassen,"[580] d. h. die Absicht von 1570 in dem Meßbuch von 1970 dank der hinsichtlich des Quellenmaterials besseren Möglichkeiten intensiver weiterzuverfolgen.

577 Vgl. B. NEUNHEUSER, Zur Kritik an der Liturgiereform, in: Notitiae 16 (1980) 57 - 74, hier: 62; S. J. P. VAN DIJK - J. H. WALKER, The Origins of the Modern Roman Liturgy, London 1960.

578 K. GAMBER, Die Liturgie der Frühzeit - Richtschnur für eine echte Reform, in: UVKorr 9 (1979) 389.

579 Abgedruckt in: AAS 61 (1969) 217 - 222; dt. in: Rennings, Dokumente 642 - 646; Meßbuch I, 19* - 22*.

580 B. NEUNHEUSER, Kritik (s. Anm. 577) 63.

3. Den Vorwurf, der Opfercharakter der heiligen Messe als Opfer Christi und Opfer der Kirche sei im erneuerten Meßbuch zugunsten des "Herrenmahles" verdrängt worden,[581] widerlegen die Liturgiekonstitution,[582] das Dekret des Zweiten Vatikanischen Konzils über Dienst und Leben des Priesters,[583] die Instruktion "Eucharisticum mysterium" vom 25. Mai 1967[584], die Allgemeine Einführung in das Römische Meßbuch[585] und vor allem das Missale von 1970 selbst. Die Gabengebete[586] und - neben dem Römischen Kanon - die drei weite-

581 Vgl. K. GAMBER, Opfer und Mahl. Gedanken zur Feier der Eucharistie im Geist der Kirchenväter (SPLi. Beiheft 8), Regensburg 1982, 9; DERS., Das Opfer der Kirche nach dem Neuen Testament und den frühesten Zeugnissen (SPLi. Beiheft 5), Regensburg 1982, 19, 20; DERS., Gemeinsames Erbe. Liturgische Neubesinnung aus dem Geist der frühen Kirche (SPLi. Beiheft 1) Regensburg ²1981, 32; DERS., Alter und neuer Meßritus. Kritik am neuen Ordo Missae, in: HlD 24 (1970) 16 - 18. Die Darlegung der Bedenken in diesen Veröffentlichungen zeigt, daß die Kritik GAMBERS an den Unzulänglichkeiten der erneuerten Liturgie in keiner Weise mit der traditionalistischen Verurteilungen verwechselt werden darf. GAMBERS Einwände sind vielmehr von seiner reichen Kenntnis der liturgiegeschichtlichen Entwicklung in der alten und östlichen Kirche motiviert.

582 Vgl. SC 2, 7, 10, 47. Daß die Eucharistie vor allem ein Opfer ist, "das Opfer unserer Erlösung und zugleich Opfer des Neuen Bundes", und dieser Opfercharakter in der erneuerten Meßliturgie besonders hervorgehoben wird sowie die nachkonziliare liturgische Erneuerung "tatsächlich dem eucharistischen Opfer sozusagen eine größere Durchsichtigkeit geschenkt" hat, stellt Papst JOHANNES PAUL II. klar heraus: Sekretariat der Deutschen Bundesbischofskonferenz (Hrsg.), Schreiben seiner Heiligkeit Papst JOHANNES PAUL II. an alle Bischöfe der Kirche "Über das Geheimnis und die Verehrung der heiligsten Eucharistie" (Verlautbarungen des Apostolischen Stuhls 15), Bonn 1980, 14 - 19, hier: 18.

583 AAS 58 (1966) 991 - 1024: 2, 4, 5.

584 AAS 59 (1967) 539 - 573: 3, 9, 12, 18, 44, 47, 50, 58.

585 AEM Vorwort Art. 1, 2, 4, 5, 12, in den Kapiteln: Art. 2, 7, 48, 54, 55, 60.

586 Vgl. besonders das Gabengebet vom 2. Sonntag im Jahreskreis.

ren Hochgebete, die sich in ihrer Struktur dem ersten Hochgebet anlehnen,[587] belegen, daß der Opfergedanke gemäß der Meßopferlehre des Konzils von Trient vom Zweiten Vatikanischen Konzil in der erneuerten Liturgie durchaus nicht geleugnet, sondern aufgegriffen und festgehalten wird. Die Identität des eucharistischen Opfers mit dem Kreuzesopfer kommt heute noch besser zum Ausdruck.[588] Der von Traditionalisten aufgestellte Gegensatz von "Mahl" und "Opfer" ist deshalb nicht aufrecht zu erhalten. Er leugnet den untrennbaren Zusammenhang beider.[589a] Worauf die traditionalistische Kritik ihren

587 Hochgebet II: "... bringen wir so das Brot des Lebens dar ..." (panem vitae offerimus); Hochgebet III: "... das reine Opfer dargebracht", "... dieses heilige und lebendige Opfer", "... das Lamm ..., das geopfert wurde", "... dieses Opfer unserer Versöhnung"; Hochgebet IV: "... das Opfer, das dir wohlgefällt", "... siehe her auf die Opfergabe", "... eine lebendige Opfergabe in Christus", "... wir das Opfer darbringen". Papst JOHANNES PAUL II. hebt gerade das dritte Hochgebet als dasjenige hervor, in dem der Opfercharakter der Eucharistie seinen besonderen Ausdruck findet: Schreiben seiner Heiligkeit (s. Anm. 582) 17.

588 Vgl. J. BETZ, Eucharistie I - IV, in: LThK $^{2}3$, 1142 - 1157; DERS., Eucharistie, in: HThG I, 336 - 355; Eucharistie als zentrales Mysterium, in: MySal IV/2, 254-256; K. GAMBER, Sacrificium missae (SPLi. Fasc. 9), Regensburg 1980, 24 - 29; H.-J. SCHULZ, Ökumenische Glaubenseinheit aus eucharistischer Überlieferung (KKTS XXXIX), Paderborn 1976, 56 - 72; B. NEUNHEUSER, Kritik (s. Anm. 577) 64 - 68; ders., Die numerische Identität von Kreuzesopfer und Meßopfer, in: DERS. (Hrsg.), Opfer Christi und Opfer der Kirche. Die Lehre vom Meßopfer als Mysteriengedächtnis in der Theologie der Gegenwart, Düsseldorf 1960, 139 - 151; K. RAHNER/A. HÄUSSLING, Die vielen Messen und das eine Opfer, Freiburg 1966, 34 - 37; G. DUFFRER, Gottesdienst und Inkarnation. Eine theologisch-spirituelle Überlegung, in: Th. MAAS-EWERD/K. RICHTER (Hrsg.), Gemeinde im Herrenmahl (s. Anm. 84) 179 - 188, hier: 182; F. EISENBACH, die Gegenwart Jesu Christi im Gottesdienst. Systematische Studien zur Liturgiereform des Zweiten Vatikanischen Konzils, Mainz 1982, 367 - 379.

589a Vgl. Instruktion "Eucharisticum mysterium" (s. Anm. 584) n. 3; J. RATZINGER, Gestalt und Gehalt der eucharistischen Feier, in: IKaZ 6 (1977) 385 - 396, hier: 396;

Vorwurf, der Opfercharakter der Messe werde in der erneuerten Meßliturgie geleugnet, aufbaut, ist die Abschwächung der Opferaussagen in den deutschen Übersetzungen der Missaletexte.[589b] Diese Einwendung gegen den genannten Vorwurf muß an dieser Stelle genügen. Eine intensivere Ausbreitung des Disputs würde den hier gegebenen Rahmen sprengen. Die angegebene Literatur zeigt, daß die unterstellte Verdrängung des Opfergedankens weder in den liturgischen Texten noch in den Konzilsbeschlüssen nachgewiesen werden kann.[590]

4. Die Traditionalisten unterscheiden aufgrund ihres Einwands, der erneuerte Ritus sei keine "Opferfeier" mehr, zwischen "Gemeindeversammlung" und "Gottesdienst".[591] In der heutigen Meßfeier stehe mehr der Mensch im Mittelpunkt, weniger Gott, was sich auch in

O. NUSSBAUM, Die Eucharistiefeier als Anamnese (Opfer und Mahl), in: BiLi 44 (1971) 2 - 16, hier: 14; R. BERGER, Eucharistie - Mahl und Opfer; in: LebZeug 73 (1970) 52 - 63, hier: 52f; W. AVERBECK, Der Opfercharakter der "neuen" Messe, in: Pastoralblatt für die Diözesen Aachen, Berlin, Essen, Hildesheim, Köln, Osnabrück 28 (1976) 162 - 173: hier 162f; J. A. JUNGMANN, Um die Grundgestalt der Meßfeier, in: Liturgisches Erbe und pastorale Gegenwart, Innsbruck-Wien-München 1960, 373 - 378. JUNGMANN relativiert schon den traditionalistischen Vorwurf: "Mit dem Begriff des Opfers allein (kann man) das innere Geschehen nicht vollends ausschöpfen, besonders wenn man dabei einseitig auf das Opfer Christi achtet" (S. 378).

589b So bleibt im Hochgebet III die Wendung "quae tibi sacranda detulimus", die auf die Gesamtstruktur von Gabenbereitung und -darbringung Bezug nimmt, im Deutschen unübersetzt, während die "offerimus"-Aussagen der Gabenbereitungsgebete mit der abschwächenden Formulierung "Wir bringen vor dein Angesicht" wiedergegeben werden. (Die gleiche Wendung erscheint dagegen in der Übersetzung des Hochgebets III "Schau gütig auf die Gabe deiner Kirche. Denn sie stellt dir das Lamm vor Augen ..." gut gewählt, weil hier in der Tat die liturgiefeiernde Gemeinde mit dem Priester nicht als solche tätig wird, sondern sich nur auf den einmaligen heilsgeschichtlichen Erlösungsbezug beziehen kann, in den sie selbst als Teilhabende eingeht.)

590 Vgl. Liturgiereform. Interview mit Prof. DDr. J. H. EMMINGHAUS, in: BiLi 49 (1976) 447 - 451.

der Zelebration versus populum zeige.[592] Diese Zelebrationsrichtung trage zum Verlust des Mysteriencharakters der Meßfeier ebenso bei wie die (unterstellte) Diskriminierung der lateinischen Sprache,[593] die doch untrennbar mit dem Meßritus verbunden sei. Zudem fördere der nachkonziliare Ritus - z. B. durch die hierzulande mögliche Handkommunion -[594] die Ehrfurchtslosigkeit. Diese Einwände versuchen, den Beweis für eine Leugnung liturgischer Tradition in der jüngsten Liturgiereform zu erbringen. Sie sind aus schon aufgeführten Gründen unhaltbar.

Dennoch veranlassen sie uns zu der Frage, ob nicht das Heilige, das Ehrfurchtgebietende der Meßfeier bei der praktischen Rezeption der liturgischen Erneuerung in den Gemeinden mancherorts vernachlässigt

591 Vgl. K. GAMBER Erneuerung durch Neuerungen (s. Anm. 279) 47 - 52; DERS., Der sogenannte Volksaltar in liturgiegeschichtlicher und soziologischer Hinsicht, in: UVKorr 4 (1974) 23 - 31.

592 Vgl. K. GAMBER, Die Reform (s. Anm. 279) 46 - 52; W. SIEBEL, Liturgie als Angebot. Bemerkungen aus soziologischer Sicht, Berlin 1972, 16 - 21; K. G. REY, Pubertätserscheinungen in der katholischen Kirche (Kritische Texte 4), Zürich-Einsiedeln-Köln 1970, 25; hierzu als Gegenargumentation: O. NUSSBAUM, Zelebration versus populum und Opfercharakter der Messe, in: ZKTh 93 (1971) 148 - 167.

593 Vgl. K. GAMBER, Alter und neuer Meßritus (s. Anm. 279) 57; G. MAY, Der Gebrauch der Volkssprache in der Liturgie, Berlin 1969, 21; A. GROSS, Das Elend mit den "Traditionalisten" (s. Anm. 257) 9; E. GERSTNER, Die Vandalen kommen (s. Anm. 517) 43f.

594 Vgl. M. ERREN, Die Identität der Kirche vor und nach dem Konzil, in: SAKA 9 (1984) Nr. 12, 11 - 14; W. SIEBEL, Kirche und Wahrheit, in: SAKA 11 (1986) Nr. 4, 5 - 10; R. EGGER, Mariendienst, Juli - August 1985, 1 - 4, hier: 3; auf Einfluß der Freimaurer führt die "Zerstörung" der Messe zurück: H. DEIXLER, Treu Katholischer Glaube 5 (1986) 1, vom 20.1.86, 1 - 4, hier: 4; DERS., ebd. 5 (1986) 1 - 4, hier: 2, vom 14.2.86, 1 - 4, hier: 4; A. SCHÖNBERGER, Nachtrag zum Thema Handkommunion, in: UVKorr 5 (1975) 108 - 111; G. MAY, Die sogenannte Handkommunion, Vaduz o. J.

worden ist - u. a. durch eine Verwechselung der "participatio actuosa" mit nur äußerlicher Aktivität.[595] Bei vielen Gläubigen ist ein nicht vollkommen unbegründetes Unbehagen hinsichtlich mancher nachkonziliarer Erscheinungen im Bereich der Liturgie gegeben. Darin äußern sich zumeist die Sorge um eine treue Befolgung der Liturgiereform und die Sorge darum, daß die Mißachtung der liturgischen Ordnung viele Christen verunsichere und für traditionalistische Argumentationen empfänglich machen könne. Es hat den Anschein, daß manches Mißverständnis bezüglich der heutigen Gestalt der Liturgie die traditionalistischenen Gruppen anwachsen läßt.

595 Vgl. N. LOBKOWICZ, Was brachte uns (s. Anm. 198) 56f, 133.

3. MÄNGEL BEI DER DURCHFÜHRUNG DER LITURGIEREFORM

Die dritte Instruktion zur ordnungsgemäßen Durchführung der Liturgiekonstitution, "Liturgicae instaurationes"[596] vom 5. Sept. 1970, beklagt, daß manche bei der Durchführung der Liturgiereform "zu privater Initiative, zu übereilten, manchmal auch unüberlegten Lösungen griffen, improvisierten, hinzufügten oder eigenmächtig vereinfachten, nicht selten im Widerspruch zu Grundgesetzen der Liturgie."[597] Diese Klage steht nicht allein.[598] Aus ihr lassen sich

596 In: AAS 62 (1970) 692 - 704; dt. in Rennings, Dokumente 949 - 962.

597 Ebd.: Rennings, Dokumente 950.

598 Vgl. J. A. JUNGMANN, Gewordene Liturgie. Studien und Durchblicke, Innsbruck-Leizig 1941, 31; 1941 wies JUNGMANN auf Gefahren hin, die nach dem Zweiten Vatikanischen Konzil drängend wurden; J. RATZINGER, Zur Lage (s. Anm. 42) 124 - 132: Das Mißverhältnis zwischen dem konziliaren liturgischen Verständnis und der vielerorts feststellbaren Auswirkungen der Liturgiereform in der gemeindlichen Praxis verhindere eine bestimmte Höhe der Liturgiefeier. Des weiteren hätten sich in die liturgische Praxis u. a. folgende Kategorien eingeschlichen: Einfälle, Aktualität, Erfolg, Beliebigkeit, äußere Aktivität; R. STANGL, Der Ruf nach der Tridentinischen Messe, in: BiLi 53 (1980) 231 - 235: Er unterscheidet zwischen "Fehlhaltungen im Kirchenvolk" und Fehleinstellungen bei Gemeindevorstehern" und führt vornehmlich an: Die Entmythologisierung der Riten, die Entmystifizierung des Gottesdienstes, den falsch verstandenen Pluralismus in den Gottesdienstformen, die vermißte Stille, der eine "Geschwätzigkeit" gegenüberstehe, die Durchführung der Liturgiereform als Rubrikenreform statt Gemeindeerneuerung; E. J. LENGELING, Liturgie in der Krise?, in: F. GRONER (Hrsg.), Die Kirche im Wandel der Zeit, Köln 1971, 319 - 340; DERS.; Zum 20. Jahrestag der Liturgiereform, in: LJ 34 (1984) 123f; F. MERKEL, Fünfzehn Jahre römisch-katholische Liturgiereform. Beobachtungen und Überlegungen eines Protestanten, in: LJ 29 (1979) 133 - 135; Allocutio PAULI VI ad "Consilium", in: AAS 59 (1967) 418 - 421; dt. in: Rennings, Dokumente 424 - 428, bes. 426; "De inceptis liturgicis reprobandis", in: Notitiae 3 (1967) 37f; dt. in: Rennings, Dokumente 378 f; B. KLEINHEYER, Die Bi-

folgende Mängel entnehmen, die es zu beheben gilt: Entsakralisierungstendenz, Experimentiersucht, Individualismus, Einführung willkürlicher Riten bei fehlender Übereinstimmung mit der Gesamtkirche, Reduzierung der Liturgiereform auf Rubrikenänderung statt ganzheitlicher Gemeindeerneuerung durch die erneuerte Liturgie. Diese Negativa haben mit dazu beigetragen, daß die Verbundenheit mit dem vorkonziliaren Ritus nicht erloschen ist. Denn falsche liturgische Initiativen haben "die volle und richtige Ausführung der liturgischen Erneuerung abgelehnt oder verzögert."[599]

schöfe und das neue Meßbuch, Anmerkungen zur Erklärung der Deutschen Bischofskonferenz vom 24.09.1987, in: IKaZ 5 (1976) 262 - 272, hier: 269; Pastorale der deutschsprachigen Bischöfe an ihren Klerus, vom 4.12.1963, abgedruckt in: E. J. LENGELING, Die Konstitution des Zweiten Vatikanischen Konzils über die heilige Liturgie (LGD 5/6) Münster 1964, 11*; Schreiben der in Fulda versammelten Bischöfe an die Priester über gottesdienstliche Fragen, vom 30.9.1966, abgedruckt u. a. in: Kirchlicher Anzeiger für die Diözese Aachen 22 (1966) 181 - 183; R. KACZYNSKI, Zwischen Wildwuchs und Uniformität, in: Gd 10 (1976) 185 - 188; Papst JOHANNES PAUL II., Allocutio "Gottesdienst als Mitte menschlicher Existenz", in: Notitiae 19 (1983) 127 - 132; J. PIEPER, Nachkonziliare Wirrnisse. Autobiographische Notizen, in: Forum katholischer Theologie 2 (1986) 43 - 57; J. RATZINGER, Liturgie - wandelbar oder unwandelbar, in: IKaZ 6 (1977) 417 - 427, hier: 422ff.

599 Aus dem Bericht von Kardinal KNOX, Präfekt der Gottesdienstkongregation, bei der Dritten Bischofssynode in Rom, 27.9. - 26.10.1974, in: Notitiae 10 (1974) 355 - 362; dt. in:
E. J. LENGELING, Kritische Bilanz. Liturgische Bildung des Klerus und der Laien in den Aussagen des zweiten Vatikanischen Konzils, in den römischen Ausführungsbestimmungen und in den reformierten liturgischen Büchern, Regensburg 1976, 90 - 92; vgl. hierzu auch: J. BAUMGARTNER, Die Zukunft der liturgischen Bewegung, in: HlD 30 (1976) 89 - 95, hier: 91; O. B. ROEGELE, Liturgische Reise durch Europa, in: KlBl 55 (1975) 110 - 112; J. THOMASSEN, Kontinuität in der gegenwärtigen Liturgie?, in: IKaZ 3 (1974) 568 - 571; F. KOHLSCHEIN, "Nur" ein Ritual. Lebendiger Gottesdienst - was ist das?, in: Gd 20 (1986) 49 - 51; J. BAUMGARTNER, Die Rezeption der vatikanischen Liturgiereform, in: HlD 40 (1986) 113 - 135, hier: 117 - 130.

Beispielhaft seien als konkrete Anlässe für die traditionalistische Kritik die - wie schon ausgeführt - in den deutschen Übersetzungen der Gaben- und Hochgebete abgeschwächte Opferaussage angeführt, außerdem eine mangelnde visuelle Gestaltung des Bußaktes sowie dessen Verflachung und Abschwächung in der liturgischen Praxis vieler Gemeinden, indem er als Annex einer oft überlangen Einführung in aller Kürze zu den Kyrierufen hinführt oder sich allein diese beschränkt und so als Vergebungsbitten mißversteht. Weiterhin sei die vielerorts rigorose Einführung der Handkommunion genannt, wobei hier - wie fast durchgängig in der Phase der Durchführung der Liturgiereform - eine Wahlmöglichkeit als Verpflichtung auf die zur Wahl gestellte Möglichkeit mißbraucht worden ist und diejenigen, welche das Wahlrecht nutzten und sich nicht für eine zur Wahl gestellte neue Möglichkeit entscheiden konnten oder sich nicht nur auf eine einzige Möglichkeit einengen lassen wollten, oft in ein gemeindliches Abseits gestellt und als Gegner der Erneuerung gebrandmarkt wurden.

Dem liturgischen Subjektivismus wurde durch diese im Meßbuch gewährten Wahlmöglichkeiten nicht gewehrt, vielmehr wurde diese Gewährung als Erlaubnis verstanden, die im Missale genannten Möglichkeiten durch eigene Neuschöpfungen "bereichern" und austauschen zu können. So wurden für manche Gemeinden die ständigen Mißbräuche zur fortwährenden Erfahrung und ließen den Eindruck entstehen, die vor Ort aufgrund irgendwelcher liturgischen Vorlieben oder Mißverständnisse umgestalteten Meßfeiern seien mit der konziliaren Erneuerung gleichzusetzen. Die Kluft zwischen der Intention des Meßbuches und der gemeindlichen Liturgiefeier vergrößerte sich auch dadurch, daß willkürlich eingefügte Einführungen innerhalb der Meßliturgie vor Gebeten, Lesungen und Liedern ihr oftmals den Feiercharakter zugunsten einer "katechetischen Veranstaltung" nahm. Diese Tendenz wird z. B. durch die Einladung zum Friedensgebet im erneuerten Meßbuch begünstigt, wurde doch dadurch für manche der Eindruck geweckt, Einladungen, katechetische Hinweise und - oftmals flache - Tagesbezüge auch zu anderen Teilen der Meßfeier geben zu können oder gar geben zu müssen.

Da es vielfach an Kenntnis der theologischen und historischen Hintergründe der Erneuerung des Gottesdienstes fehlt, da etwa die pastoralen und zugleich theologischen Einführungen der liturgischen Bücher unbeachtet bleiben, mangelt es in der liturgischen Praxis am Vertrautsein mit den tatsächlichen Intentionen der liturgischen Reformmaßnahmen.[600] Deshalb ist den Gläubigen nicht bewußt, daß "bei der nachkonziliaren liturgischen Erneuerung der Wille zur Bewahrung gesunder Tradition und der Mut zu gesundem Fortschritt Hand in Hand gegangen sind."[601] Die "kritische Bilanz", die der verstorbene Liturgiewissenschaftler Emil Joseph LENGELING schon 1976 gezogen hat, hat auch zehn Jahre später nichts von ihrer Gültigkeit und Aktualität verloren:

"Vor allem haben viele Priester es für überflüssig gehalten, zunächst sich und dann die Gemeinden mit Wortlaut und Geist der liturgischen Erneuerung vertraut zu machen ... Daher sind die Feiern ... allzuoft bestimmt durch eine mehr oder weniger große Willkür bis hin zur Anarchie oder - wohl in den meisten Fällen - durch einen Neo-Rubrizismus, der jedoch die neuen Bestimmungen nur teilweise kennt und anwendet ... oder diese Bestimmungen oft mißversteht."[602]

600 Vgl. R. KACZYNSKI, Zwanzig Jahre Liturgiekonstitution. Eine Bestandsaufnahme, in: Notitiae 19 (1983) 764 - 780; H. REIFENBERG, Brauchen wir eine zweite Liturgiereform?, in: BiLi 47 (1970) 218 - 221; E. J. LENGELING, Kritische Bilanz (s. Anm. 599); DERS., Liturgie im Wandel der Gesellschaft und der Kirche, in: LebZeug 73 (1970) 5 - 28; DERS., Tradition und Fortschritt (s. Anm. 15) 222f; Th. MAAS-EWERD, Liturgie - Quelle der Kraft. Zum 20. Jahrestag der Konstitution "Sacrosanctum Concilium", in: KlBl 64 (1984) 3 - 17.

601 B. FISCHER, Tradition und Fortschritt in der liturgischen Erneuerung dargestellt am Beispiel des liturgischen Kusses, in: Notitiae 19 (1983) 610 - 611; vgl. Th. MAAS-EWERD, Verlorenes Gleichgewicht? Not und Segen der Liturgiereform, in: Zum Thema Kult und Liturgie. Notwendige und überholte Ausdrucksformen des Glaubens, Stuttgart 1972, 105 - 147.

Das Mißverständnis der liturgischen Erneuerung, das sich in den Reaktionen der Traditionalisten auf das Indult äußert, hat nicht zuletzt in diesen Mängeln seine Wurzeln. Diese Situation, die das Indult neu bewußt macht, ruft nach einer intensiven liturgischen Bildung der Priester und Gläubigen. Da die Liturgiereform in einem relativ kurzen Zeitraum durchgeführt worden ist, konnten Mangelerscheinungen wie "Kinderkrankheiten" (Balth. FISCHER) nicht ganz ausbleiben. Der Fortschritt der Liturgiereform kann durch eine Reflexion der liturgischen Erneuerung gefördert werden, die auf die Rechte der Liturgie im Sinne der Kirche abzielt. Man sollte den in der Reform geschenkten Reichtum der Liturgie im Einklang mit der Gesamtkirche ausschöpfen, damit die liturgische Feier von jener Innerlichkeit geprägt bleibt, die ihr wesensgemäß eigen ist.[603]

Solange die liturgische Reform vor allem als Rubrikenänderung, Reduktion der Zeichen oder, um mit dem Liturgiewissenschaftler Balthasar FISCHER von der Theologischen Fakultät Trier zu reden,

602 E. J. LENGELING, Kritische Bilanz (s. Anm. 599) 110.

603 Diese Aufgabe wird besonders deutlich herausgehoben in den Antworten von W. SIEBEL, F. GREINER und K. LEHMANN auf die Fragestellung: Was hat das Konzil mit der Liturgiereform gewollt? Was ist daraus geworden? Wie soll es weitergehen?: Zehn Jahre Liturgiereform, in: IKaZ 3 (1974) 8 - 14; J. BAUMGARTNER, Neue Spiritualität mit weitgehenden Konsequenzen - mehr Bildung, mehr Verinnerlichung, in: BiLi 49 (1976) 301 - 303; DERS., Die Zukunft (s. Anm. 599) 91f; I. BAUMER, Das Frömmigkeitsbild der Traditionalisten, in: J. BAUMGARTNER (Hrsg.), Wiederentdeckung der Volksreligiösität, Regensburg 1979, 53 - 81, hier: 76f; A. HEINZ, Sonntagsformulare (s. Anm. 32) 86; A. HÄNGGI, Zwanzig Jahre danach. Rückblick eines Bischofs auf die Liturgiereform, in: Gd 17 (1983) 179; J. DANIELOU, Liturgische Bewegung seit dem Konzil, in: IKaZ 3 (1984) 1 - 7, hier: 6f; Th. MAAS-EWERD, "Aktive Teilnahme" an der Liturgie - was heißt das?, in: PrV 88 (1983) 289 - 301; R. SCHWARZENBERGER, Bewußt und tätig. Die Liturgieerneuerung des II. Vatikanums, Wien-München 1983, 12 - 14; P. P. KASPAR, Geheilige Zeichen, Wien-Freiburg-Basel 1986, 133 - 136; J. LENSSEN, Liturgie bedarf der Symbole, in: DERS. (Hrsg.), Liturgie und Kirchenraum, Würzburg 1986, 25 - 30; DERS., Symbole und Zeichen, in: ebd. 37 - 43.

als "Sermonitis, Allergie gegen Feierlichkeit, mißverstandener Ökumenismus, Libertinismus, Latein-Allergie"[604] erfahren wird, bleibt der Vergleich zwischen dem vor- und dem nachkonziliaren Ritus in einer Spannung fortbestehen, die die innere Aneignung des erneuerten Ritus als Wachstum in eine neue gottesdienstliche Spiritualität verhindern kann. Die dringliche Intensivierung der liturgischen Bildung müßte einen ausgeprägt spirituellen Charakter haben.[605]

Bei den Gruppen traditionalistischer Prägung, die sich in ihren Publikationen zum Indult geäußert und auf Anfragen geantwortet haben, lassen sich keine Bemühungen um eine Aneignung dessen feststellen, was die Liturgiereform gebracht hat. Durchgängig stellen diese Gruppen die liturgische Erneuerung von vornherein und mit fadenscheinigen Gründen in Frage.

Statt den vorkonziliaren Ritus wieder zu reaktivieren oder die Liturgiereform in ihrer Berechtigung und Notwendigkeit überhaupt in Zweifel zu ziehen, wäre eine tiefere Besinnung auf die Bedeutung

604 B. FISCHER, Zehn Jahre danach. Zur gottesdienstlichen Situation in Deutschland zehn Jahre nach Erscheinen der Liturgiekonstitution, in: B. FISCHER, u. a., Kult in der säkularisierten Welt, Regensburg 1974, 121 - 125. Vgl. W. KASPER, Kirche - wohin gehst Du? Die bleibende Bedeutung des Zweiten Vatikanischen Konzils, Paderborn 1987, 30f.

605 Vgl. E. J. LENGELING, Fragen des Gottesdienstes, in: K. FORSTER, (Hrsg.), Befragte Katholiken - Zur Zukunft von Glaube und Kirche. Auswertungen und Kommentare zu den Umfragen für die Gemeinsame Synode der Bistümer in der Bundesrepublik Deutschland, Freiburg 1973, 112, 132: In der Auswertung der mündlichen Repräsentativumfrage unter deutschen Katholiken im Winter 1970/71 wird die unerläßliche spirituelle Dimension der kirchlichen und insbesondere gottesdienstlichen Aufgaben hervorgehoben. Das Verlangen nach Verwirklichung dieses spirituellen Auftrags in der Kirche besteht wohl fort, wie derzeitige kirchliche Gruppierungen und Tendenzen belegen (z. B. Meditationen, Einkehrtage); Th. MAAS-EWERD, Gottesdienst - innerste Mitte der Sorge um den Menschen, in: Anzeiger für die Seelsorge 92 (1983) 206 - 209.

der nachkonziliaren gottesdienstlichen Reform vonnöten. Wenn bei der Durchführung der Liturgiereform Fehler gemacht worden sind, haben sie ihre Wurzeln nicht ohne weiteres in der Liturgiereform selbst. Wäre diese in manchen Gemeinden mit mehr Sensibilität durchgeführt worden (unter Respektierung der tradierten Volksfrömmigkeit), dann hätte es vermutlich keines Indultes bedurft.

Das Indult erweckt den Anschein, eine Befolgung der Liturgiereform sei selbst bei aller Verbundenheit mit dem vorkonziliaren Ritus möglich. Der nachkonziliare Ritus stellt nicht etwas völlig Neues dar. Vielmehr ist die erneuerte Meßliturgie aus dem "Tridentinischen Ritus" erwachsen. Mit ihrer total ablehnenden Haltung verwerfen extreme Traditionalisten die vom Indult beabsichtigte Möglichkeit, durch Gewährung von Meßfeiern in "Tridentinischem Ritus" ein Hineinwachsen in die erneuerte Liturgie zu erleichtern. Ist das Indult als Übergangsregelung geeignet? Theodor MAAS-EWERD hofft "mit einigem Optimismus ..., daß sie sich eines Tages von selbst erübrigt."[606] Diese Hoffnung kann sich - dem augenblicklichen Diskussionsstand nach - nicht auf eine Sinnesänderung bei den Traditionalisten stützen, sondern eher auf ein Aussterben jener, die mit dem vorkonziliaren Ritus vertraut gewesen sind. Die Schaffung besonderer Freiräume für liturgische Feiern nach dem vorkonziliaren Ritus, die der einheitlichen römischen Liturgie der Kirche entgegenstehen, kann die Liturgie der Kirche und ihre Einheit wohl kaum fördern. So gesehen ist das Indult ein Hindernis. Es vergrößert die bestehende Kluft zu den Traditionalisten. Damit gerät das Indult in Gefahr, daß sein Anliegen ins Gegenteil verkehrt wird, was die dargestellte Reaktion vieler Traditionalisten leider nur bestätigt.

606 Th. MAAS-EWERD, Sehnsucht (s. Anm. 241) 325.

4. DIE BLEIBENDE AUFGABE

"Liturgische Texte und Riten müssen versuchen, in der Spannung verschiedener Polaritäten das Gleichgewicht zu wahren ... Erschreckend ist aber, wie eindeutig heute privat angebotene Texte - meist im Pendelschlag gegenüber früheren Einseitigkeiten - den jeweils anderen Pol überbetonen."[607] Einseitigkeiten, sie seien mit dem Schlagwort "Horizontalismus" gebrandmarkt, sind mancherorts in einer willkürlichen Umwandlung der Riten feststellbar.[608] Das Schlußdokument der zweiten außerordentlichen Bischofssynode vom 9. Dez. 1985[609] erklärt in seinem Abschnitt "Quellen, aus denen die Kirche lebt" über die heilige Liturgie:

"Die liturgische Erneuerung ist die sichtbarste Frucht der ganzen Arbeit des Konzils. Wiewohl einige Schwierigkeiten auftauchten, wurde sie doch von den Gläubigen im allgemeinen froh und fruchtbringend angenommen. Liturgische Erneuerung kann nicht auf Zeremonien, Riten, Texte usw. beschränkt werden; und auch die aktive

607 E. J. LENGELING, Liturgie als Grundvollzug christlichen Lebens, in: B. FISCHER u. a., Kult (s. Anm. 604) 63 - 91, hier: 86; vgl. Th. MAAS-EWERD, "In der Person Christi an der Spitze der Gemeinde stehen." Vom Dienst des Priesters in der Liturgie, in: J. SCHREINER (Hrsg.) Freude am Gottesdienst, Stuttgart 1983, 395 - 410, hier: 401ff.

608 E. J. LENGELING, Kritische Bilanz (s. Anm. 599); MEYER 435 - 347: Dem Gottesdienst als "Gipfel und Quelle" des ganzen christlichen Lebens (SC 10) ist "das Heilige" zurückzugewinnen, insoweit "Horizontalismus", Entsakralisierungstendenz und individualistische Willkür in ihm Einzug gehalten haben. Diese Forderung der Konzilsdokumente werden ebenso in den nachkonziliaren Durchführungsbestimmungen zur Liturgiereform seitens zuständiger römischer Institutionen und der Bischofskonferenzen erhoben.

609 Abgedruckt in: Zukunft aus der Kraft des Konzils. Die außerordentliche Bischofssynode '85. Die Dokumente mit einem Kommentar von Walter KASPER, Freiburg-Basel-Wien 1986.

Teilnahme der Gläubigen, die nach dem Konzil so glücklich anwuchs, besteht nicht nur in äußerlicher Aktivität, sondern vor allem in innerer und geistlicher Teilnahme am österlichen Geheimnis Jesu Christi (vgl. SC 11). Die Liturgie muß sehr klar den Sinn für das Heilige fördern und ihn aufleuchten lassen. Sie muß vom Geist der Ehrfurcht vor Gott, der Anbetung und Seiner Verherrlichung durchtränkt sein."[610]

Ausgehend von den Fehlern bei der Durchführung der Liturgiereform, die auf der Bischofssynode im November/Dezember 1985 zur Sprache gekommen sind,[611] formuliert das Schlußdokument als Schwerpunkt liturgischer Bildung die Rückkehr zum Heiligen, den inneren Mitvollzug der Liturgie und deren Prägung vom Geist der Ehrfurcht, der Anbetung und der Verherrlichung Gottes. "Die Liturgie kann und muß durch ihre Symbolsprache und noch mehr durch die Weise ihrer Mitfeier und ihres Mitvollzugs die Dimension des Heiligen in der Welt 'sichtbar' machen und das Geheimnis Jesu Christi zum Aufleuchten bringen."[612] Hinken die subjektivistisch bestimmten Liturgiefeiern trotz ihres Aktualitätsanspruchs den wirklich führenden Strebungen der Zeit hinterher,[613] bleiben sie hinter dem eigentlichen Wesen der Liturgie zurück, so erkennt die Bischofssynode die Zeichen der Zeit, indem sie das Heilige und die Transzendenz der Liturgie betont, die eine Zukunftsperspektive eröffnen, welche in der Liturgie greifbar wird. Es geht darum, den Weg nach innen anzutreten, "zu der gnadenhaften Wirklichkeit" durchzustoßen, "die sich hinter den Worten und Gebärden der nunmehr freigelegten und gestrafften Litur-

610 Ebd. 32f.

611 Vgl. U. RUH, Ablauf zur Konzilsbilanz. Zum Stand der Synodenvorbereitungen, in: HerKorr 39 (1985) 522 - 525; Zukunft aus der Kraft (s. Anm. 609) 65f.

612 Zukunft aus der Kraft (s. Anm. 609) 86f.

613 Vgl. E. J. LENGELING, Liturgie als Grundvollzug (s. Anm. 607) 86.

gie der Kirche verbirgt", sich "im Innersten" erfassen zu lassen von der "Realität, die das Konzil das unter uns fortwirkende, priesterliche Tun Christi nennt."[614]

Der Grundsatz "Liturgia semper reformanda" hat ohne Zweifel seine Berechtigung, er schließt aber die mystagogische Hinführung zur Liturgie nicht aus, sondern ein. Was das Schlußdokument der Bischofsynode von 1985 fordernd deutlich macht, wird in der Auseinandersetzung um das Indult und dessen Vorgeschichte wie Hintergründe schon als dringliche Aufgabe sichtbar, so daß Th. MAAS-EWERD feststellt und verdeutlicht: "Ein Zeichen mangelnder Orientierung und teils wohl auch ein Indiz verbreiteter heutiger Verwirrung könnte man in dem Indult der Gottesdienst-Kongregation vom 3. Oktober 1984 erblicken und vor allem in der Diskussion, die dieses Schreiben ausgelöst hat. (45) Geht es nur um ein liturgisches Buch in seinen Fassungen von 1962 und 1970/75? Oder spricht sich in der Sehnsucht, mit der offenbar Christen von heute nach dem früheren Meßbuch ausschauen, nur der Wunsch aus, das Eigentliche oder Wesentliche des liturgischen Vollzugs zurückzugewinnen? Es ist ja - trotz des besseren und tiefer in der liturgischen Tradition verankerten heutigen Meßbuchs - noch nicht ausgemacht, ob man nicht - was durchaus zutreffen kann - in einer früheren Phase, trotz mancher Barrieren, das Wesen der Liturgie als Ort und Ausdruck innigster Gemeinschaft mit Christus und der Kirche tiefer erfaßt und bewußter aus dieser Wirklichkeit gelebt hat, als das heutzutage gemeinhin der Fall ist. Sofern diese Vermutung stimmen sollte, geht es also gar nicht primär um eine frühere Ausgabe desselben Buches, zumal sich beide Fassungen in der Einheit der Geschichte katholischer Meßliturgie prä-

614 B. FISCHER, Liturgische Erneuerung: Abschluß oder Anfang, in: BiLi 50 (1977) 47 - 53, hier: 49. Vgl. M. PROBST, Die Liturgiereform des II. Vatikanums - eine Reform gegen die Frömmigkeit?, in: LJ 36 (1986) 222 - 237, hier: 236f; J.-C. CRIVELLI, Das Konzil verwirklichen, Anstöße zur zweiten Liturgiereform, in: Gd 20 (1986) 57 - 60.

sentieren, sondern um das an sich begrüßenswerte Bestreben, dem eigentlichen Wesen der Liturgie wiederum näherzukommen, um aus ihr zu leben. Dann aber steht nicht das Missale zur Debatte, sondern die Frage, ob man fähig ist, das, was das zweifellos verbesserte und hilfreichere Buch regelt, angemessen in gottesdienstliches Tun umzusetzen."[615]

Nicht die Meßfeier im vorkonziliaren Ritus, sondern die Treue zu den eigentlichen Intentionen der Liturgiereform läßt auf jene ganzheitliche Erneuerung des christlichen Lebens hoffen, die in SC 1 als Ziel aller gottesdienstlichen Reformmaßnahmen genannt wird.[616]

Das Indult vom 3. Oktober 1983 ist ohne Zweifel ein Ausdruck der Sorge des Nachfolgers Petri, seiner Sorge um die ganze Kirche. Auch wenn die praktischen Maßnahmen, die es - wenigstens grundsätzlich - ermöglicht, sich am Ende als wenig hilfreich erweisen, so kann diesem Dokument den- noch eine Wirkung nicht abgesprochen werden: Es hat - nach allen Seiten hin - die Bedeutung eines Signals.

615 Th. MAAS-EWERD, "Anwalt des liturgischen Anliegens", in: W. SEIDEL (Hrsg.), Christliche Weltanschauung Wiederbegegnung mit Romano Guardini, Würzburg 1985, 163 - 183, hier: 177f.

616 Diese treue Befolgung meint Kardinal Franz KÖNIG wohl auch, wenn er sagt: "Wir stehen bei der Umsetzung der Ergebnisse des Zweiten Vatikanischen Konzils in das konkrete Leben der Kirche erst am Anfang": Die geistige Großwetterlage wandelt sich dramatisch. Interview mit Kardinal KÖNIG, Wien, in: G. EBERTS, Das Zweite Vatikanische Konzil und was daraus wurde, Aschaffenburg 1985, 114.

ABKÜRZUNGSVERZEICHNIS

Abkürzungen werden angeführt nach: S. SCHWERTNER, Abkürzungsverzeichnis (TRE).

Außerdem werden folgende Abkürzungen gebraucht:

AEM	Allgemeine Einführung in das (Römische) Meßbuch (Institutio generalis Missalis Romani).
CIC/1983	Codex Iuris Canonici auctoritate Ioannis Pauli Pp. II promulgatus, Vatikanstadt 1983.
Einsicht	Einsicht. Credo ut intelligam. Römisch-katholische Zeitschrift, München 1970ff.
Gd	Gottesdienst. Information und Handreichung der Liturgischen Institute Deutschlands, Österreichs und der Schweiz. Hg. von den Liturgischen Instituten Trier, Salzburg und Zürich, Freiburg-Wien-Einsiedeln 1966ff.
HLW (M)	Handbuch der Liturgiewissenschaft, Hg. v. Aimé-Georges Martimort u. a., Freiburg 1, 1963 - 2, 1965.
KyrEl	Kyrie eleison. Organ der "Liga Kath. Traditionalisten e. V.", Overath-Immekeppel 1971ff.
LG	"Lumen gentium". Dogmatische Konstitution des Zweiten Vatikanischen Konzils über die Kirche.
LS	Lebendige Seelsorge, Freiburg.
MEYER	H. B. Meyer (Hrsg.) unter Mitarbeit von J. SCHERMANN, Der Gottesdienst im deutschen Sprachgebiet. Liturgische Dokumente, Bücher und Behelfe (Studien zur Pastoralliturgie Bd. 5 (Sonderbd.)), Regensburg 1982.
Mttbl. Pius X.	Mitteilungsblatt der Priesterbruderschaft St. Pius X. für den deutschen Sprachraum, Stuttgart 1979ff.
MystF	Mysterium Fidei. Mysterium fidei, P. Josef Broxler selig, Egerkingen (Schweiz) 1974ff.
Notitiae	Notitiae. Commentarii ad nuntia et studia de re liturgica editi cura Sacre Congregationis pro Sacramentis et Cultu Divino Sectionis pro Cultu Divino. Vatikanstadt 1964ff.

Rennings, Dokumente	Dokumente zur Erneuerung der Liturgie. Bd: I. Dokumente des Apostolischen Stuhls 1963 - 1973, H. RENNINGS (Hrsg.), unter Mitarbeit von M. KLÖCKENER. Kevelaer 1983.
SAKA	SAKA-Informationen, hrsg. von Arbeitsgruppen der Sammlung glaubenstreuer Katholiken, Basel 1975ff.
SC	"Sacrosanctum Concilium". Konstitution des Zweiten Vatikanischen Konzils über die heilige Liturgie.
StdGl	Stimme des Glaubens. Organ der Gemeinschaft für christliche Verkündigung, Vox fidei e. V. (Hrsg.), Ravensburg 1974ff.
Theol	Theologisches. Beilage der "Offerten-Zeitung für die katholische Geistlichkeit Deutschlands", J. BÖKMANN (Hrsg.), Bad Honnef-Rhöndorf 1969ff.
UVKorr	Una Voce Korrespondenz, Una Voce-Deutschland e. V. (Hrsg.), Duisburg 1970ff.

Q U E L L E N V E R Z E I C H N I S

A GESAMTKIRCHLICHE DOKUMENTE

CONCILIUM TRIDENTINUM. Ed. Societas Goerresiana. T. 8, Freiburg 1919

"SACROSANCTUM CONCILIUM". Konstitution des Zweiten Vatikanischen Konzils "über die heilige Liturgie" vom 4.12.1963, in: AAS 56 (1964) 97 - 134; dt. in: LThK.E I, 15 - 109.

"INTER OECUMENICI". Instruktion "zur ordnungsgemäßen Ausführung der Konstitution über die heilige Liturgie" vom 26.9.1964, in: AAS 56 (1964) 877 - 900; dt. in RENNINGS, Dokumente 102 - 138.

"LUMEN GENTIUM". Dogmatische Konstitution des Zweiten Vatikanischen Konzils "über die Kirche" vom 21.11.1964, in: AAS 57 (1965) 5 - 67; dt. in: LThK.E I, 157 - 347.

"DEI VERBUM". Dogmatische Konstitution des Zweiten Vatikanischen Konzils "über die göttliche Offenbarung" vom 18.11.1965, in: AAS 58 (1966) 817 - 830; dt. in: LThK.E II, 505 - 583.

RITUS SERVANDUS IN CONCELEBRATIONE MISSAE et ritus communionis sub utraque specie, Vatikanstadt 1965.

"CHRISTUS DOMINUS". Dekret des Zweiten Vatikanischen Konzils "über die Hirtenaufgabe der Bischöfe in der Kirche" vom 28.10.1965, in: AAS 58 (1966) 673 - 696; dt. in: LThK.E II, 149 - 247.

"DE INCEPTIS LITURGICIS REPROBANDIS". Erklärung der Ritenkongregation und des "Consilium" über unzulässige liturgische Experimente" vom 29.12.1966, in: Notitiae 3 (1967) 37f; dt. in: RENNINGS, Dokumente 378f.

"MUSICAM SACRAM". Instruktion "über die Musik in der Liturgie" vom 5.3.1967, in: AAS 59 (1967) 300 - 320; dt. in: RENNINGS, Dokumente 404 - 423.

ALLOCUTIO PAULI VI AD "CONSILIUM". Ansprache Papst PAULS VI. an die Mitglieder und Berater des Consilium" anläßlich ihrer achten Vollversammlung vom 19.4.1967, in: AAS 59 (1967) 418 - 421; dt. in: RENNINGS, Dokumente 424 - 428.

"TRES ABHINC ANNOS". Zweite Instruktion "zur ordnungsgemäßen Durchführung der Konstitution über die heilige Liturgie" vom 4.5.1967, in: AAS 59 (1967) 442 - 448; dt. in RENNINGS, Dokumente 429 - 437.

MISSALE ROMANUM ex decreto Sacrosancti Oecumenici Concilii Vaticani II instauratum auctoritate Pauli Pp. VI promulgatum, Ordo Missae. Vatikanstadt 1969.

CALENDARIUM ROMANUM ex decreto Sacrosancti Oecumenici Concilii Vaticani II instauratum auctoritate Pauli Pp. VI promulgatum, Vatikanstadt 1969; dt. Text der Grundordnung in: Meßbuch I, 74* - 82*.

"MISSALE ROMANUM". Apostolische Konstitution Papst PAULS VI. zur Veröffentlichung des gemäß den Beschlüssen des Zweiten Vatikanischen Konzils erneuerten Römischen Meßbuchs vom 3.4.1969, in: AAS 61 (1969) 217 - 222; dt. in: RENNINGS, Dokumente 642 - 646.

"ACTIO PASTORALIS". Instruktion der Kongregation für den Gottesdienst "über die Meßfeier mit besonderen Gruppen" vom 15.5.1969, in: AAS 61 (1969) 806 - 811; dt. in: RENNINGS, Dokumente 782 - 787.

DE CONSTITUTIONE APOSTOLICA "MISSALE ROMANUM". Instruktion der Kongregation für den Gottesdienst "über die schrittweise Einführung der apostolischen Konstitution "Missale Romanum" vom 20.10.1969, in: AAS 61 (1969) 749 - 753; dt. in: RENNINGS, Dokumente 856 - 861.

ALLOCUTIO PAULI VI DE ORDINE MISSAE. Ansprache Papst PAULS VI. in der Peterskirche "über die Einführung einer neuen Meßordnung vom 19.11.1969, in: AAS 61 (1969) 777 - 780; dt. in RENNINGS, Dokumente 866 - 869.

"LITURGICAE INSTAURATIONES". Dritte Instruktion "zur ordnungsgemäßen Durchführung der Konstitution über die heilige Liturgie", veröffentlicht von der Kongregation für den Gottesdienst, vom 5.9.1970, in: AAS 61 (1970) 692 - 704; dt. in: RENNINGS, Dokumente 949 - 962.

"DE MISSALI ROMANO, LITURGIA HORARUM ET CALENDARIO". Mitteilung der Kongregation für den Gottesdienst "über das Römische Meßbuch, das Stundenbuch und den Kalender" vom 14.6.1971, in: AAS 64 (1971) 712 - 715; dt. in: RENNINGS, Dokumente 1076 - 1078.

RITUALE ROMANUM ex decreto Sacrosancti Oecumenici Concilii Vaticani II instauratum auctoritate Pauli Pp. VI promulgatum, Vatikanstadt 1969, ²1973.

"ORDO MISSAE". Allgemeine Einführung in das Meßbuch, deutsche Fassung in: Meßbuch I, 19* - 69*; RENNINGS, Dokumente 653 - 748.

Schreiben seiner Heiligkeit Papst JOHANNES PAUL II. an alle Bischöfe der Kirche "Über das Geheimnis und die Verehrung der heiligsten Eucharistie" (Verlautbarungen des Apostolischen Stuhls 15), hrsg. vom Sekretariat der Deutschen Bischofskonferenz, Bonn 1980.

"LICEAT MIHI QUISDAM". Schreiben zur Umfrage der Kongregation für den Gottesdienst zum Gebrauch der lateinischen Sprache in der römischen Liturgie und zum Verlangen nach dem "Tridentinischen" Ritus an alle Bischöfe vom 19.6.1980, in: Notitiae 17 (1981) 590; ebd. 589 - 611 ist auch der Ergebnisbericht der Umfrage wiedergegeben.

CODEX IURIS CANONICI. Auctoritate Ioannis Pauli Pp. II promulgatus. Vatikanstadt 1983. (Codex Juris Canonici. Codex des kanonischen Rechtes, hrsg. im Auftrag der Deutschen und der Berliner Bischofskonferenz ..., Lat.-dt. Ausgabe, (2. verb. u. verm. Aufl.) Kevelaer 1984).

"QUATTUOR ABHINC ANNOS". Schreiben der Kongregation für den Gottesdienst zum Meßritus nach der Editio typica von 1962 an die Vorsitzenden der Bischofskonferenzen vom 3.10.1984, in: AAS 76 (1984) 1088 - 1089; dt. in: Pressedienst der Deutschen Bischofskonferenz Nr. 5/84 vom 19.10.1984, 3f.

Kirche - unter dem Wort Gottes - feiert die Geheimnisse Christi - zum Heil der Welt. Schlußdokument der zweiten außerordentlichen Synode, 9.12.1985, in: Synodus Episcoporum. Verlautbarungen des Informationsdienstes, Pressesaal des Heiligen Stuhles, 9.12.1985, Nr. 44; dt. in: Zukunft aus der Kraft des Konzils. Die außerordentliche Bischofssynode '85. Die Dokumente mit einem Kommentar von W. KASPER, Freiburg-Basel-Wien 1986, 19 - 45.

B TEILKIRCHLICHE DOKUMENTE

Schreiben der Deutschen Bischofskonferenz an die Geistlichen über gottesdienstliche Fragen vom 30.9.1966, in: Notitiae 3 (1967) 29 - 32; dt. in: LJ 16 (1966) 255 - 256.

Die Bischöfe des deutschen Sprachgebietes. Richtlinien für Meßfeiern kleiner Gemeinschaften (Gruppenmessen) vom 24.9.1970 (DBK), in: NKD 31 (1972) 54 - 64.

Die Feier der heiligen Messe. Meßbuch für die Bistümer des deutschen Sprachgebietes. Authentische Ausgabe für den liturgischen Gebrauch, hrsg. im Auftrag der Bischofskonferenzen Deutschlands, Österreichs und der Schweiz sowie der Bischöfe von Luxemburg, Bozen-Brixen und Lüttich (2 Bde.), Einsiedeln u. a. 1975.

Erklärung der deutschen Bischöfe zur Einführung des neuen deutschen Meßbuches vom 24.9.1975, abgedruckt in: Th. MAAS-EWERD/K. RICHTER (Hrsg.), Gemeinde im Herrenmahl. Zur Praxis der Meßfeier (Pastoralliturgische Reihe in Verbindung mit der Zeitschrift "Gottesdienst"), Einsiedeln u. a. ²1976, 375 - 378.

Erklärung des Sekretariates der Deutschen Bischofskonferenz zur verbindlichen Einführung des Deutschen Meßbuches am 7.3.1976, in: Notitiae 12 (1976) 159 - 161.

Gemeinsame Erklärung der Schweizer Bischöfe zur Liturgie vom 4.5.1977, in: BiLi 50 (1977) 128f.

Ordinariat Augsburg: Verordnung zur Verwendung der lateinischen Sprache bei der Heiligen Messe vom 30.3.1979, in: Amtsblatt für das Bistum Augsburg 89 (1979) 105 - 110.

Zwanzig Jahre Liturgiekonstitution, Erklärung der Deutschen Bischofskonferenz vom 23.9.1983, in: Notitiae 20 (1984) 516 - 519.

Entwurf zu einer Erklärung vor Gewährung zur Erlaubnis zur Meßfeier nach dem MISSALE ROMANUM von 1962: Österreichische Bischofskonferenz Nov. 1984 TOP 4.1.1, Beilage 4 (nicht veröffentlicht).

Der Fragebogen der Gottesdienstkongregation zur Vorbereitung des Kongresses vom 23. bis 28. Okt. 1984 und die zusammenfassende Antwort des deutschen Sprachgebietes, in: Gd 18 (1984) 177f.

Richtlinien für die Meßfeiern nach dem Missale von 1962 des Erzbischofs von Bamberg, in: Amtsblatt für die Erzdiözese Bamberg 108 (1985) 7.

Richtlinien für die Meßfeiern nach dem Missale von 1962 des Bischofs von Regensburg, in: Amtsblatt für die Diözese Regensburg 1985 Nr. 2, vom 14. Febr. 1985, 18.

C TRADITIONALISTISCHE VERÖFFENTLICHUNGEN

ANDRE-VINCENT, Ph. I., Friedliche Koexistenz der Riten?, in: UVKorr 15 (1985) 166 - 174.

AUER, E. J., Pfingsten 1977 in Paris. Kirche nur bei Konservativen noch lebendig, in: StdGl 4 (1977) H. 21, 15 - 17.

BAKER, O., Das Urteil über das II. Vatikanum, in: Einsicht 14 (1984) 44 - 45.

BECKER, E., Ohne Trost und Heimat (Leserbrief), in StdGl 5 (1978) H. 7, 15 - 18.

BISIG, J., Leitartikel, in: Mttbl. Pius X., Nr. 73, Jan. 1985, 2 - 4.

BLATH, Chr., Opfertod Jesu und Liturgie, in: UVKorr 15 (1985) 147 - 165.

BÖKMANN, J., Missale Romanum 1962, in: Theol Nr. 179, März 1985, 6315 - 6320.

CAPPONI, N., Indult und Kirchenrecht, in: UVKorr 15 (1985) 301 - 306.

DEIXLER, H., Treu Katholischer Glaubensnote (Wien):
Rundbrief 10: 4 (1985), 5;
Rundbrief 1: 5 (1986), 4;
Rundbrief 2: 5 (1986), 3 f.

EGGER, R., Mariendienst (Innsbruck), Nov. 1979, 1 - 4.
Mariendienst, Juli - August 1985, 1 - 4.
Mariendienst, November 1985, 1 - 4.

EISELE, A., Die konservative Welle oder wie sich eine Revolution etabliert, in: SAKA 10 (1985) Nr. 1, 5.

\- Für oder gegen die Tradition, in: SAKA 10 (1985) Nr. 2, 10.

ERREN, M., Communiqué des St. Petrus-Canisius-Konvents nach seiner Tagung vom 12. - 14. Oktober 1984, in: SAKA 9 (1984) Nr. 12, 4.

\- Die Identität der Kirche vor und nach dem Konzil, in: SAKA 9 (1984) Nr. 12, 11 - 14.

FROITZHEIM, H., Bedingte Zulassung des alten Meßritus, in: Der Fels 15 (1984) 310 - 311.

GALLAI, A., Unterschriftenaktion, in: Der gerade Weg. Zeitschrift der Katholischen Jugendbewegung e. V., Schierling (Zaitzkofen) 8 (1985) Nr. 4, 24 - 25.

GALLUS, T., 10 Milliarden für Liturgiereform verschwendet (Leserbrief), in: StdGl 5 (1978) H. 7, 18.

GERSTNER, E., Die militanten, traditionsorientierten römischen Katholiken, in: LS 25 (1974) 122 - 125.

- Erklärung der Liga Kath. Traditionalisten e. V. für die Medien, (aus Anlaß des röm. Dekretes, das Meßbuch vor 1962 betreffend) in: KyrEl 13 (1984) Juli - Sept., 44.

- Wir unterschreiben das nicht!, in KyrEl 13 (1984) Okt. - Dez., 2.

- Die Vandalen kommen ..., in KyrEl 13 (1984) Okt. - Dez., 43 - 47.

- Wichtiger Hinweis, in: KyrEl 13 (1984) Okt. - Dez., 18.

- Tagebuchnotizen, in: KyrEl 14 (1985) Nr. 1, 43 - 65.

- Tagebuchnotizen, in: KyrEl 15 (1986) Nr. 1, 10 - 40.

GOLLA, E., Die friedliche Koexistenz ist unzulässig, in: Einsicht 15 (1985) 18 - 19.

GROSS, A., Beginnt in Rom die Wende?, in: KyrEl 14 (1985) Nr. 1, 3 - 41.

- Das Elend mit den Traditionalisten, in: KyrEl 15 (1986) Nr. 1, 2 - 9.

HAUSER, A., Narrenmesse (Leserbrief), in: StdGl 5 (1978) H. 7, 15 - 18.

HINRICHS, F., Das Indult vom 3.10.84 - eine überflüssige Versöhnungsgeste, in: UVKorr 15 (1985) 310 - 315.

HÖNISCH, A., Der ganze Reichtum unserer Kirche. Gedanken zur Hl. Messe, in: Pfadfinder Mariens. Katholische Pfadfinderschaft Europas Nr. 9, 4. Quartal 1984, 3.

KASCHEWSKY, R., Die "Liturgiereform" von 1960, in: UVKorr 13 (1983) 467 - 475.

- Stichwort: Indult, in: UVKorr 15 (1985) 66 - 70.

- Zu einem "liturgiewissenschaftlichen" Pamphlet gegen das Indult, in: UVKorr 15 (1985) 245 - 250.

KREUZENBECK, J., Man schweigt, um sich selbst zu schützen, in: SAKA 10 (1985) Nr. 6, 10.

KÜBLE, Ph., Der alte römische Ritus ist nicht tot. Das vatikanische Pastoralkonzil bekommt ein wenig Geltung, in: StdGl 11 (1984) H. 19, 4 - 12

Leitartikel in:
- StdGl 11 (1984) H. 19, 2;
- StdGl 11 (1984) H. 20, 2;
- StdGl 11 (1984) H. 21, 2;
- StdGl 12 (1985) H. 3, 2, 13 - 14;
- StdGl 12 (1985) H. 8, 2, 12 - 13;
- StdGl 12 (1985) H. 13, 2, 9.

KURRUS, T., Jahrestagung 1984 der "Bewegung für Papst und Kirche", in: Der Fels 15 (1984) 361.

LANGE, U. P., Nicht überflüssig und unnütz - oder doch? Die nachkonziliare Selbstzerstörung der innerkirchlichen Glaubwürdigkeit und des legitimen Gehorsamsanspruches angesichts der Fakten, in: UVKorr 15 (1985) 75 - 83.

LEFEBVRE, M., Offener Brief an die ratlosen Katholiken (hrsg. von der Priesterbruderschaft St. Pius X.), Wien 1986.

MAY, G., Echte und unechte Reform, Wien 1978.

- Die Krise der nachkonziliaren Kirche und wir, Wien 1979.

- Die sogenannte Handkommunion, Vaduz o. J.

MAJTENY, A., Katholisch-Denken (13), in: MystF 10 (1984) Nr. 12, 6.

MAY, J., Kapitulation vor Hinz und Kunz, in: KyrEl 13 (1984) Okt. - Dez., 3.

MILCH, H., Folgende Stellungnahme des römischen Dekretes über die Wiederzulassung der heiligen Messe alter Zeiten fordern die Tatbestände und unsere Katholische Überzeugung, in: Beda-Kreis Nr. 249, März 1985, 28.581 - 28.584.

- Rundbriefe (Wiesbaden) vom 7.2.85, 1.4.85, 30.11.85.

NATTERER, P., Leitartikel in: Mttbl. Pius X. Nr. 72, Dez. 1984, 2 - 3;

- Mttbl. Pius X. Nr. 74, Febr. 1985, 2 - 6;

- Mttbl. Pius X. Nr. 76, April 1985, 3 - 5;

- Mttbl. Pius X. Nr. 78, Juni 1985, 2 - 7.

- Schreiben der Kongregation für den Gottesdienst zum tridentinischen Meßritus, in: Mttbl. Pius X. Nr. 72, Dez. 1984, 3 - 7.

ROUCHETTE, R., Der letzte Betrug Roms. Über die Erlaubnis, die Messe des hl. Pius V. wieder lesen zu dürfen, in: Einsicht 15 (1985) 16 - 18.

RUF, H., "Rebellenbischof"?, in : Mttbl. Pius X., Nr. 75, März 1985, 14 - 16.

SAVENTHEM, E. M. de, Die deutschen Katholiken und das Konzil. Ergebnisse einer demoskopischen Untersuchung, in: WuW 22 (1967) 249 - 262.

- Una Voce - Nunc et semper? in: Henrich, F., (Hrsg.), Liturgiereform im Streit der Meinungen. (SBKAB 42). Würzburg 1968, 113 - 144.

- Offen für die Tradition. Um die Erhaltung des tridentinischen Meßritus, in: Gd 5 (1971) 151 - 152.

- Rehabilitierung der "tridentinischen" Messe?, in: Theol Nr. 130, Febr. 1981, 3975 - 3988.

- Anfragen zu einer Umfrage, in: Theol, Nr. 143, März 1982, 4513 - 4527.

- Die Rückkehr der alten Messe, in: UVKorr 14 (1984) 325 - 339.

SAVENTHEM, E. M. de, Verlust katholischer Identität. Eine neue "Katholikenumfrage" des "Instituts für Demoskopie Allensbach" (BR Deutschland), in: Theol Nr. 189, Jan. 1986, 6843 - 6848.

- Katholiken-Umfrage 1985 II - Reform der Messe und "Indult" -, in: Theol Nr. 190, Febr. 1986, 6907 - 6913.

SCHMIDBERGER, F., Brief von H.H. P. Schmidberger. Verlesen in allen Meßzentren der Priesterbruderschaft, in: Mttbl. Pius X. Nr. 73, Jan. 1985, 4.

SCHÖNBERGER, A., Nachtrag zum Thema Handkommunion, in: UVKorr 5 (1975) 108 - 111.

- Der "Houghton-Plan", in: UVKorr 14 (1984) 355 - 365.

- Der Papst muß ein Machtwort sprechen. Die Anwendung des Altritus-Indults in Frankreich, in: Der Fels 16 (1985) 311 - 313.

- Französische Stimmen zum Indult, in: UVKorr 15 (1985) 126 - 131.

- Zurück zur Sakralität!, in: UVKorr 15 (1985) 271 - 277.

SCHULZE, H., "Judensterne" für Traditionalisten?, in: KyrEl 13 (1984) Okt. - Dez., 1.

- Kardinal J. RATZINGER - ein Thomist?, in: KyrEl 14 (1985) H. 1, 41 - 42.

- Die (Seelen-)Mörder sind mitten unter uns ..., in KyrEl 14 (1985) Nr. 3, 76.

SIEBEL, W., Liturgie als Angebot. Bemerkungen aus soziologischer Sicht. (Sonderdruck für Stiftung "Lumen gentium") Berlin 1972.

- Zehn Jahre Liturgiereform, in: IKaZ 3 (1974) 8 - 10.

- Katholisch oder konziliar. Die Krise der Kirche heute, München-Wien 1978.

- Der Mensch ist der Weg! Karol Wojtylas Botschaft, in: SAKA 9 (1984) Nr. 5, 5 - 8.

- Im Taumel der Ökumene, in: SAKA 10 (1985) Nr. 2, 6 - 10

SIEBEL, W.,	Priester in dieser Zeit, in: SAKA 10 (1985) Nr. 6, 1 - 6, 14.
-	Pfingstlerische Synode. Zur außerordentlichen Bischofssynode in Rom, in: SAKA 11 (1986) Nr. 3, 5 - 10.
-	Kirche und Wahrheit, in: SAKA 11 (1986) Nr. 4, 5 - 10.
SPRIBILLE, M.,	Zum Indult des Papstes über die sogenannte Tridentinische Messe, in: Der Fels 16 (1985) 63.
STROOTMANN, L.,	Aufgezwungene Liturgiereform (Leserbrief), in: StdGl 5 (1978) H. 7, 15 - 18.
SÜESS, H.,	Briefkasten der Redaktion, in: MsytF 10 (1984) Nr. 12, 8.
-	Neuer Vatikanischer Entscheid (Angriff) auf überliefertes Hl. Meßopfer, in: MystF 10 (1984) Nr. 10, 8.
-	Telegramm nach Rom, in: MystF 11 (1985) Nr. 1, 3.
-	Redaktionsaussage, in: MystF 11 (1985) Nr. 1, 8.
-	Zu den laufenden Unterschriftensammlungen verschiedener Gemeinschaften, in: MystF 11 (1985) Nr. 2, 8.
-	Briefkasten der Redaktion, in: MystF 11 (1985) Nr. 3, 8.
TINZ, A./ KASCHEWSKY, R.,	Eine bischöfliche Antwort, in: UVKorr 15 (1985) 307 - 309.
-	Brief an die Bischöfe, in: UVKorr 15 (1985) 133 - 134.
VIKARI, B.,	Kritische Würdigung des Vatikanischen Pastoralkonzils. Nach dem Zwielicht kommt das Licht, in: StdGl. 12 (1985) H. 5, 4 - 6.
WALDSTEIN, W.,	Hirtensorge und Liturgiereform. Eine Dokumentation. Schaan/Liechtenstein 1977.
WENDLAND, D.,	Ein unheimlicher Betrug, in: Beda-Kreis Nr. 254/255, Juli 1985, 28.591 - 28.592.
-	Offener Brief, in: Einsicht 15 (1985) 74.

*** Aktion MISSALE ROMANUM 1962 (MR 62), in: Theol Nr. 179, März 1985, 6319 - 6320.

*** (St. Petrus Canisius-Konvent:) Aufforderung an Ecône, wieder zur tridentinischen Messe zurückzukehren, in: SAKA 19 (1984) Nr. 7/8, 9.

*** Aufschlußreiche Richtigstellung in "Die Welt", in: KyrEl 14 (1985) Nr. 3, 34 - 47.

*** Ausführungsbestimmungen zum Indult, in: UVKorr 15 (1985) 123 - 126.

*** Authentische Interpretation, in: UVKorr 15 (1985) 256.

*** Bilanz nach einem Jahr, in: UVKorr 15 (1985) 371 - 376.

*** Bittgesuch an den Heiligen Vater. Wortlaut des Textes der z. Zt. durchgeführten Unterschriftenaktion der Priesterbruderschaft St. Pius X., in: Mttbl. Pius X. Nr. 74, Febr. 1985, 6 - 7.

*** Chronik der Bruderschaft (Oktober 1984 - Februar 1985), in: Mttbl. Pius X. Nr. 78 Juni 1985, 7 - 9.

*** Die praktische Handhabung des Indultes vom 3. Oktober 1984, in: Mttbl. Pius X. Nr. 76, April 1985, 7 - 9.

*** Die Sorge des gemeinsamen Vaters, in: UVKorr 15 (1985) 189 - 194.

*** Die Sorge der Liturgiefunktionäre, in: UVKorr 16 (1986) 108 - 109.

*** Die tridentinische Messe, in: Beda-Kreis Nr. 244, Okt. 1984, 28.563 - 28.574.

*** Die Unterzeichner werden unter Druck gesetzt!, in: SAKA 9 (1984) Nr. 12, 6 - 7.

*** Ein umheimlicher Betrug, in: KyrEl 13 (1984) Okt. - Dez. 7 - 10, 29.

*** Gebetsunion Bonn bittet um alte Messe, in: StdGl 4 (1977) H. 21, 3.

*** Gesuch um Zulassung des römischen Ritus von 1962, in: StdGl (1984) H. 20, 7 - 10.

*** Indult in den USA, in: UVKorr 16 (1986) 104 - 105.

*** Indult: Zwei Beispiele, in: UVKorr 16 (1986) 44 - 52.

*** Ist es schon wieder vergessen?, in: Beda-Kreis Nr. 254/255 Juli 1985, 28.585 - 28.590.

*** Kein Grund zur Freude. Überlieferte Messe wieder erlaubt?, in: SAKA 9 (1984) Nr. 12, 5 - 6.

*** Keineswegs harmlos! Die liturgischen Änderungen RONCALLIS, in: SAKA 11 (1986) Nr. 2, 17 - 18.

*** Kommuniqué der Aktion Missale Romanum 1962, in: UVKorr 15 (1985) 376 - 377.

*** LEFEBVRE und Rom, in: Beda-Kreis Nr. 254/255, Juli 1985, 25.91 - 25.94.

*** Liturgischer Kalender, nach dem Missale Romanum, in: UVKorr 16 (1986) 3.

*** Mahnung und Warnung, in: SAKA 10 (1985) Nr. 1, 14.

*** Man bedenke auch das!, in: SAKA 10 (1985) Nr. 3, 14.

*** Neue Gründe für den Marsch nach Rom, in: SAKA 10 (1985) Nr. 10, 6.

*** Noch einmal - und immer wieder! in: Beda-Kreis Nr. 249, März 1985, 28.575 - 28.580.

*** Päpstliches Indult und wie mit ihm umgesprungen wird, in: StdGl 12 (1985) H. 13, 3.

*** "Seligsprechung" Montinis angeregt, in: SAKA 10 (1985) Nr. 10, 8.

*** Una Voce Austria verlangt "Richtmesse", in: StdGl 5 (1978) H. 16, 3.

*** "Unerhörte Unterstellung", in: SAKA 10 (1985) Nr. 4, 11.

*** Unterschriften zu Händen des Heiligen Vaters, in: StdGl 12 (1985) H. 1, 3.

*** Unterschriftenaktion der Priesterbruderschaft St. Pius X. erzielte 130 000 Unterschriften, in: Mttbl. Pius X. Nr. 77, Mai 1985, 9 - 10.

*** Unterschriftenaktion für die alte römische Messe, in: StdGl 7 (1980) H. 3, 3.

*** Unterschriftenliste zu Händen unseres hl. Vaters Papst JOHANNES PAUL II., in: StdGl 7 (1980) H. 20, 7 - 10; H. 21, 11f.

*** Verhandeln mit dem Irrtum?, in: SAKA 10 (1985) Nr. 4, 11.

*** (Vorstand der Katholischen Kulturgemeinschaft St. Pius X. e. V. in Karlsruhe:) Nochmals: Glaubens- oder Machtkmapf? Bericht über die Vorgänge zur Gründung eines Gegen-Messzentrums der Priesterbruderschaft in Karlsruhe, in: SAKA 9 (1984) Nr. 5, 14.

*** Was denken die Gläubigen über den römischen Ritus von 1962, in: StdGl 12 (1985) H. 14, 8.

*** Wie steht es heute um die Messe? Antwort von Erzbischof Marcel LEFEBVRE auf die Umfrage der Zeitung "Présent", Paris, in: Mttbl. Pius X. Nr. 80/81, August/September 1985, 35 - 37.

*** "Wie steht es um Ihre Beziehungen mit Rom?" Briefwechsel von Erzbischof LEFEBVRE mit Kardinal RATZINGER (April/Mai 1985), in: Mttbl. Pius X. Nr. 82, Okt. 1985, 8 - 11.

*** (Red.) Zur römischen "Erlaubnis der Tridentinischen Messe", in: SAKA 10 (1985) Nr. 1, 11 - 12.

*** Zu den laufenden Unterschriftensammlungen verschiedener Gemeinschaften, in: MystF 11 (1985) Nr. 2, 8.

*** 37 % in Österreich für Lefebvre, in: StdGl 5 (1978) H. 7, 3.

*** 87 % für alten Meßritus, in: StdGl 8 (1981) H. 1, 3.

*** 21 000 Unterschriften für Missale Romanum 1962, in: StdGl 12 (1985) H. 17, 3.

D DOKUMENTATION TRADITIONALISTISCHER AKTIONEN

Dokumente 1 und 2:	MR 62: Unterschriftenaktion
Dokument 3:	MR 62: Aufruf zur Antragstellung
Dokument 4:	MR 62: Mustertext für Anträge/Gesuche zur Feier der "Tridentinischen Messe".
Dokument 5:	MR 62: Erläuterungen zum Mustertext für Anträge auf Meßfeiern nach dem MISSALE ROMANUM von 1962.
Dokument 6:	Priesterbruderschaft PIUS X.: Bittgesuch an den Heiligen Vater.

Dokument 1:

(Loses Beiblatt der Zeitschrift "Der Fels")

AKTION MISSALE ROMANUM 1962

Alle Gläubigen, welche die Wiederzulassung des alten Meßbuches begrüßen, sollen dem Heiligen Vater in einer Unterschriftensammlung ihren Dank sagen. Der Papst soll so auch erfahren, daß der Wunsch nach der alten Liturgie weit verbreitet ist. - Dies hat die internationale Föderation Una Voce vorgeschlagen; sie hat die "Aktion Missale Romanum 1962" (Aktion MR 62) begonnen und uns um Hilfe gebeten. Die Unterschriften sollen Ende März 1985 dem Heiligen Vater persönlich übergeben werden. Alle Gleichgesinnten werden gebeten, den untenstehenden Text zu unterschreiben, weitere Unterschriften zu sammeln und die Listen bis zum 20. März einzusenden

in Deutschland an Aktion MR 62 Hornsteinstraße 3 8000 München 80	in Österreich an Frau Professor Ingeborg Blümel Linke Wienzeile 10/20 A-1060 Wien	in der Schweiz an Aktion MR 62 CP 18 CH-1815 Clarens

Diese Unterschriftenaktion ist kein Antrag auf Erlaubnis zur Feier der hl. Messe nach dem alten Meßbuch. Diese Anträge müssen die interessierten Gruppen oder Einzelpersonen an den zuständigen Bischof richten.

Redaktion DER FELS

Hier abtrennen

....

Wir danken dem Heiligen Vater

für die bedingte Wiederzulassung der alten Messe nach dem römischen Missale von 1962. Darin sehen wir ein Zeichen väterlicher Fürsorge und einen entscheidenden Schritt zur Erfüllung früherer Bitten.

Dokument 2:

(Loses Beiblatt der "UNA VOCE-Korrespondenz")

MISSALE ROMANUM 1962 AKTION MR 62

WIR DANKEN DEM HEILIGEN VATER

Neutrale Umfragen haben immer wieder gezeigt, daß sehr viele Katholiken die Abschaffung der "alten Messe" schmerzlich bedauern. Dennoch blieben alle Bitten um Wiederzulassung der sogenannten "tridentinischen" Messe bisher unerfüllt.

Um diesen Gläubigen "zu Hilfe zu kommen", hat unser Heiliger Vater, Papst Johannes Paul II., j e t z t v e r f ü g t , daß - unter bestimmten Bedingungen und mit Zustimmung des jeweiligen Ortsbischofs - DIE HEILIGE MESSE WIEDER NACH DEM VOR-KONZILIAREN RÖMISCHEN MISSALE VON 1962 GEFEIERT WERDEN KANN.

Die "AKTION MR 62" will dem Papst für dieses entscheidende "Zeichen väterlicher Fürsorge" danken! Zu diesem Zweck sammeln wir Unterschriften: sie werden dem Heiligen Vater im Frühjahr 1985 persönlich ausgehändigt werden.

Wenn Sie sich diesem Dank anschließen wollen, unterzeichnen Sie bitte sogleich diesen Aufruf. Sammeln Sie dann unter gleichgesinnten Verwandten, Freunden und Bekannten zusätzliche Unterschriften. Anschließend schicken Sie dieses Blatt - auch wenn es nur von wenigen unterzeichnet ist - bitte vor dem 31. März 1985 zurück an:

AKTION MR 62, CP 18, CH-1815 Clarens, Schweiz.

Gegen größte Widerstände kämpft der Heilige Vater um entschiedene "Abkehr von einer übertriebenen, wahllosen Öffnung zur Welt". Gerade jetzt gebührt ihm daher unsere spürbare Unterstützung!

In unversichtlicher Hoffnung auf Ihre sofortige und tatkräftige Mitarbeit -

AKTION MR 62

	Name	Vorname	Wohnort	PLZ	Diözese
1					
2					
3					

Dokument 3:

MISSALE ROMANUM 1962 AKTION MR 62

Liebe Helferinnen und Helfer der AKTION MR 62:

Ein offizieller Bericht über die Ergebnisse der "AKTION" wird demnächst in DER FELS, UNA VOCE KORRESPONDENZ, STIMME DES GLAUBENS, THEOLOGISCHES etc. veröffentlicht werden.

Mit diesem Brief wenden wir uns jetzt schon an einige jener freiwilligen Helfer, die sich mit besonderer Tatkraft für die "AKTION" einsetzten. I h n e n vor allem haben wir für die eindrucksvolle Gesamtzahl von 20 951 Unterschriften zu danken, die am 16. April nach Rom gebracht wurden. Im Begleitschreiben an den Heiligen Vater heißt es:

> "Zu über 90 % in den Diözesen der Bundesrepublik Deutschland, Österreichs und der Schweiz beheimatet legen die Unterzeichner stellvertretendes Zeugnis ab für die vertrauensvolle und dringliche Hoffnung einer wahrhaft unübersehbaren Zahl kirchen- und papst-treuer Katholiken, die 'Messe der Jahrhunderte" möge - aequo iure et honore* - bald in alle Kirchen dieser Herzländer des abendländischen Christentums zurückkehren."
>
> (* = "mit gleichem Recht und gleicher Ehre")

Für sie - und für uns - muß es jetzt darum gehen, den "Aufschiebe-, Verhinderungs-, Erschwerungswiderstand" der meisten Ordinariate zu überwinden. Wir dürfen uns nicht entmutigen lassen! Vor allem dürfen negative Erfahrungen uns <u>nicht lähmen:</u> gerade jetzt müssen wir die Gesuche an unsere Bischöfe <u>vervielfältigen!</u> Dies ist für die weitere Entwicklung von <u>entscheidender Bedeutung.</u>

Um die Stellung von Anträgen zu erleichtern, wurde in Abstimmung mit hohen <u>römischen Stellen</u> ein "Mustertext" entwickelt, den wir hier beilegen. Bitte lesen Sie diesen Text und die ebenfalls beiliegenden "Erläuterungen" sorgsam durch. Wir hoffen inständig, Ihnen damit Mut und Zuversicht zu geben für die nun einsetzende zweite Phase unserer AKTION: das "Unternehmen 500". Unser Ziel muß sein, <u>im Laufe der nächsten drei Monate nicht weniger als 500 gültige Gesuche an die Bischöfe der deutschsprachigen Diözesen richten zu lassen!</u> Der Erfolg wird - wiederum - entscheidend abhängen von I h r e m tatkräftigen Einsatz "vor Ort", an den wir hiermit vertrauensvoll appellieren.

Mit nochmaligem, ganz ausdrücklichen Dank für Ihre bisherigen Bemühungen, und mit allen heißen Wünschen für das Gelingen des "Unternehmen 500" grüßen wir Sie herzlich in der Verbundenheit hoher gemeinsamer Anliegen ad maiorem Dei Gloriam et salutem animarum.

AKTION MR 62

AKTION MR 62, CP 18, CH-1815 Clarens

Dokument 4:

Mustertext der Aktion MR 62 für Gesuche

Exzellenz!

In väterlicher Fürsorge für alle ihm anvertrauten Gläubigen hat der Hl. Vater, durch das römische Indult "Quattuor abhinc annos" vom 3. Oktober 1984 seine Absicht kundgetan, jenen zu Hilfe zu kommen, die aus Gründen echter Frömmigkeit und ohne jede Mißachtung des 1970 von Papst Paul VI. promulgierten neuen römischen Meßbuchs, der sogenannten "tridentinischen" Messe weiterhin anhangen oder sich zu ihr hingezogen fühlen.

Gestützt auf das genannte römische Dokument stellen die Unterzeichneten hiermit das folgende GESUCH:

> Zu Gunsten der vorstehend näher bezeichneten Gläubigen möge Ew Exzellenz gestatten, daß diese "tridentinische" Heilige Messe von nun an regelmäßig zu gewohnten Tageszeiten, vor allem an Sonn- und Feiertagen, in einer oder mehreren der größeren Kirchen von ..... gefeiert werde.

Die römische Vorschrift, daß solche Messen nur in Latein und in strenger Übereinstimmung mit den Texten und Rubriken des Missale Romanum von 1962 zelebriert werden dürfen, ist uns als verpflichtend bekannt.

Unter Hinweis auf cc 213 und 214 CIC bitten wir, Ew Exzellenz selbst möge die Zelebration der hiermit erbetenen Messen Priestern übertragen, die sich dafür zur Verfügung stellen - sei es aus eigener Wahl, oder aus pastoraler Obsorge für diese Gläubigen. Wir sind gewiß, daß Priester in ausreichender Zahl sich dazu gerne bereit finden, wenn sie des wohlwollenden Einverständnisses des zuständigen Bischofs versichert werden.

Der Wortlaut dieser Gesuchsform wurde vom Präsidium der FOEDERATIO INTERNATIONALIS UNA VOCE in Abstimmung mit der höchsten zuständigen römischen Autorität erstellt. Es darf daher davon ausgegangen werden, daß unser Antrag den im römischen Indult genannten Anforderungen an eine gültige "petitio" voll entspricht.

In zuversichtlicher Erwartung einer baldigen Gewährung dieses dringenden Anliegens verbleiben wir

Ew Exzellenz in Xto ergebene

als Schriftführer ....
(Unterschrift)

(in Druckbuchstaben) ....
(Name)

....
(Straße)

....
(PLZ-Ortschaft)

Mitunterzeichner siehe separates Blatt

Dokument 5:

MISSALE ROMANUM 1962 AKTION MR 62

ERLÄUTERUNGEN zum neuen "Mustertext" für Anträge auf Meßfeiern nach dem Missale Romanum von 1962.

---

1. Für ein 'gültiges' Gesuch nach diesem Muster brauchen Sie nicht mehr als 7 bis 15 Unterschriften (aus mindestens sieben verschiedenen Haushalten!). Diese Zahl läßt sich oft schon in ein- und derselben Pfarrei erreichen. Dann kann der Antrag ruhig lauten: "... in unserer Pfarrei von ... gefeiert werden."

   Gehören die Unterzeichner zu verschiedenen Nachbarpfarreien, dann sollten Sie um Feiern' ... in einer Kirche der Pfarreien ... und ...' bitten.

   In größeren Ortschaften und Städten sollten mehrere Gesuche - jeweils für bestimmte Ortsteile - gestellt werden.

   Wir empfehlen dringend, jedes 'Gesuch' eigens aufzusetzen - notfalls auch handschriftlich. Der Wortlaut sollte jedoch genau dem "Mustertext" entsprechen:

2. Wird der Antrag genehmigt, ist die Teilnahme an den alten Messen nicht auf die wenigen Antragsteller beschränkt. Auch alle anderen Gläubigen können diese Messen besuchen, sofern sie zu jenen gehören, die 'aus Gründen echter Frömmigkeit und ohne jede Mißachtung des 1970 von Papst Paul VI. promulgierten neuen römischen Meßbuchs der sogenannten 'tridentinischen' Messe weiterhin anhangen oder sich zu ihr hingezogen fühlen.' (siehe 1. Absatz des Mustertextes).

3. Trotz der anderslautenden "Richtlinien" der Bischöfe ist es nicht erforderlich, daß Sie einen Priester zur Mitunterzeichnung des Gesuchs gewinnen. Ebenso ist es nicht erforderlich, daß die Antragsteller eine 'festumschriebene Gruppe von Gläubigen' bilden: ihr gemeinsames Anliegen macht sie zu einem 'coetus' (d. h. einer Gebetsgemeinschaft!) im Sinne des römischen Indults.

4. Das Indult ermächtigt den Bischof ausdrücklich, die Feier der alten Messe "per modum consuetudinis" - also 'nach Art einer Gewohnheit' - zu gestatten. Demgemäß dürfen wir getrost um regelmäßige Feiern bitten, 'zu gewohnten Tageszeiten, vor allem an Sonn- und Feiertagen. Der Papst will ja jenen zu Hilfe kommen, die dem alten Ritus der Messe verbunden blieben.

Da der Besuch der Sonntags- und Feiertags-Messe weiterhin zu den verpflichtenden Kirchengeboten gehört (c. 1247, CIC), entspricht es nicht dem Wunsch des Papstes, wenn der Bischof die alte Messe nur gelegentlich bzw. 'nur für Meßfeiern an Werktagen' erlaubt - als sei sie nichts anderes als eine besondere Form der Andachtsübung!

5. Wo anders formulierte Gesuche bereits gestellt aber abschlägig beschieden wurden, sollten Sie jetzt dafür sorgen, daß die bisherigen Unterzeichner kleinere, örtlich enger begrenzte 'Gruppen' bilden, die dann mit neuen Gesuchen anhand des hier beiliegenden Mustertextes wiederum an den Bischof herantreten. Es ist wichtiger, daß dem Bischof viele Gesuche zugehen, als daß einzelne Gesuche von vielen Gläubigen unterzeichnet werden.

6. In jedem Gesuch sollten Sie selbst oder ein anderer Unterzeichner als 'Schriftführer' genannt werden, für den weiteren Briefverkehr mit Ordinariat bzw. Pfarreien.

7. Für die Liste der Mitunterzeichner können Sie den beiliegenden Vordruck verwenden! Jeder sollte Namen und Anschrift mit Druckbuchstaben eintragen und dann noch eigenhändig unterschreiben.

8. Bitte veranlassen Sie auch, daß von jedem Gesuch - und von dem ganzen anschließenden Schriftwechsel mit den kirchlichen Stellen - z w e i Ablichtungen stets an folgende Adresse geschickt werden:

   AKTION MR 62, Postfach 52 02 23, 2000 Hamburg 52.

9. Wird ein anhand des beiliegenden 'Mustertextes' gestelltes Gesuch abgelehnt, so bitten wir Sie (bzw. den jeweiligen 'Schriftführer') ganz dringend, sich sofort mit der nachstehend in 10. genannten Kontaktadresse in Verbindung zu setzen. Es empfiehlt sich n i c h t, auf solche Ablehnung mit Empörung zu reagieren oder resigniert 'die Flinte ins Korn zu werfen'. Auch für diese Situation (mit der wir leider vorerst noch rechnen müssen) wurden Muster-Antworten vorbereitet - ebenso für den Rekurs nach Rom, der nach wiederholter Ablehnung möglich und geboten ist.

10. Durch den beiliegenden 'Mustertext' wird die Stellung von Gesuchen entscheidend erleichtert. Wir erwarten daher unversichtlich, daß nunmehr in den meisten Diözesen D u t z e n d e von Anträgen an den Bischof gerichtet werden. Um zwischen diesen vielen örtlichen bzw. regionalen 'Gruppen' Erfahrungsaustausch und gegenseitige Beratung zu vermitteln, will die AKTION MR 62 in jeder Diözese eine Koordinations-Stelle einrichten. Wenn Sie bereit sind, diese Aufgabe in Ihrer Diözese zu übernehmen, so möchten wir Sie hiermit herzlich einladen, sich mit kurzem Lebenslauf und mit Angabe Ihrer Einsatzmöglichkeiten (Telefon - wann besetzt? Auto? Schreibmaschine? Fotokopiergerät? Heim-Computer? etc.) an die in 8. genannte Anschrift zu

wenden. Oder kennen Sie jemanden in Ihrer Nähe, der Ihnen dafür besonders geeignet erscheint? Dann geben Sie diese Aufforderung bitte dorthin weiter! Nähere Auskünfte zum Aufbau des Netzes von Koordinations-Stellen erteilen inzwischen gerne

Dres. Fritz und Regina Hinrichs
Postfach 52 02 23
2000 Hamburg 52.

15.05.1985 AKTION MR 62

AKTION MR 62, CP 18, CH-1815 Clarens

Dokument 6:

"Bittgesuch an den Heiligen Vater" der Priesterbruderschaft Pius X.
(In: Mttbl. Pius X. Nr. 74, Febr. 1985, 6.)

Heiliger Vater,

das Rundschreiben der hl. Kongregation für den Gottesdienst unter dem Datum vom 3. Oktober 1984 bringt einen Schimmer der Hoffnung auf die Wiederherstellung der öffentlichen Zelebration der hl. Messe nach dem ehrwürdigen und jahrhundertealten römischen Ritus, der so viele Generationen geheiligt hat.

Wir bringen hiermit Eurer Heiligkeit unsere Dankbarkeit zum Ausdruck, wobei wir jedoch unser Bedauern über die aufgestellten Bedingungen nicht verbergen wollen, welche diese Maßnahme praktisch unwirksam machen.

Getragen von der Überzeugung, daß die Rückkehr zur überlieferten römischen Messe die Quelle überreicher Gnaden für die Erneuerung der Kirche ist, bitten wir Eure Heiligkeit ehrfürchtig und kindlich:

1. Daß jedem Priester die Freiheit zugestanden werde, das römische Missale und die liturgischen Bücher zu benutzen, so wie sie 1962 in Kraft waren.

2. Daß dazu die ungerechte Lage, in die man Seine Exzellenz, Erzbischof Marcel LEFEBVRE und seine Priester versetzt hat, ein Ende nehme.

3. Daß die Priesterbruderschaft St. Pius X. in der Kirche als Gesellschaft päpstlichen Rechtes und als Personalprälatur anerkannt werde.

Als Söhne und Töchter der katholischen und römischen Kirche, die nichts anderes wünschen, als für die Wiederherstellung des Königtums Jesu Christi und den Trimph des Unbefleckten Herzens Mariens zu arbeiten, legen wir vertrauensvoll unsere Bitte dem Stellvertreter Christi vor.

Möge Eure Heiligkeit ihr Gehör schenken und uns segnen.

L I T E R A T U R V E R Z E I C H N I S

ADAM, A., Erneuerte Liturgie. Eine Orientierung über den Gottesdienst heute, Freiburg 5 1982.

ALBERIGO, G., Christentum und Geschichte im II. Vatikanum, in: E. KLINGER/K. WITTSTADT (Hrsg.), Glaube im Prozeß. Christsein nach dem II. Vatikanum. FS K. RAHNER, Freiburg 1984, 143 - 158.

ANZEVUI, J., Das Drama von Ecône. Analysen und Dokumente, Sitten 1976.

ARX, W. VON, Liturgie im neuen CIC: Der Codex luris Canonici und die liturgischen Bücher, in: Gd 18 (1984) 120 - 121.

\- Das Liturgieverständnis des CIC, in: ebd. 136.

\- Träger und Ordnung der Liturgie, in: ebd. 144.

AUF DER MAUR, H. J., Der neue Ordo Missae - Abschluß der Meßreform, in: MusAl 21 (1969) 147 - 149.

AVERBECK, W., Der Opfercharakter der "neuen Messe", in: Pastoralblatt für die Diözesen Aachen, Berlin, Essen, Hildesheim, Köln, Osnabrück 28 (1976), 162 - 173.

B. H., Ein konservatives Zugesteändnis oder mehr Spielraum für Ortskirchen? Vatikandoument: Bischöfe können alten Meßritus erlauben, in: Rupertusblatt, Kirchenzeitung der Erzdiözese Salzbuirg 39 (1984) Nr. 44, vom 28.10.84, 10.

BARTA, R., Die Tridentinische Messe, in: Kathpress-Kommentar Nr. 201, vom 17.10.84, 16.

BAUMER, I., Das Frömmigkeitsbild der Traditionalisten, in: J. BAUMGARTNER (Hrsg.), Wiederentdekkung der Volksreligiösität, Regensburg 1979, 53 - 81.

BAUMGARTNER, J., Neue Spiritualität mit weitgehenden Konsequenzen - mehr Bildung, mehr Verinnerlichung, in: BiLi 49 (1976) 301 - 303.

BAUMGARTNER, J., Die Zukunft der liturgischen Bewegung, in: HlD 30 (1976) 89 - 95.

- Die Rezeption der vatikanischen Liturgiereform, in: HlD 40 (1986) 113 - 135.

BAUMSTARK, A., Missale Romanum - seine Entwicklung - ihre wichtigsten Urkunden und Probleme, Eindhoven 1929.

BERGER, R., Eucharistie - Mahl und Opfer, in: LebZeug 73 (1970) 52 - 63.

BETZ, J., Eucharistie, in: LThK ²3, 1142 - 1157.

- Eucharistie, in: HThG I, 336 - 355.

- Eucharistie als zentrales Mysterium, in: MySal IV/2, 254 - 256.

BOECKLER, R., Der moderne römisch-katholische Traditionsbegriff. (Kirche und Konfession Bd. 12) Göttingen 1967.

BOGLER, T., Verarmung der Liturgie?, in: W. DÜRIG (Hrsg.), Liturgiegestalt und Vollzug, München 1963, 33 - 47.

BRINKHOFF, L., Werdegang des Missale, in: Gd 3 (1969) 91 - 93; 117 - 119.

- Einheit gewonnen - Anschluß an das Leben verloren. Das Missale von 1570, in: Gd 4 (1970) 91 - 93.

BUGNINI, A., Das neue Missale Romanum, in: Gd 4 (1970) 81 - 85.

CONGAR, Y., Die Tradition und die Traditionen, Mainz 1965.

- Überlieferung. Begriff und Anspruch, München 1970.

- Der Fall Lefebvre. Schisma in der Kirche? Mit einer Einführung von K. LEHMANN, Freiburg 1977.

CRIVELLI, J.-C., Das Konzil verwirklichen. Anstöße zur zweiten Liturgiereform, in: Gd 20 (1986) 57 - 60.

DALMA, A., Der Papst kommt den Traditionalisten entgegen, in: Die Welt, Nr. 245, vom 18.10.84, 3.

DANIELOU, J., Liturgische Bewegung seit dem Konzil, in: IKaZ 3 (1975) 1 - 7.

DEUSSEN, G., Die neue liturgische Gemeinde, Frankfurt/Main 1968.

DIRKS, M., Frauen-Enquéte zur kleinen Liturgie-Reform, in: Seels 37 (1967) 334 - 338.

DÖRRLAMM, R., Eines Tages aus der Sackgasse zurück. Gespräch mit dem Traditionalistenbischof Marcel LEFEBVRE, in: Frankfurter Allgemeine Zeitung, vom 14.11.1984.

DÜRIG, W., Die Zukunft der Liturgischen Erneuerung. Zur liturgie-theologischen und pastoralliturgischen Bedeutung der "Liebe". Mainz 1962.

DUFFRER, G., Gottesdienst und Inkarnation. Eine theologisch-spirituelle Überlegung, in: Th. MAAS-EWERD/K. RICHTER (Hrsg.) Gemeinde im Herrenmahl. Zur Praxis der Meßfeier (Pastorallitugrische Reihe in Verbindung mit der Zeitschrift "Gottesdienst"), Einsiedeln u. a. ^{2}1976, 179 - 188.

EBERTS, G., Das Zweite Vatikanische Konzil und was daraus wurde, Aschaffenburg 1985.

EINIG, M., Der heutige Mensch und die Liturgie. (Christliches Leben heute, Bd. 3). Augsburg 1968.

EISENBACH, F., Die Gegenwart Jesu Christi im Gottesdienst. Systematische Studien zur Liturgiereform des Zweiten Vatikanischen Konzils, Mainz 1982.

ELWENSPOEK, H. J., Der Hirte überrascht und erregt seine Herde. Der Papst gestattet die Wiedereinführung der lateinischen Messe, in: Hamburger Abendblatt, vom 17.10.1984.

EMMINGHAUS, J., Die Messe. Wesen-Gestalt-Vollzug (Schriftenreihe des Pius-Parsch-Instituts Klosterneuburg; hrsgg. v. J. H. EMMINGHAUS und N. W. HÖSLINGER), Klosterneuburg-Stuttgart ^{3}1984.

FEULING, F., Der Bedakreis, in: LS 25 (1974) 110 - 111.

FISCHER, A., Leitartikel, in: LS 25 (1974) 66.

FISCHER, B., Zehn Jahre danach. Zur gottesdienstlichen Situation in Deutschland zehn Jahre nach Erscheinen der Liturgiekonstitution, in: DERS. u. a., Kult in der säkularisierten Welt, Regensburg 1974, 117 - 127.

- Vom Missale Pius V. zum Missale Pauls VI. Ein Vortrag, in: LJ 26 (1976) 2 - 18.

- Geprägte Form, die lebend sich entwickelt. Vom Missale Pius' V. zum Missale Pauls VI., in: Gd 10 (1976) 25 - 28.

- Wer möchte im Ernst wieder zurück? Vom Missale Pius' V. zum Missale Pauls VI., in: Gd 10 (1976) 33 - 36.

- Liturgische Erneuerung: Abschluß oder Anfang, in: BiLi 50 (1977) 47 - 53.

- Tradition und Fortschritt in der liturgischen Erneuerung, dargestellt an Beispiel des liturgischen Kusses, in: Notitiae 19 (1983) 610 - 611.

FISCHER, H. J., Für die katholische Messe ist der alte Ritus wieder erlaubt, in: Frankfurter Allgemeine Zeitung, Nr. 235, vom 17.10.1984.

FISCHER, U., Nötige Klarheit und Einheit bei angemessener Freiheit. Liturgiewissenschaftler ziehen Bilanz der Liturgie-Reform, in: KNA - Im Gespräch, Nr. 101, vom 19.10.1984.

FUNK, R., Frömmigkeit zwischen Haben und Sein. Religionspsychologische Anfragen an die "Bewegung Lefebvre" (Kritische Texte 17), Zürich-Einsiedeln-Köln 1977.

GAMBER, K., Kritik am neuen Ordo Missae, in: HlD 24 (1970) 16 - 18.

- Der sogenannte Volksaltar in liturgiegeschichtlicher und soziologischer Hinsicht, in: UVKorr 4 (1974) 23 - 31.

- Die Liturgie der Frühzeit - Richtschnur für eine echte Reform, in: UVKorr 9 (1979) 389.

GAMBER, K., Sacrificium missae. Zum Opferverständnis und zur Liturgie der Frühkirche (SPLi. Fasc. 9), Regensburg 1980.

- Gemeinsames Erbe. Liturgische Neubesinnung aus dem Geist der frühen Kirche (SpLi. Beiheft 1), Regensburg ^{2}1981.

- Erneuerung durch Neuerungen? Zur Gegenwartslage der römischen Kirche vor allem auf liturgischem Gebiet (Liturgie heute, H. 1), Regensburg ^{2}1981.

- Die Reform der römischen Liturgie. Vorgeschichte und Problematik (Liturgie heute, H. 2), Regensburg ^{2}1981.

- Die alte Messe - immer noch? (Liturgie heute, H. 3), Regensburg 1982.

- Opfer und Mahl. Gedanken zur Feier der Eucharistie im Geist der Kirchenväter (SPLi. Beiheft 8), Regensburg 1982.

- Alter und neuer Meßritus. Der theologische Hintergrund der Liturgiereform (SPLi. Beiheft 10), Regensburg 1983.

- Bewahre das Erbe. Der Wandel im Glaube und Liturgie nach dem Vatikanum II (Liturgie heute, H. 5), Regensburg 1983.

- Liturgie - Dienst vor Gott (Liturgie heute, H. 6), Regensburg 1984.

- Leserbrief, in: Der Fels 16 (1985) 122.

GEPPERT, W., Marcel Lefebvre. Ankläger und Angeklagter Roms, Tübingen 1980.

GERSTNER, E., Die katholische Traditionalistenbewegung. Eine Selbstdarstellung (Kritische Texte 5), Zürich-Einsiedeln-Köln 1970.

GREINER, F., Zehn Jahre Liturgiereform, in: IKaZ 3 (1974) 9 - 12.

GROSSE SUERMANN, A., Traditionalistenvereine, in: HPTh V, 578.

HÄNGGI, A., Gottesdienst nach dem Konzil. Vorträge, Homilien und Podiumsgespräche des dritten deutschen Liturgischen Kongresses in Mainz, Mainz 1964.

HÄNGGI, A., Zwanzig Jahre danach. Rückblick eines Bischofs auf die Liturgiereform, in: Gd 17 (1983) 177 - 182.

HÄUSSLING, A., Das Missale Romanum Pauls VI. Ein Zeugnis sucht Bezeugende, in: LJ 23 (1973) 145 - 158.

\- Das neue Meßbuch in der Reihe der Kirche, in: LS 26 (1975) 248 - 256.

HARNONCOURT, PH., Gesamtkirchliche und teilkirchliche Liturgie. Studien zum liturgischen Heiligenkalender und zum Gesang im Gottesdienst unter besonderer Berücksichtigung des deutschen Sprachgebiets (UPT 3), Freiburg 1974.

HEIM, W., Was heißt "Tradition"?, in: HlD 30 (1976) 60 - 62.

\- Wandel der Volksfrömmigkeit seit dem Zweiten Vatikanum, in: I. BAUMGARTNER (Hrsg.), Wiederentdeckung der Volksreligiösität, Regensburg 1979, 37 - 52.

HEINZ, A., Die Sonntagsformulare der Osterzeit im Missale Romanum Pius' V. und Pauls VI., in: LJ 28 (1978) 86 - 111.

HENNIG, J., Alt und neu in der Liturgie, in: HlD 30 (1976) 7.

HERMANS, J., Die Feier der Eucharistie. Erklärung und spirituelle Erschließung, Regensburg 1984.

HOERES, W., Aufstand gegen die Ewigkeit. Kirche zwischen Tradition und Selbstzerstörung, Steinach a. Rh. 1984.

HÖFFNER, J., Wort an die Prister und Diakone zum neuen Missale Romanum, in: Kirchlicher Anzeiger für die Erzdiözese Köln 115 (1975) 406f.

\- Das neue Missale, in: Th. MAAS-EWERD/ K. RICHTER, Gemeinde im Herrenmahl. Zur Praxis der Meßfeier (Pastoralliturgische Reihe in Verbindung mit der Zeitschrift "Gottesdienst"), Einsiedeln u.a. 2 1976, 13 - 20.

\- Pastoral der Kirchenfremden. Eröffnungsreferat bei der Herbstvollversammlung der Deutschen Bischofskonferenz 1979 in Fulda

(Der Vorsitzende der Deutschen Bischofskonferenz 7), (Hrsg.: Sekretariat der Deutschen Bischofskonferenz) Bonn 1979.

HÖSLINGER, N., Der Ruf nach der Krise, in: BiLi 42 (1969) 1 - 2.

- Die Liturgieerneuerung von 1969, in: BiLi 42 (1969) 223 - 229.

- Rom: Liturgiekongreß und "Missa Tridentina", in: BiLi 57 (1984) 258 - 263.

HÜLSEBUSCH, B., Papst-Latein, in: Stuttgarter Zeitung, Nr. 241, vom 17.10.1984.

- Papst erlaubt wieder die lateinische Messe. Traditionalisten setzen sich durch - Reformer sind irritiert, in: Stuttgarter Zeitung, Nr. 241, vom 17.10.1984.

- Ratzingers Wünsche, in: Stuttgarter Zeitung, vom 08.11.1984.

ICHII, S., Kein Fortschritt ohne Tradition, in: L. REINISCH (Hrsg.), Vom Sinn der Tradition, München 1970, 107 - 131.

JEDIN, H. Das Konzil von Trient und die Reform des Römischen Meßbuches, in: LiLe 6 (1939) 30 - 66.

- Vaticanum II und Tridentinum. Tradition und Fortschritt in der Kirchengeschichte (Arbeitsgemeinschaft für Forschung des Landes Nordrhein-Westfalen. Geisteswissenschaften; H. 146), Köln-Opladen 1968.

JESTAEDT, W., Katholische Vielfalt auch in Meßriten, in: Deutsche Tagespost, Nr. 126, vom 19./20.10.1984.

JUNGMANN, J. A., Neues Werden und altes Gesetz in unserem Gottesdienst, in: StdZ 136 (1939) 259 - 262.

- Gewordene Liturgie. Studien und Durchblicke, Innsbruck-Leipzig 1941.

- Liturgisches Erbe und pastorale Gegenwart, Innsbruck-Wien-München 1960.

JUNGMANN, J. A., Missarum Sollemnia. Eine genetische Erklärung der römischen Messe, Bd. I, Wien [5]1962.

KACZYNSKI, R., Zwischen Wildwuchs und Uniformität, in: Gd 10 (1976) 185 - 188.

- Liturgie und Recht. Anmerkungen zum neuen Codex der lateinischen Kirche, in: Gd 17 (1983) 41 - 43.

- Zwanzig Jahre Liturgie-Konstitution. Eine Bestandsaufnahme, in: Notitiae 19 (1983) 764 - 780 (= MThZ 35 (1985) 52 - 66).

KAMPLING, R., Tradition, in: Neues Handbuch theologischer Grundbegriffe, Bd. 4, hrsg. von P. EICHLER, München 1985, 221 - 235.

KASPAR, P. P., Geheiligte Zeichen, Elemente des christlichen Gottesdienstes, Wien-Freiburg-Basel 1986.

KASPER, W., Schrift, Tradition, Verkündigung, in: T. FILTHAUT (Hrsg.), Umkehr und Erneuerung, Mainz 1966, 13 - 41.

- Tradition als Erkenntnisprinzip. Systematische Überlegung zur theologischen Relevanz der Geschichte, in: ThQ 155 (1975) 198 - 215.

- Kirche - wohin gehst du? Die bleibende Bedeutung des Zweiten Vatikanischen Konzils, Paderborn 1987.

KLAUSENER, E., Die Konservativen - oder Schwierigkeiten mit der Tradition, in: LS 25 (1974) 69 - 79.

KLAUSNER, Th., Kleine Abendländische Liturgiegeschichte, Bonn [5]1965.

KLEINHEYER, B., Die Bischöfe und das neue Meßbuch. Anmerkungen zur Erklärung der Deutschen Bischofskonferenz vom 24.9.75, in: IKaZ 5 (1976) 262 - 272.

KOHLSCHEIN, F., "Nur" ein Ritual. Lebendiger Gottesdienst - was ist das?, in: Gd 20 (1986) 49 - 51.

KOROLEVSKIJ, C., Liturgie in lebendiger Sprache. Orient und Okzident, Klosterneuburg 1958.

KOZELKA, L., Lefebvre. Ein Erzbischof im Widerspruch zu Papst und Konzil, Aschaffenburg 1980.

KRÄMER-BADONI, R., Revolution in der Kirche. Lefebvre und Rom, Frankfurt a. M.-Berlin-Wien 1982.

KREUZBERG, R., Kommentar: Tridentinisch?, in: Kirchenbote des Bistums Osnabrück Nr. 43, vom 21.10.1984.

LEDERER, J., Indult, in: LThK $^{2}5$, 663 - 664.

LEHMANN, K., Zehn Jahre Liturgiereform, in: IKaZ 3 (1974) 12 - 14.

LENGELING, E. J., Die Konstitution des Zweiten Vatikanischen Konzils über die heilige Liturgie (LGD 5/6), Münster 1964.

- Liturgie im Wandel der Gesellschaft und der Kirche, in: LebZeug 73 (1970) 5 - 28.

- Liturgie in der Krise, in: F. GRONER (Hrsg.), Die Kirche im Wandel der Zeit, Köln 1971, 319 - 340

- Fragen des Gottesdienstes, in: K. FORSTER (Hrsg.), Befragte Katholiken - Zur Zukunft von Glaube und Kirche. Auswertung und Kommentare zu den Umfragen für die gemeinsame Synode der Bistümer in der Bundesrepublik Deutschland, Freiburg 1973, 106 - 132.

- Liturgie als Grundvollzug christlichen Lebens, in: B. FISCHER u. a., Kult in der säkularisierten Welt, Regensburg 1974, 63 - 91.

- Tradition und Fortschritt in der Liturgie, in: LJ 25 (1975) 201 - 223.

- Kritische Bilanz. Liturgische Bildung des Klerus und der Laien in den Aussagen des Zweiten Vatikanischen Konzils, in den römischen Ausführungsbestimmungen und in den reformierten liturgischen Büchern, Augsburg 1976.

- Liturgie - Dialog zwischen Gott und Mensch (Herausgegeben und bearbeitet von Klemens Richter), Freiburg 1981.

LENGELING, E. J., Zum 20. Jahrestag der Liturgiereform, in: LJ 34 (1984) 123 - 124.

LENSSEN, J., Liturgie bedarf der Symbole, in: DERS. (Hrsg.), Liturgie und Kirchenraum, Würzburg 1986, 25 - 30.

- Symbole und Zeichen, in: ebd. 37 - 43.

LOBKOWICZ, N., Was brachte uns das Konzil, Würzburg-München 1986.

LORENZER, A., Das Konzil der Buchhalter. Die Zerstörung der Sinnlichkeit. Eine Religionskritik, Frankfurt/Main 1981.

MAAS-EWERD, Th., Verlorenes Gleichgewicht? Not und Segen der Liturgiereform, in: N. J. FRENKLE/F. J. STENDEBACH/P. STOCKMEIER/Th. MAAS-EWERD, Zum Thema Kult und Liturgie. Notwendige und überholte Ausdrucksformen des Glaubens, Stuttgart 1972, 105 - 147.

- Die Krise der Liturgischen Bewegung in Deutschland und Österreich. Zu den Auseinandersetzungen um die "liturgische Frage" in den Jahren 1939 bis 1944 (Studien zur Pastoralliturgie 3), Regensburg 1981.

- Liturgische Einheit in Vielfalt. Die Einheit des Gottesdienstes der Kirche und der ausgeträumte Traum von einer "Welt-Einheitsliturgie" (Eichstätter Hochschulreden 30), München 1981.

- "Aktive Teilnahme" an der Liturgie - was heißt das?, in: PrV 88 (1983) 289 - 301.

- Gottesdienst - innerste Mitte der Sorge um den Menschen, in: Anzeiger für die Seelsorge 92 (1983) 206 - 209.

- "In der Person Christi an der Spitze der Gemeinde stehen". Vom Dienst des Priesters in der Liturgie, in: J. SCHREINER (Hrsg.), Freude am Gottesdienst, Stuttgart 1983, 395 - 410.

- Liturgie - Quelle der Kraft. Zum 20. Jahrestag der Konstitution SACROSANCTUM CONCILIUM", in: KlBl 64 (1984) 3- 17.

MAAS-EWERD, Th., Sehnsucht nach dem früheren Missale? Zum Indult der Kongregation für den Gottesdienst vom 3. Oktober 1984, in: KlBl 64 (1984) 323 - 326.

"Anwalt des liturgischen Anliegens", in: W. SEIDEL (Hrsg.), Christliche Weltanschauung. Wiederbegegnung mit Romano Guardini, Würzburg 1985, 163 - 183.

MAAS-EWERD, Th./ RICHTER, K. (Hrsg.), Gemeinde im Herrenmahl. Zur Praxis der Meßfeier (Pastoralliturgische Reihe in Verbindung mit der Zeitschrift "Gottesdienst") Einsiedeln u. a. [2]1976.

MCMANUS, F. R., Die Rechtsvollmacht des Bischofs in der Konstitution über die heilige Liturgie, in: Concilium 1 (1965) 86 - 94.

MARTIMORT, A. G., HLW (M) I.

MAY, G., Der Gebrauch der Volkssprache in der Liturgie, Berlin 1969.

MEICHSNER, F., JOHANNES PAUL II. erlaubt wieder Messen in Latein. Erstmals eine Entscheidung des Konzils durchbrochen, in: Die Welt, Nr. 244, vom 17.10.1984.

MENOZZI, D., Das Antikonzil (1966 - 1984), in: H. J. POTTMEYER/G. ALBERIGO/J.-P. JOSUA (Hrsg.), Die Rezeption des Zweiten Vatikanischen Konzils, Düsseldorf 1986, 403 - 431.

MERKEL, F., Fünfzehn Jahre römisch-katholische Liturgiereform. Beobachtugen und Überlegungen eines Protestanten, in: LJ 29 (1979) 133 - 135.

MEYER, H. B., Soll der Bischof die vorkonziliare Messe erlauben? Neues Dokument - Gefahr der Abspaltung, in: Präsent (Innsbruck), Nr. 43, vom 25.10.84, 7.

\- Una Voce - Nunc et semper? Konservative Bewegung nach dem Konzil, in: StdZ 180 (1967) 73 - 90.

MEYER, H. B./ MOREL, J., Ergebnisse und Aufgaben der Liturgiereform, Innsbruck 1969.

MÖRSDORF, K., Lehrbuch des Kirchenrechts auf Grund des Codex Iuris Canonici, Bd. I., München-Paderborn-Wien 1964.

NAGEL, E., gd-Auf zwei Minuten, in: Gd 18 (1984) 173.

NEUNHEUSER, B., Die numerische Identität von Kreuzesopfer und Meßfeier, in: DERS. (Hrsg.), Opfer Christi und Opfer der Kirche. Die Lehre vom Meßopfer als Mysteriengedächtnis in der Theologie der Gegenwart, Düsseldorf 1960, 139 - 151.

- Zur Kritik an der Liturgiereform, in: Notitiae 16 (1980) 57 - 74.

NIKOLASCH, F., Eine Reform der Reform? Was die Zulassung der tridentinischen Messe bedeutet, in: Die Furche (Wien) 40 (1984) Nr. 43, vom 24.10.84, 8.

NUSSBAUM, O., Der Bischof als Liturgie der ihm anvertrauten Teilkirche, in: F. GRONER (Hrsg.), Die Kirche im Wandel der Zeit, Köln 1971, S. 303 - 318.

- Die Eucharistiefeier als Anamnese (Opfer und Mahl), in: BiLi 44 (1971) 2 - 16.

- Zelebration versus populum und Opfercharakter der Messe, in: ZKTh 93 (1971) 148 - 167.

- Zur Theologie und Spiritualität des neuen Meßbuches, in: LJ 26 (1976) 193 - 223.

- Die bedingte Wiederzulassung einer Meßfeier nach dem Missale Romanum von 1962, in: Pastoralblatt für die Diözesen Aachen, Berlin, Essen, Hildesheim, Köln, Osnabrück 37 (1985) 130 - 143.

O'CONELL, J., A Sixteenth century Missal, in: EL 62 (1948) 102 - 104.

PFEIL, H., Vom Gewicht der Tradition, in: LS 25 (1974) 79 - 84.

PFÜRTNER, St., Traditionalistische Bewegungen im gegenwärtigen Katholizismus, in: R. FRIELING, Die Kirchen und ihre Konservativen. "Traditionalismus" und "Evangelikalismus" in den Konfessionen (BensH H 62), Göttingen 1984, 11 - 51.

PIECHOWIAK, H., Die Kontroverse um die Liturgiereform. Der Fall Lefebvre aus protestantischer Sicht, in: StdZ 196 (1978) 374 - 382.

PIEPER, J., Nachkonziliare Wirrnisse. Autobiographische Notizen, in: Forum katholischer Theologie 2 (1986) 43 - 57.

PLATE, M., Denkmalpflege? Die tridentinische Form der Eucharistiefeier, in: Christ in der Gegenwart 36 (1984) 366.

POLAG, A., Wiedererweckung eucharistischer Frömmigkeit, in: Gd 10 (1976) 49 - 52.

POTTMEYER, H. J., Vor einer neuen Phase der Rezeption des Vaticanum II, in: H. J. POTTMEYER/G. ALBERIGO/J.-P. JOSUA (Hrsg.), Die Rezeption des Zweiten Vatikanischen Konzils, Düsseldorf 1986, 47 - 65.

PRESSEAMT des Erzbistums Köln (Hrsg.), Zur Theologie und Spiritualität des neuen Meßbuches (Kölner Beiträge/H. 21), Köln 1976.

PROBST, M., Die Liturgiereform des Zweiten Vatikanums - eine Reform gegen die Frömmigkeit?, in: LJ 36 (1986) 222 - 237.

R., R./G., Erzbischof MAYER würdigt Hirtensorge des Papstes. Wiederzulassung des alten Meßritus keine Ablehnung des Konzils: in: KNA-Korrespondentenbericht Nr. 403, vom 24.10.84.

RAHNER, K.,/ HÄUSSLING, A., Die vielen Messen und das eine Opfer, Freiburg 1966.

RATZINGER, J., Tradition. Systematisch, in: LThK ^{2}10, 293 - 299.

\- Einleitung und Kommentar zu "Dei verbum", in: LThK.E II, 497 - 528, 571 - 581.

\- Liturgie - wandelbar oder unwandelbar, in: IKaZ 6 (1977) 417 - 427.

\- Gestalt und Gehalt der eucharistischen Feier, in: IKaZ 6 (1977) 385 - 396.

\- Das Fest des Glaubens. Versuche zur Theologie des Gottesdienstes, Einsiedeln ^{2}1981.

\- Zur Lage des Glaubens. Ein Gespräch mit Vittorio MESSORI, München-Zürich-Wien 1985.

REIFENERG, H., Brauchen wir eine zweite Liturgiereform, in: BiLi 47 (1974) 218 - 221.

REINISCH, L., (Hrsg.) Vom Sinn der Tradition, München 1970.

RENNINGS, H., Aus Treue zur Tradition: Reform der Liturgie, in: F. HENRICH (Hrsg.), Liturgiereform im Streit der Meinungen (SBKAB 42), Würzburg 1968, 147 - 161.

REY, K. G., Pubertätserscheinungen in der katholischen Kirche (Kritische Texte 4), Zürich-Einsiedeln-Köln 1970.

RICK, H. J., Wo Gott sein Fest mit Menschen feiert. Vertiefte Begegnung mit der Eucharistie, Paderborn 1984.

ROEGELE, O. B., Liturgische Reise durch Europa, in: KlBl 55 (1975) 110 - 112.

RUH, U., Fragwürdig, in: HerKorr 38 (1984) 496.

- Zwischenbilanz zur Liturgiereform, in: HerKorr 38 (1984) 548 - 550.

- Anlauf zur Konzilbilanz. Zum Stand der Synodenvorbereitungen, in: HerKorr 39 (1985) 522 - 525.

SAILE, W., Das große Staunen, in: Rheinische Post Nr. 244, vom 17.10.1984.

SCHATZ, K., Zwischen Säkularisation und Zweiten Vatikanium. Der Weg des deutschen Katholizismus im 19. und 20. Jahrhundert, Frankfurt/Main 1986.

- Verwaltungsakt und Verwaltungsverfahren, in: GrNKirchR 75 - 76.

SCHIFFERLE, A., Marcel Lefèbvre - Ärgernis und Besinnung: Fragen an das Traditionsverständnis der Kirche. Geleitwort Mario von GALLI, Kevelaer 1983.

SCHLITTER, H., Papa vobiscum, in: Frankfurter Rundschau, Nr. 243, vom 17.10.84.

- Aus Rom ein "Zeichen des Vaters für alle seine Kinder", in: Frankfurter Rundschau, Nr. 243, vom 17.10.1984.

- Papst läßt Messe nach altem Ritus wieder zu, in: Kölner Stadt-Anzeiger, Nr. 242, vom 17.10.84 (= in: Hannoversche Allgemeine Zeitung, vom 17.10.84.

SCHMIDT, H., Die Konstitution über die heilige Liturgie. Text-Vorgeschichte-Kommentar (Herder-Bücherei 218), Freiburg 1965.

SCHMIDTCHEN, G., Zwischen Kirche und Gesellschaft. Forschungsbericht über die Umfragen zur Gemeinsamen Synode der Bistümer in der Bundesrepublik Deutschland, Freiburg ^{2}1973.

SCHOLZ, B., Rückkehr zur Latein-Messe mehr als Nostalgie, in: Frankfurter Allgemeine Zeitung, Nr. 236, vom 18.10.84.

SCHULZ, H.-J., Kirchensprachen, in: LThK ^{2}6, 258 - 259.

\- Ökumenische Glaubenseinheit aus eucharistischer Überlieferung (KKTS XXXIX), Paderborn 1976.

\- Ökumenische Aspekte der Darbringungsaussagen in der erneuerten römischen und byzantinischen Liturgie, in: ALW 19 (1978) 7 - 28.

\- Die Grundstrukturen des frühchristlich - altkirchlichen Eucharistiegebets. Überlieferungskontinuität und Glaubenszeugnis, in: IKZ 70 (1980) 139 - 153.

SCHWARZENBERGER, R., Bewußt und tätig. Die Liturgieerneuerung des II. Vatikanums, Wien-München 1983.

SCHWENDENWEIN, H., Das neue Kirchenrecht. Gesamtdarstellung, Graz-Wien-Köln 1983.

SECKLER, M., Tradition und Fortschritt (Christlicher Glaube in moderner Gesellschaft, Teilbd. 23), Freiburg 1982.

SEEBER, D. A., Wie seriös? Die Umfrage "Katholiken 1985", in: HerKorr 40 (1986) 5 - 6.

SEIBEL, W., Verkehrte Fronten, in: StdZ 194 (1976) 289 - 291.

\- Die "tridentinische Messe", in: StdZ 202 (1984) 793 - 794.

SIEBEL, W., Liturgie als Angebot. Bemerkungen aus soziologischer Sicht, Berlin 1972.

\- Zehn Jahre Liturgiereform, in: IKaZ 3 (1974) 8 - 10.

SIEBEL, W., / GREINER, F., / LEHMANN, K., — Was hat das Konzil mit der Liturgiereform gewollt? Was ist daraus geworden? Wie soll es weitergehen? Zehn Jahre Liturgiereform, in: IKaZ 3 (1974) 8 - 14.

SOCHA, H., — Begriff, Träger und Ordnung der Liturgie, in: HdbKathKR 632 - 641.

STANGL, R., — Der Ruf nach der Tridentinischen Messe, in: BiLi 53 (1980) 231 - 235.

STRIGL, R. A., — Verwaltungsakt und Verwaltungsverfahren, in: HdbKathKR 104 - 105.

SZ., — Das Streiflicht, in: Süddeutsche Zeitung, Nr. 241, vom 17.10.84.

TEWES, E., — Situation und Aufgaben. Bericht auf dem Treffen der Deutschen Liturgischen Kommission mit den Beauftragten der Bistümer am 3.-5.1.66 in Mainz, in: LJ 16 (1966) 38 - 46.

THOMASSEN, J., — Kontinuität in der gegenwärtigen Liturgie?, in: IKaZ 3 (1974) 568 - 571.

VAGAGGINI, C., — Der Bischof und die Liturgie, in: Concilium 1 (1965) 75 - 82.

VAN DIJK, S. J. P. / WALKER, J. H., — The Origins of the Modern Roman Liturgy, London 1960.

VEIT, L. A. / LENHART, L., — Kirche und Volksfrömmigkeit im Zeitalter des Barocks, Freiburg 1956.

VOLK, H., — Theologische Grundlagen der Liturgie. Erwägungen nach der Constitutio De Sacra Liturgia, Mainz 1964.

W., T., — Päpstliche Konzessionen an die Traditionslisten, in: Neue Züricher Zeitung 205 (1984) Nr. 242, vom 18.10.84.

WAGNER, J., — Konturen des neuen Meßbuches, in: Gd 3 (1969) 65 - 67.

WALDSTEIN, W., — Hirtensorge und Liturgiereform. Eine Dokumentation, Schaan/Liechtenstein 1977.

WEGER, K.-H., — Tradition, in: SM (D) IV 955 - 965.

WEIGEND, F., Die erneuerte Form der Meßfeier bleibt weiter bestimmend. Die heutigen Traditionalisten in der römisch-katholischen Kirche und das Reform-Konzil von Trient, in: Stuttgarter Zeitung, vom 27.10.84.

WEINZIERL, E., Gegenreformation gegen Rom, in: WuW 26 (1971) 173 - 176.

*** Der Kampf für die "Tridentinische Messe", in: BiLi 49 (1976) 124 - 126.

*** (RED.), Der Münchener Kardinal Joseph Ratzinger hat sich für eine eindeutige Position gegenüber den Traditionalisten ausgesprochen, in: HerKorr 32 (1978) 263.

*** Eine Bilanz der liturgischen Erneuerung. Der Fragebogen der Gottesdienstkongregation zur Vorbereitung des Kongresses vom 23. bis 28. Oktober 1984 und die zusammenfassende Antwort des deutschen Sprachgebietes, in: Gd 18 (1984) 177 - 178.

*** Liturgiereform. Interview mit Prof. DDr. Joh. H. EMMINGHAUS, in: BiLi 49 (1976) 447 - 451.

*** Pfarrer aus Deutschland, Österreich, Schweiz. Rückblick auf ein Jahr "Kleine Liturgiereform". Eine Enquéte.
I. Teil: Großstadt Pfarrer, in: Seels 36 (1966) 109 - 125.
II. Teil: Landpfarrer und Mittelstadt-Pfarrer, in: Seels 36 (1966) 157 - 176.

*** Protestmarsch gegen Liturgiereform, in: Gd 4 (1970) 73.

*** Rosenkranz-Novene gegen neuen Ordo Missae, in: Gd 3 (1969) 132.

*** Sauerteig oder Sekten? Zu neueren Konzentrationsbewegungen in der katholischen Kirche, in: LS 25 (1974) 65 - 156.

*** Umfragen zur pastoralen Auswirkung der Liturgiereform in Deutschland, in: LJ 19 (1969) 42 - 50.

*** Unterschriftensammlung gegen neuen Ordo Missae, in: Gd 3 (1969) 12.

*** Verpflichtet zum authentischen Gottesdienst. Kardinalstaatssekretär VILLOT zur Verbindlichkeit des neuen Meßbuches, in: Gd 10 (1976) 8.

*** Zukunft aus der Kraft des Konzils. Die außerordentliche Bischofssynode '85. Die Dokumente mit einem Kommentar von Walter KASPER, Freiburg-Basel-Wien 1986.